草原帝國

匈奴帝國

行國的始祖

智能教育

前言

從秦統一天下（西元前二二一年）到清遜帝宣布退位（清宣統三年，一九一二年），其間共兩千一百三十三年。在這二千多年裡，朝代或政權更迭頻繁，約略估算一下總共有六、七十個朝代（政權）之多。

有人或許懷疑何以如此之多，請看：秦、西漢、東漢、三國（魏、蜀、吳）、西晉、東晉、諸胡列國（漢趙或前趙、後趙、前燕、前秦、成漢、後燕、西燕、北燕、南燕、前涼、南涼、西涼、北涼、後涼、西秦、代、夏、魏）、南朝（宋、齊、梁、陳）、北朝（北魏、東魏、西魏、北齊、北周）、隋、唐、五代（梁、唐、晉、漢、周）、十國（前蜀、吳越、南漢、吳、閩、後蜀、南唐、荊南、楚、北漢）、北宋、南宋、遼、金、西夏、元、明、南明、清；而吐蕃王朝、高昌鞠氏王朝、回紇汗國、突厥汗國等都還沒有計算在內。

上面所提到的這六、七十個王朝或政權，國祚超過二百年的只有四個，分別是唐（六一八至九〇七年，共二九〇年）、遼（九一六至一一二五年，二百一十年；西遼一一二四至一二一一，八十八年，含屈出律則到一二一八年，則西遼共九十五年）、明（一三六八至一六四四年，共二百七十七年；南明一六四五至一六六一年）及清（一六一六至一九一二年，共二百九十七年）。

在這四個朝代裡，如果從民族的成分來看，唐朝的建國者李氏家族是胡是漢，向來是史學界爭論焦點。李淵的先人曾在鮮卑族宇文氏的北周時，被賜姓「大野」氏，而高車族（也就是鐵勒、敕勒）中也有大野氏，可見李氏一族有濃厚的胡族血統。

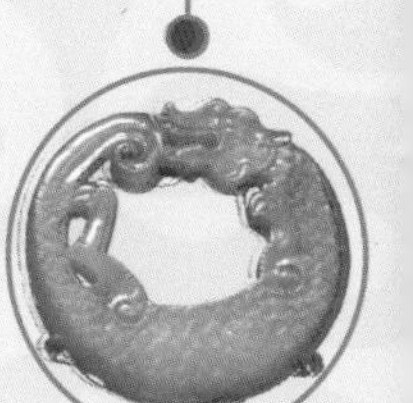

明朝的創建者乃是古往今來許多民族混融後的漢人。至於建立遼朝、西遼的契丹族，以及建立清朝的女眞族（後來稱爲滿族），則是不折不扣的胡族，如此看來，中國歷史實在是由胡漢民族共同建構而成的。

以往撰寫、詮釋歷史之人，往往對胡族史事一筆帶過，且經常以漢人的觀點來敘述。所以打開二十四史或其他私家撰著的歷史文獻看，對胡族的描述，總是以負面的文字出現，眞是何其不公平。本書則希望能開史家之先河，以客觀公正爲執筆標準，力求展現這些建立草原帝國的民族之歷史。

目次

第一章

草原孕育出的匈奴

東遷的高加索人

歐亞大陸的北部，東起大興安嶺，西到裡海周邊，南起萬里長城，北至西伯利亞南端，在這一片面積廣大的地域中，有綿延數百公里的大山脈，如大興安嶺、阿爾泰山、杭愛山、祁連山、陰山、天山……；也有寸草不生的沙漠，如大戈壁（又叫瀚海）、毛烏素沙漠、塔克拉瑪干沙漠……，雖然也有一些內陸河流，但流域都不太大，如塔里木河、阿姆河、錫爾河……。此外，就是一望無際的大草原，這一片大草原是亞洲最乾燥地區，可以說是農業的北極，但是人類是適應力很強的生物，居住在這裡的民族爲了適應自然環境，於是孕育出游牧的生活方式。

大約在西元前三千年左右，原來生活在裡海北岸、高加索山一帶的高加索種各民族，也就是習稱的「白種人」，不知道是出於什麼原因，或許是由於氣候變化；或許是因爲人口增加，開始以輻射狀向東西方向遷徙，而向東遷移的民族，就和後來的匈奴乃至中國的漢、唐有著密切的關聯。

這些高加索種民族的語言屬印歐語系。他們像潮水般，一波波自西東來，從高加索山脈周邊越過裡海北岸跟鹹海周邊，進入今錫爾河、阿姆河之間的所謂河中地區，停留在錫爾河以北草原上的一群，後代民族學家稱之爲「斯基泰人」，漢文古代文獻像《史記》、《漢書》等則稱之爲「塞種人」，在河中地區的一群被稱爲「粟特人」。繼續南下進入波斯（今伊朗）、印度的，則以「雅利安」之名爲世所知。

從河中地區東進，翻過今帕米爾高原，進入天山南部塔里木盆地、塔克拉瑪干沙漠南北兩端各綠洲地區定居下來的，就是漢代西域的三—六國。另一支繼續向東，越過吐魯番，到達今中國甘肅省敦煌、祁連山一帶停留下來的民族，中國古史上稱之爲月氏（音「肉支」）或禺知，據後世史家推測，月氏族本來還要繼續東進，只是遇到發源於今鄂爾多斯高原周邊的游牧民族的抵抗，而選擇停留在敦煌、祁連山一帶。

由於這一支白種人游牧民族的到來，使得原來就居住在中國西北地區的游牧民族向東或南移動，不可避免地和定居於中原的農業民族起了衝突，這時大約是中國的商朝（約西元前十七世紀～西元前十一世紀）左右。據《竹書紀年》所記載：（商）祖甲十二年（約西元前一一九一年），商朝曾率兵討伐來犯的西戎，這裡的西戎就是指中國西北地區的游牧民族。由此可知，西戎被入侵的他族所驅趕，才會和商朝起戰端。如果西戎沒有抵擋住來自西方的月氏族，漢人或許也擋不住月氏的進一步東侵了。孔子曾經說過：如果沒有管仲，我們恐怕早就像夷狄那樣披髮左衽。同樣的，如果沒有西戎抵擋月氏的東侵，中原恐怕早就被白種人統治了。

到了周朝（約西元前十一世紀～西元前二五六年）時，北方游牧民族南下掠奪中原地區，對農業地區產品的需求如穀物、紡織品等日益增多，

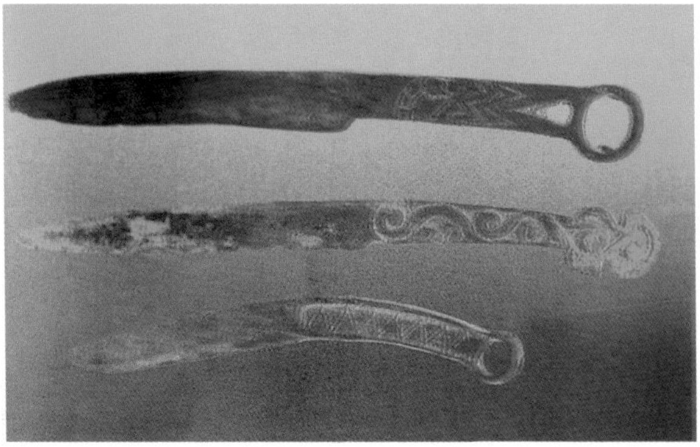

春秋戰國時期的匈奴青銅刀。

在正常互市交易不能得到所需要的數量時，往往趁著秋高馬肥時，「南下牧馬」。所謂的「南下牧馬」，就是南下掠奪的意思。由於游牧民族逐水草而居，不擅於農事耕種，認爲大地生長萬物是一種自然現象。而大地是先人類而有，而且人屬於土地，土地不屬於人，既然土地生長萬物是自然現象，對地上長出來的農產品，也不應該爲特定的人所有。

再加上游牧民族唯力是尚，對物權的認知，認爲有力量的人就能擁有物質（包括妻、子），跟農業民族對財產所有權採公認制，是絕不相同的。因此在農業地區秋收時，他們「南下牧馬」，收割田地上糧食，是「力」的表現，不是掠奪行爲。在草原上哪一個部落的力量大，就可以擁有較大的草場。這種唯力是尚，是自然環境制約出來的觀念，無所謂對錯，只是農業民族不能接受這種觀念，所以在歷代史書上，對北方游牧民族總是以「性喜盜抄」這幾個字來形容。

草原游牧民族對於「你」、「我」的區隔並不強烈，也就是說沒有強烈的民族認同感，只要某一個民族的力量大了，周邊其他民族就向這個民族靠攏，也自稱是這個民族，所以自古以來北方草原游牧民族很難有單一血緣體。再

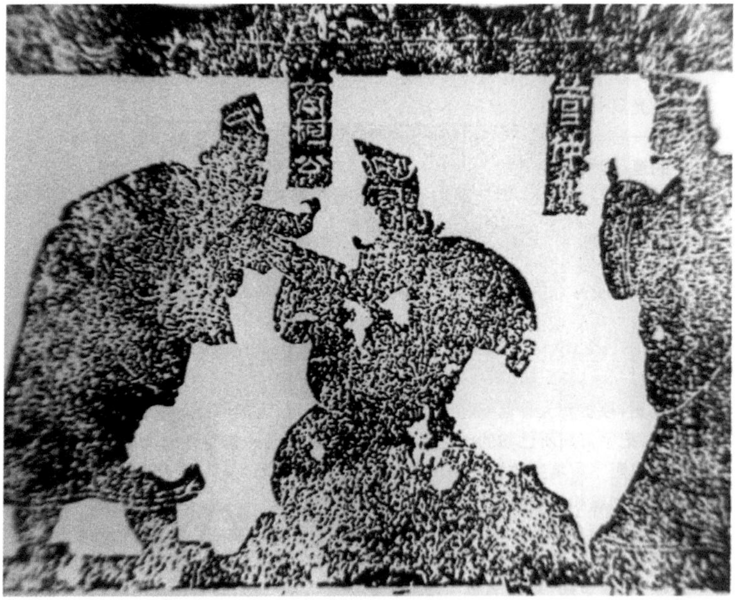

齊桓公與管仲畫像磚

出土於中國山東省嘉祥縣。管仲（？至西元前六四五年）是春秋時代齊國重要的政治家，他以尊王攘夷為主要政策，幫助齊桓公（？至西元前六四三年）成為春秋五霸之一。

加上他們很早就實行部落外婚，而且流行掠奪婚，所以民族混融的情形非常普遍，如匈奴強時，「諸引弓之國，皆號匈奴」，鮮卑、蒙古也都發生這種情形。所以說要深究北方草原游牧民族的血緣時，是一個高難度的工作。

民族的遷徙就像潮水般一波追逐著一波，從長遠的歷史過程看，在三代時（西元前三千年到前二百年），歐亞北方草原地區游牧民族大致上是由西向東。像前面說到高加索種從裡海北岸、高加索山脈向東、向南遷徙，最遠到達今天甘肅西部敦煌、祁連山一帶，從中亞、波斯、印度，而至今新疆以至甘肅西部，遇到當地草原游牧民族集團西戎、鬼方、葷粥等的抵抗，才停下腳步，但是月氏仍然稱霸於中國的西北。只是到了西漢建立（西元前二百年）之後，情勢有了變化，自匈奴冒頓（音「墨毒」）單于（匈奴領導者的稱號）崛起後，一直到南宋末年（十三世紀左右）蒙古成吉思汗興起，這一千五百年間，東方草原游牧民族都不停地向西遷徙，匈奴、柔然、高車、突厥、契丹（指西遼）、女眞、蒙古，無一不是自東向西擴張，這是由於氣候變遷？還是出於歷史命定？實在耐人尋味。

北方草原游牧民族唯力是尚，沒有強烈的民族認同感，彼此間因聯婚、兼併，早已成爲一個民族混合體，只要哪一個部落或民族最強，這個民族混合體就以這個最強的民族爲代表，所以自三代夏商周以來，活動於華夏民族西北方的草原游牧民族雖然有鬼方、西戎、狄、葷粥等不同的稱號，但這些不同的稱號，都不是草原游牧民族的自稱，而是從事農業的華夏民族給他們的稱號。

今中國山西省山陰縣廣武的古長城

廣武長城與雁門關長城相接，歷史久遠，與河北懷淶縣的趙長城均屬內長城。西漢高祖劉邦被冒頓單于困於白登前，就是從這裡撤走的。

自大興安嶺西端的呼倫貝爾草原一路向西直到裡海沿岸，區域雖大，但地形地貌相當單調且一致，大約在中國的傳說時代（西元前三千年）時，塞種人就已經學會馴馬的技術了，很快的，整個北亞大草原上數十百個游牧民族莫不精於騎馬，所以儘管疆域遼闊，但東來西往並無多大難處，也因此在語言上彼此混融借用，就成為極自然之事。

早期粟特人（又稱吐火羅人）稱「天」為「騰格里」，東傳滲入匈奴語後，匈奴的元首就自稱「撐犁孤涂單于」，這個「撐犁」就是「騰格里」的另一種音譯，「孤涂」是「子」，整個稱號的意思就是像天一樣廣大的單于，就如同漢人皇帝自稱天子一樣，帶有君權神授的色彩。人類的習俗總是受生存空間自然條件的制約，所以在差異不大的自然條件下，許多起源於不同地方的民族，都有大致相近的生活方式，就像是逐水草而居，無屋舍而住帳蓬（俗稱為蒙古包），行蒸報婚（新領導者娶過世的舊領導者之妻），拜日月星辰的薩滿信仰等等。所以我們不能只憑某些民族有相同的若干詞彙，或有某些相同的習俗，就斷定他們是同一族。以往許多學術論著卻只憑若干語言或生活習俗就判定匈奴民族來源的方式並不正確。

北方草原民族匈奴服飾示意圖。

說起匈奴，可是人類古代史上的一件大事，頭一個躍登西方政治舞臺而使白種人膽戰心驚、至今餘悸猶存的東方人，非匈奴莫屬，所以匈奴史有其研究的價值。不只如此，如果沒有匈奴，戰國時代的趙武靈王（西元前三二六～西元前二五九年在位）根本不會有「胡服騎射」的改革，那麼中國的軍隊或許將始終停留在步兵階段。如果沒有匈奴，《詩經》就會少了許多可歌可泣的篇章。如果沒有匈奴，漢武帝（西元前一四一～西元前八七年在位）和同時代的衛青、霍去病、李廣、李陵、司馬遷及蘇武、班超等武將、文臣的蓋世勛業，藏諸名山、重於萬世的史學巨著，都不可能得以建立。如果沒有匈奴，將由誰掀起諸胡列國（即「五胡十六國」，約西元三〇四～四三九年）民族大融合的序幕？沒有這一場民族大融合，隋唐璀燦的文化、龐大國力、和威服中亞都將不會存在。

最早的匈奴人

匈奴一度將東方世界攪得天翻地覆，何以在鮮卑族拓跋氏建立的北魏（三八六～五三四年）滅掉赫連夏（四〇七～四三一年）後，就再也不見「匈奴」這個詞彙載於史冊？而被東漢（二五年～二二〇年）竇憲打敗，西逃中亞康居（今烏茲別克撒馬爾罕，Samarqand）的北匈奴（約九一年），在休養生息一百多年後，由領袖阿提拉率領揮軍西向，把白種人打得落花流水，使原本定居於今北歐的日耳曼民族南下，間接滅了西羅馬帝國（四七六年）。然而有「上帝之鞭」稱號的阿提拉一過世，令歐洲人膽破心驚的北匈奴大帝國一夕之間就瓦解了。

許多學者相信今日歐洲的匈牙利人就是匈奴人後裔，實情是否眞的如此？如果是眞的，北匈奴在西漢（西元前二〇二～九年）以後多少和中國黃種人融合，何以匈牙利人的長相卻毫無黃種人的體質特徵？凡此一切，在在告訴我們研究匈奴史事不但有其重要性，更有其趣味性。

提起匈奴，大家總以爲她是一個血緣體構成的民族。其實不然，中國

漢人對異族的稱謂

農業的華夏民族，也就是魏晉以後的漢人，有個習慣，總喜歡以不雅的方式稱呼周遭民族。如稱南方民族為蠻、為閩、為巴（其形如蛇）、為蜀；稱東北的民族為貉、為貊；稱北方的民族為狄；稱西方的民族為戎。即使是晚到明清乃至現代，仍稱西南方的藏族為番、番子。就連在閩南語的詞彙裡，也是稱臺灣原住民為「番仔」，但此為不敬且不正確的稱法，今已不宜採用。

北方大草原的數十百種游牧民族，彼此受自然條件的制約，而有了大致相同的生活方式，彼此混融若干相通的詞彙，只要某一個部落或者民族出現了一個強而有力的領袖，周邊的部落或民族往往就依附在這個強而有力領袖身邊，而形成一個部落或民族聯盟。這個部落或民族聯盟就以領袖的部落或民族名稱，作爲整個部落或民族聯盟的名號，匈奴的情形正是如此。

據推測，傳說時代（西元前三、四千年）時，生活在今天鄂爾多斯高原的一支部落集團，由攣鞮氏、呼衍氏（或作呼延氏）、須卜氏、蘭氏，後來又加上丘林氏（其後衍化爲喬氏）組成，他們自稱爲「胡」（Hun，或「渾」，即「人」的意思）。其中以攣鞮氏力量最大，就成爲這個民族的領袖，這個民族很早就從西方塞種人那裡學會騎馬，因此商朝時就開始以快速的交通工具掠奪農業地區的物資。可能是每次都有斬獲，附近的部落或民族於是都向這個胡族靠攏，也都以「胡」的名號向外擴張。

中原漢人因此統稱這些游牧民族爲「胡人」。對農業民族來說，這些「胡人」只會搶奪、侵擾他們的農作物和生存空間，因此對胡人又懼又怕，給他們的稱呼當然也不會多好聽，總帶些歧視的意味。以「匈奴」爲例，漢人就用了讀音相近於「胡」，但字意、字音都不好的「匈」字，「匈」有喧囂的意思，在讀音上跟凶手的凶一樣，光這樣還不夠，漢人還在匈字的後面再加上一個「奴」字，於是匈奴就成爲胡民族的漢文稱謂。

中國漢人耕種圖。

根據圖裡面的設備和服裝可推測，此圖的時代應是魏晉南北朝。

前文提過，胡民族以攣鞮氏、呼延氏、蘭氏、須卜氏以及丘林氏（或作喬林氏、喬氏）等幾個部落爲主體，後來慢慢吸納周遭許多部落，形成一個強大的部落聯盟，大約有十九種之多，《晉書》列出這十九個部落的名稱。但也有特別需要加以說明的，如「沮渠部」，這個部落應該不是匈奴，而是中亞康居人。康居、沮渠讀音相近，自商朝（西元前一、二千年）起，就有許多中亞民族組成商隊向東貿易有無，一個商隊少則四、五百人，多則上千人，康居人即在其中。這些從商的游牧民族進入東方後，滯留在中國，或者被匈奴所征服，於是就成爲匈奴十九種之一，《晉書》即稱之爲沮渠，管理這一部落的酋長就稱之爲沮渠，後來因爲人口漸漸多了，就設了左沮渠、右沮渠兩個官職。諸胡列國後期，沮渠蒙遜曾建有涼政權，史稱「北涼」，一般文獻都將北涼政權列入匈奴系，但是如果追本溯源，沮渠氏的北涼應該屬於西胡系。

另有所謂匈奴別部「羯」族的，以往所有史書都把羯族視同匈奴系，一千多年來也沒人提出疑議。其實《晉書・載記》（專記諸胡列國）即明指羯族是匈奴別部，等於說羯族不是匈奴。

西漢時，匈奴勢力大盛，威服西域達到中亞，中亞錫爾河、阿姆河兩河之間的昭武九姓諸綠洲國家，如石國、康國、曹國、米國等，一時都臣服於匈奴，匈奴也曾經把這些綠洲國家驍勇善戰的青年戰士擄掠到東方來，大約都集中於今山西省離石附近居住，以便管理。石國、康國等國家把驍勇善戰的青年勇士稱之爲柘支、柘羯或赭羯，匈奴將這些青年俘擄東來，集中分布在離石附近，由於是赭羯人的集中地，所以便將這地方稱之爲羯室，有許多文獻或論著不明就理，就說羯族源於羯室，這完全是倒果爲因的說法。羯族也是西胡，晚至西晉（四世紀初），羯族仍保留有羯語，不只如此，羯族人在長相上是「深目、高鼻、多鬚」，這是西方白種人的體質特徵，跟東方的匈奴族、漢人有絕大的不同，以往諸多文獻也都把羯族石勒所建的趙政權（史稱後趙，西元三一九～三五一年）列入匈奴系，這是不對的說法。

第二章 匈奴的族源

中文史籍論匈奴

說到匈奴史，當然要從族源說起，匈奴雖然曾打入西方世界，但是西方史料對於匈奴早期事略都沒有記載，所幸漢文文獻或史料倒是記載了不少匈奴歷史，《詩經》中就至少有六首提到與匈奴有關的事情，其中三首明白點出匈奴早期的稱號爲「玁狁」，這三首分別是〈采薇〉、〈六月〉及〈出車〉：

采薇采薇，薇亦作止，曰歸曰歸，歲亦莫止。靡室靡家，玁狁之故。不遑啓居，玁狁之故。……駕彼四牡，四牡騤騤，君子所依，小人所腓。四牡翼翼，象弭魚服，豈不曰戒，玁狁孔棘。（〈采薇〉）

六月棲棲，戎車既飭，四牡騤騤，載是常服，玁狁孔熾，我是用急，王於出征，以匡王國。……四牡脩廣，其大有顒，薄伐玁狁，以奏膚公。……玁狁匪茹，整居焦穫，侵鎬及方，至於涇陽。織文鳥章，白旆央央，元戎十乘，以先啓行。戎車既安，如輊如軒，四牡既佶，既佶且閑。薄伐玁狁，至於大原，

鷹形金冠

今中國內蒙古自治區鄂爾多斯市杭錦旗阿魯柴登出土，時間約為戰國時代，是目前中國發現唯一的匈奴貴族金冠飾，它的主體造型為一展翅的雄鷹站立在一個狼羊咬鬥紋的半球狀體上，俯瞰著大地。額圈由三條半圓形金條榫鉚插合而成，上有浮雕臥虎、臥式盤角羊和臥馬造型，中間部分為繩索紋。以草原動物為裝飾圖案的匈奴金冠，反映了草原民族對大自然中動物的感情，也表達了他們如雄鷹般征服大自然的勇氣和嚮往。

> 文武吉甫，萬邦為憲。（〈六月〉）
>
> 王命南仲，往城於方，出車彭彭，旂旐央央。天子命我，城彼朔方，赫赫南仲，玁狁於襄。……喓喓草蟲，趯趯阜螽，未見君子，憂心忡忡，既見君子，我心則降。赫赫南仲，薄伐西戎。春日遲遲，卉木萋萋，倉庚喈喈，采蘩祁祁，執訊獲醜，薄言還歸，赫赫南仲，玁狁於夷。（〈出車〉）

這幾首詩，經考證大約是詠西周宣王時和匈奴作戰的事，按宣王大約是西元前八二七年到西元前七八二年的西周君主，可見這時匈奴的力量已經強大到可威脅西周了。

之後，東周戰國時代的韓、趙、魏都和匈奴接壤，爲了防禦匈奴因此築長城，可惜這時代的史書並沒有提及匈奴族的來源，一直到西漢司馬遷寫《史記》時，才把傳說中關於匈奴的族源以及匈奴的軍政制度、社會習俗等作系統的記載。但是，《史記．匈奴列傳》所記錄的匈奴族源卻和《史記．五帝本紀》所記載的內容有所矛盾，《史記．匈奴列傳》對於匈奴族的來源，有這麼一段記載：「匈奴，其先祖夏后氏之苗裔也，曰淳維。」

東漢時，班固著有《漢書》，也引用這段史料，唐代（西元六一八～九〇七年）史學家顏師古在注《漢書》，對「淳維」的解釋爲：「以殷時始奔北邊。」三國（約二二〇～二八〇年）時，孟康著《漢書音義》更進一步明白指出淳維是「匈奴始祖名」。唐代司馬貞的《史記索隱》也稱：「淳維以殷時奔北邊。」但這些學者都只是根據《史記》的記載信筆而書，並沒有提出任何有力的證據。

其後樂彥《括地譜》更誇張的作了以下的析論：「夏桀無道，湯放之鳴條，三年而死。其子獯粥妻桀之眾妾，避居北野，隨畜移徙，中國謂之匈奴。」

如果這個說法能夠成立，那麼對照上述史料，往北移的淳維就是獯粥，即爲匈奴，且匈奴是夏禹子孫的後代。而傳說中夏禹的父親是鯀，鯀是顓頊的兒子，顓頊的父親是昌意，昌意又是黃帝的兒子。如果這一系列傳說成立的話，獯粥（匈奴）也就成了黃帝的後代。

然而事實並不是如此，同樣是《史記》，在〈五帝本紀〉中對黃帝出身與他的功勛是這樣子描述的：「黃帝者，少典之子，姓公孫，名曰軒轅。……東至於海，……西至於空桐，……北逐葷粥，合符釜山。」

這裡的「葷粥」，據《史記索隱》說：「匈奴別名也。唐虞已上曰山戎，亦曰熏粥，夏曰淳維，殷曰鬼方，周曰玁狁，漢曰匈奴。」

從這段話看來，黃帝時就曾和匈奴的祖先葷粥作戰，這個民族在夏代稱淳維。這下眞相大白，匈奴絕不可能是黃帝後代。且匈奴在夏代稱淳維，當然也不可能是夏桀的後人。所以《史記‧匈奴列傳》對匈奴族源的說法，是不可採信的，只是歷來漢人史家基於熱愛華夏的心理，仍然採信這個錯誤的說法，例如近代學者呂思勉在他所著的《秦漢史》中仍然說：「《史記》曰『匈奴，其先祖夏后氏之苗裔也，曰淳維』，固無確據，然繫世所傳，多非虛罔，讀先秦史可見。文化恒自一中心傳播於其四面；文明民族中人，入野蠻部落，爲之大長者；尤僂難悉數。則《史記》此語，雖不能斷其必確，亦無由斷其必誣，此固無足深論，然匈奴文化受諸中國者甚多，則彰彰矣。」

匈奴不可能源於黃帝後裔，不能只因爲匈奴擷採了些漢人的文明，就堅持《史記》之說「亦無由斷其必誣」。

雁門關
位於中國山西省代縣西北的雁門關，是西漢時漢匈的交界處。

西方史籍論匈奴

漢民族自大心態，西方學者巴克爾（E. H. Parker）在他所著的《匈奴史》中，就明確地提出了批判，巴克爾說：「中國史家論述邊徼諸國政治起源，輒喜歸諸中國流徙亡命之徒，以為此輩善於適應當地風尚，重以知書識字，故易居高位，掌大權，而結各民族以成一國云云。」

巴克爾的說法雖早於呂思勉，仍然等同給了呂氏重重一擊。從以上分析，應該知道談到匈奴族源時，跟華夏漢民族是毫無關聯的。

匈奴既然不可能與漢人同祖，於是有些西方學者認為匈奴應該是突厥種，像法國漢學家雷莫薩特（Jean-Pierre Abel-Rémusat）、德國史學家克拉普羅特（Julius Heinrich Klaproth）等都持這種主張，也有一、兩個中國學者如馮家昇等加以附和，他們唯一的論據就是《史記》、《漢書》裡記載少許匈奴語彙的漢字音譯，以這些漢字音譯的匈奴語，拿來跟現今還說突厥回紇語民族的語言作比對，而後得出這個結論。他們用了哪些匈奴語彙呢？重要的有以下幾個：

單于：《漢書．匈奴傳》稱：「單于者，廣大之貌也，言其象天單于然也。」屬突厥語的察哈臺語（Caga Tai，現已消失），曾流行於今天中亞以至新疆各民族，在這種語言中，「強盛廣大」的音為 Cong 或 Zengiz，這些史家認為這就是單于的對音。但其實無論是 Cong 還是 Zengiz，都跟單于的讀音有很大的出入。

撐犁孤塗（涂）：《漢書．匈奴傳》說：「匈奴謂天為撐犁，謂子為孤涂。」這些學者以今天土耳其（突厥後裔）語的「天」讀音近似於 Tangri、Tegri 或 Tangite，因此這些學者認為「天」是撐犁的對音，所以主張匈奴跟突厥是同一個民族。但其實 Tangri 一詞的由來，是古高加索白種人對「天」的稱呼，中文又音譯為「騰格里」。匈奴只是借用這個詞，後來的突厥、察哈語乃至蒙古族，也都把天讀作騰格里，如果那些學者的主張可以成立，那許多不同的民族都成了一家人。

其次，他們又以今日通古斯語族讀「子」為 kuttu；通古斯族中的巴爾古金（Barguzin）人讀「子」為Guto，都跟孤涂同音，如果這個說法成立的話，匈奴又變成了通古斯族。

「通古斯」是古史上的肅慎系民族，分布地區大致在西伯利亞東部以及中國大興安嶺以東地區，而突厥的起源地，經中外學者考證，一致認為在今天新疆阿爾泰山一帶，兩者相差好幾千公里。突厥肯定不是通古斯族，如果匈奴是通古斯（根據孤涂的讀音相同為前提），那麼匈奴的起源和突厥就不會有關係。

頭曼：最早出現於漢文史籍的第一個匈奴單于名叫頭曼，土耳其語讀「萬」為頭曼，即Tumen或Tuman，所以上述學者認定匈奴跟突厥同族。其實人類民族雖多，各有不同的語言，但是人類發音器官都只用到喉、口、鼻、舌，所以在不同民族的語言裡，常會找到發音相似或相同的字眼。

且Tumen在土耳其語中的意思是「萬」，那跟匈奴的頭曼單于又有什麼關聯呢？何況今日蒙古語的「萬」，也讀作Tumen，如果這些學者的說法可以成立，那豈不是等於說今天的土耳其人跟蒙古是同一個民族？

還有許多匈奴語彙，像「冒頓」、「稽粥」、「骨都侯」、「祁連」、「焉支」……，這些學者也在土耳其語中去找讀音相似的一些語彙作印證，但是都經不起驗證。

其實要在不同的語言裡找到一些相同讀音的話，是很容易的，信手試舉一例，英語中的 See you

盤羊頭青銅車轅飾

戰國時期文物。在今中國內蒙古自治區鄂爾多斯市出土。「羊」在匈奴文化中代表吉祥如意，「盤角羊」更被匈奴人奉為神羊。故而常見以羊為裝飾品紋樣的匈奴文物。這個盤角羊是一件車飾，裝飾在車轅上，既是出於美觀的需要，更有乞求出行平安的意味。此飾品由模鑄而成，是匈奴青銅飾件中不可多得的代表作。

Tomorrow，正好跟漢族福州方言的「醬油都沒了」幾乎一模一樣，如果據此斷定說福州話的人是高加索種，那豈不成爲民族學上的一大笑話。

再說匈奴最早的分布地在鄂爾多斯高原一帶，而突厥則源於阿爾泰山一帶，兩者距離過遠。更何況北魏滅掉匈奴系的赫連夏後，匈奴之名不再出現於中國史書，一百多年後，突厥才躍登歷史舞臺，兩者在民族血緣上實在不該扯在一起，只是在北亞草原上自東到西自然條件相當接近，彼此在語言、習俗上互相借用、模仿是極自然的。

匈奴既然不可能和突厥同源共祖，於是又有一些學者主張匈奴和蒙古族有血胤關係，持這種主張的有帕拉（Pallas）、貝格曼（Bergmann）、史密德（J. J. Schmidt）、比丘林紐曼（Bischurcn Neuman）、日本學者白鳥庫吉，以及許多蒙古籍的學者。他們所根據的理由歸納起來有三點：

其一，現今蒙古語中有若干和《史記》、《漢書》所載的匈奴語接近，像「駞」，就是蒙古語中的駝駱。另有「屠耆」，《史記．匈奴列傳》稱：「匈奴謂賢曰屠耆。」現在蒙古話稱貴族爲 Taiji（臺吉），於是就認定匈奴語跟蒙古語相同。這個說法太過牽強，Taiji 可以解釋成是「太子」的蒙古語讀法，在早期蒙古語彙裡，如《元朝祕史》（成書於一二四〇年，作者不詳）裡就不見 Taiji 這個詞，到後來蒙人跟漢人接觸多了，知道太子在漢文裡的意義，於是才有了 Taiji 這個詞稱。可見以語彙作爲匈奴與蒙古同源共祖的證明是靠不住的。

其次，這些學者認爲，匈奴被秦將蒙恬逐出鄂爾多斯高原後（約西元前二一四年），才逐漸向漠北發展，後在漢武帝時，漢族奪下祁連山（約西元前一二一年），匈奴才以漠北爲主要聚居區。蒙古族的可汗鐵木眞（即成吉思汗）於南宋寧宗開禧二年（一二〇六年）滅乃蠻後，統一了今天的蒙古國，所據有的空間上似乎與匈奴相當，所以據此認定匈奴是蒙古族。可是他們忘了諸胡列國時代中期（五世紀中葉）之後，匈奴一詞已經從歷史舞臺消失，而蒙古一詞最早出現於兩《唐書》，分別以蒙兀、蒙瓦載入，而且只是室韋的一部，在時間上跟匈奴之消失差了至少三個世紀，把蒙古跟匈奴硬扯在一起，無論從哪個方面看，都說不通。不同的民族很有可能在不同的時間擁有相同的空間，絕不可以只因他們擁有相同的空間，就認定他們是同一個民族。

其三，許多蒙古籍的史學家都指稱蒙古是匈奴的後裔，這只是基於民族虛榮心的意識，因爲匈奴是東方第一個躍登西方世界的民族，曾經帶給西方白種人莫大的壓力。所以蒙古在被蘇聯占據期間（約一九二〇年代），民族自尊心被剝奪到幾乎等於零的情況下，能夠將匈奴認作自己的祖先，至少在心理上可以取得平衡。但是就史論事，這個說法還是不能成立的。如果再進一步分析，且看《元朝祕史》以及兩《唐書》所載，蒙古族初興起時是在東北大興安嶺西部額爾古納河一帶，而匈奴是在鄂爾多斯高原，兩者一東一西相距幾千公里，做爲鄰近部落仍嫌遠，怎麼可能同源共祖呢？

匈奴既然不可能跟蒙古同源共祖，於是又有人主張匈奴人屬於北歐日耳曼族的芬族，持這種看法的有西方學者馬丁（Saint Maitin）、謝美諾夫（Semenoff）、尤薩李維（Uiealiuis）以及近代學者胡秋原，可是他們只提出主張，並沒有舉出實證。其實匈奴西侵是在被東漢竇憲打敗後，先在中亞停留了數百年後，大約在四世紀中葉之後才進入歐洲，跟芬族發生關聯，如果因此說匈奴是芬族，不免有倒果爲因之嫌，也是不可採信的說法。

還有更荒謬的說法，俄羅斯學者陰若特蘭且夫（G. Ineatianceu）在他所著的《匈奴與匈人》（*Chunnund Hunnen*, 1926, 2nded）中，提出匈奴是斯拉夫種，但毫無證據，所以根本不值得採信。

那麼匈奴的族源究竟是怎樣呢？其實我們不必忙著在沒有足夠的文獻以及足夠的考古資料時，急於證明匈奴究竟與哪一個古老的民族有血緣關係，替匈奴民族尋找一個祖宗。所以本書暫且認爲匈奴就是匈奴，是自成一系的民族。

第三章 匈奴的語言與習俗

匈奴的語言

不同的民族說著不同的語言，有時雖然是同一個民族，但由於分布地區的不同，彼此所說的話也不一樣。以漢族爲例，除了官方語言（即中國所謂普通話；臺灣所謂國語）外，各個地區還是或多或少有些不同的口音和習慣用語。如長江以南，雖然也都是漢人，但又有吳儂方言、閩方言、閩南方言、客方言與粵方言，彼此幾乎難以溝通，不過即使如此，各種方言與官方語言在語法上還是一樣的。但是不同民族間的語言，在語法結構上就完全不一樣了。

人類的語言雖然多到成千上百種，但是如依照語型（Language Type）區分，只有下列四種類型：孤立語型（Isolating Language Type）、膠著語型（Agglutinative Language Type）、曲折語型（Inflectional Language Type）和複合語型（Polysynthetic Languages Type）。

在每個語型之下，又分爲若干語系（Language Family），語系之下再分爲若干語族，語族之下爲語言，其下則爲方言。

整個北亞草原游牧民族，從古老的匈奴到晚近的蒙古，在語言類型上都屬於膠著語型下，烏拉阿爾泰語系的阿爾泰語族。匈奴的語言就是屬於阿爾泰語族下的匈奴語，這種語言的特色是複音節單聲調，在語法結構上是「主詞＋受詞＋動詞」，因爲動詞可以呈現主詞，所以主詞就可以省略掉。但由於匈奴語言保留在《史記》、《漢書》和《後漢書》中，只有一些零星的詞彙，所以無法進行深入的探討和研究。

每一個民族都有自己的語言，卻並不是每一個民族都能創制出自己的文字。從既有文獻來看，在中國境內的匈奴民族從來沒有創制過文字，《史記・匈奴列傳》就說匈奴「毋文書，以言語爲約束」，《漢書・匈奴傳》也有同樣的記載。《後漢書・南匈奴傳》則進一步指出：「主斷獄聽訟，當決輕重，口白（冒頓）單于，無文書簿領焉。」可見匈奴縱然在強盛的冒頓單于時代，也沒有文字。

但是《史記》、《漢書》和《後漢書》又記載了漢、匈之間曾有「國書」往來，既有書信往來，就必然有文字。經過近代許多史家考證，那時匈奴所使用的文字是漢文，因爲當時既然有許多匈奴人降漢，也有許多

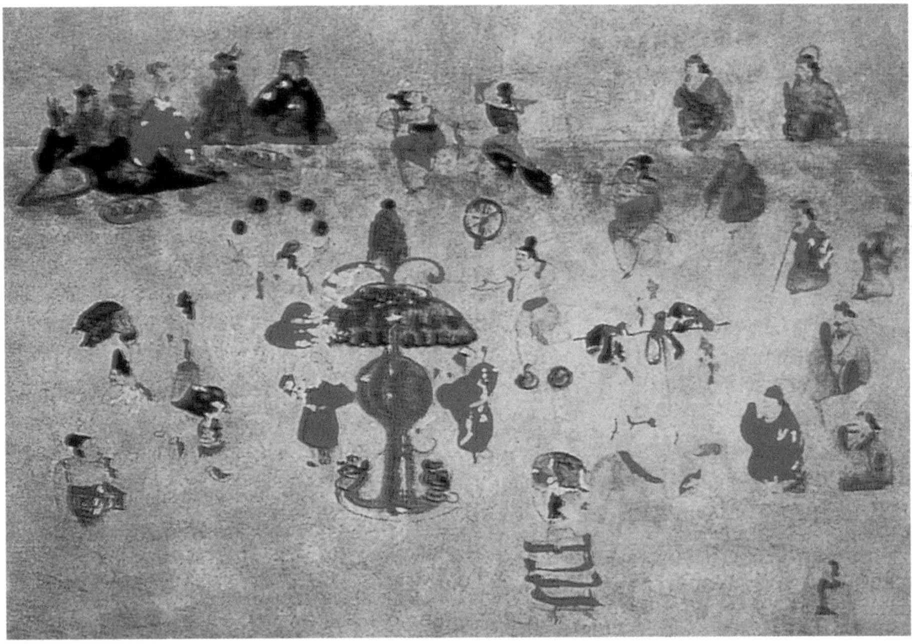

此圖所繪的內容是西漢時匈奴的雜技圖，出土於今中國內蒙古自治區。

漢人降於匈奴，比較有名的像西漢的韓王信（不是跟劉邦打天下的韓信，而是戰國時代韓國王室的後裔，西漢初立爲韓王）、趙王，奉使送和親公主到匈奴的中行說（音「中杭悅」）等人，這些漢人教導匈奴使用漢字。如《史記》中記載：「於是（中行）說教單于左右疏記，以計課其人眾畜物。」可見當時匈奴還是有用文字記載國家重要事件，只是用的文字是漢字。

不只如此，中行說當初被西漢派爲護送和親公主到匈奴的特使時，是既不甘心更不情願，曾經口出怨言說：「一定要派我去的話，朝廷將來會後悔的。」所以中行說到匈奴後就投降匈奴，並且爲匈奴出謀劃策，要讓西漢難堪，譬如西漢送給匈奴的書信長度是一尺一寸，中行說就要匈奴單于回給西漢皇帝的書信長度爲一尺二寸，用的印璽也比西漢皇帝的印璽要大些，雖然他的目的只是滅滅西漢的威風，但是卻讓後世了解，當時的匈奴沒有創制自己的文字，而是使用漢字。

這種情形一直到南匈奴附漢，乃至南匈奴後裔劉淵建立「漢」（西晉惠帝永興元年，西元三〇四年。後改稱趙，史稱前趙），或赫連夏時期，情況都沒有改變，匈奴還是使用漢文。

至於西遷的北匈奴，到了中亞康居後，是否創制或借用中亞已有的粟特文拼寫匈奴語言呢？

北匈奴西遷中亞時，中亞各綠洲國家，也就是漢文史料上所說的昭武九姓各國，早已有了足以使用的拼音文字，或稱之爲粟特文，或者叫做吐火羅文（經近代學者研究又可分爲甲、乙或A、B兩種，流通於西域）。北匈奴到了康居之後，身處粟特文化圈，是否會借用粟特字母拼寫匈奴語言？到目前爲止，還沒有在史料上找到證據。不過據相關史料，北匈奴西徙中亞康居後，爲了核計人口牲畜，以及繪製山川形勢的地圖，仍然是使用漢字。根據《漢書・元帝紀》載：「建昭四年（西元前三十五年）春正月，以誅（北匈奴）郅支單于，告祠郊廟，赦天下，群臣上壽。置酒，圖書示後宮貴人。」這裡的「圖書」顯然是指匈奴第一次分裂後，西漢討伐北匈奴單于郅支後所獲得的圖書，其中可能包括了書籍簿冊

漢字的優勢

任何民族都是從繪畫開始溝通受時空阻隔的思想，繪畫式文字也就是象形文字，必須是具體的東西才能畫下來，因此象形文字如果不能超越具體，無法描繪抽象的話，就不能發展出完整的視覺文字，所以世界上許多民族最後都放棄了這種以視覺為主的象形文字，而另行創制以聽覺為主的拼音文字。

就目前情形看來，舉世只有漢字以轉注、形聲、假借、會意、指事等方式，克服了象形所無法表達抽象的困境，成為唯一的視覺文字，這種文字的好處是不受時空的約束，不會因讀音的不同，而改變文字的涵義，如今天的漢人或是其他民族，只要具有高中漢文程度，就可以直接閱讀《論語》、《史記》、《漢書》等經典。

以及山川形勢圖，漢元帝把這些圖書「示後宮貴人」，這些圖書上的文字必然是後宮貴人看得懂的漢字。所以說北匈奴西徙後，身邊一定還有不少漢人替北匈奴處理文書工作，用的仍然是漢字。

至於後來從康居出發西侵歐洲的另一支北匈奴，他們的文字使用情況又是如何呢？據歐洲史料記載，進入歐洲的北匈奴人似乎有自己的文字，並且有了以匈奴文寫成的詩詞歌詠，如果這個記載屬實的話，他們所使用的匈奴文已經相當成熟了。依據歐洲史料所載，當時已有認得匈奴文的羅馬人，而匈奴也有人通曉羅馬人使用的拉丁文，只是很遺憾的是，這種匈奴文並沒有流傳下來，使這個歷史上的傳說眞僞莫辨。

匈奴的習俗

匈奴的習俗，可分幾個面向來說，先說匈奴民族的**信仰**。從蒙古一些岩畫中，證明了早在五、六千年之前，或者更早，生活於北亞草原的匈奴或者匈奴的先人就已經具有信仰。

人類之所以有信仰，是對大自然的風雨雷電等自然現象感到恐懼，而大自然孕育萬物，如牲畜草場使人們衣食無缺，因而有了感恩之心。今年的水草豐美，牲畜順利繁殖，除了感恩，更期盼來年也是如此。這種許願、感恩以及恐懼，構成了人類產生信仰的心理因素，匈奴民族自不例外。

經過許多民族學、社會學、人類學及宗教學的學者專家研究後，認爲匈奴民族的宇宙觀是垂直的，人類所居住的地區爲地面界，其上爲天上界，其下則爲地下界，換言之就是「天堂」、「人間」及「地獄」。匈奴人認爲天上界爲諸神所居，而諸神是有其「階級之分」（Hierarchy），自至高無上的天神，以至日、月、星辰諸神。地下界（地獄）則以最大的魔神爲首，諸魔也有層次，例如各種鬼神乃至人類死亡後的靈魂。地面界則有土地、山川、水火等神靈所構成的萬神，這些自然界的各種力量，對天上界的各種神祇也要表現出絕對的尊崇與畏懼。這種萬物有靈的現象，民族學家或宗教學家稱之爲「泛靈信仰」（Animism）。

但是凡夫俗子是無法跟諸神或諸魔進行溝通的，必須透過一個「通靈」的人作爲人與神鬼之間的媒介，這個媒介稱爲「薩滿」（Shaman），通常是由婦女經過「專業」訓練後擔任。許多論著把這種泛靈信仰稱之爲薩滿教，自嚴格的宗教定義來說，薩滿信仰還不具備宗教的要件，只能稱之爲信仰。

匈奴民族有史以來都是泛靈的薩滿信仰，例如《史記》就記載：「歲正月，諸長小會單于庭，祠。五月，大會龍城，祭其先、天地、鬼神。秋，……。」

可見匈奴是既拜祭祖先，又祀天地、鬼神的薩滿信仰，日常生活也離不開對日、月的崇拜，《史記・匈奴列傳》稱匈奴：「單于朝出營，拜日之始生，夕拜月。」至於要舉辦大事或舉兵出擊時，更是離不開對日、月的觀察與膜拜，同書又稱：「舉事而候星月，月盛壯則攻戰，月虧則退兵。」由此可見對日月星辰之重視。

此外，匈奴對鬼神也極爲迷信。例如西漢貳師將軍李廣利投降匈奴後（西漢武帝征和三年，西元前九〇年），頗受匈奴單于重視，結果早先投降匈奴的衛律（時被封爲丁零王）感到不是滋味，於是串通匈奴的薩滿要陷害李廣利，薩滿在進行一連串的法事後，詐稱已崩殂的單于要以李廣利的血，祭獻於匈奴單于的靈位，李廣利自然不甘心，臨死前大罵：「我死後變成厲鬼也要滅掉匈奴。」說來也巧，這年雨雪連下好幾個月，牲畜死傷眾多，而匈奴也有多人感染重病，河谷地帶所種的穀物也不結穗。這下匈奴單于害怕了，認爲是李廣利的鬼魂作祟，連忙爲李廣利建立祀堂，加以祭拜，希望能消災避禍。從這件事即可證明匈奴是崇拜鬼神的。

匈奴的泛靈信仰到了西漢後期有些改變，因爲一般泛靈信仰並沒有固定的偶像崇拜，甚至沒有偶像，但是西漢的霍去病率兵過焉支山北擊匈奴時（西漢武帝元狩二年，西元前一二一年），獲得「休屠王祭天金人」（事見《史記》），顯然有了固定的偶像崇拜。

休屠王的兒子入漢後，以「本以休屠作金人爲祭天主，故因賜姓金氏」（見《漢書・金日磾傳》）。這尊匈奴祭天的金人大約有一丈多高，漢武帝把祂安置至甘泉宮，且不時加以祭祀，可惜《史記》、《漢書》對這尊金人都沒有更詳細的記載，後世無法進一步加以研究。漢武帝時，佛教似乎已經傳入中亞了，可是這尊金人是不是佛像？也已經無法考究了。只能說，如果是的話，就表示佛教在西漢初（西元前二世紀）時就已經傳入北亞草原了。不過縱然如此，從這之後有關匈奴信仰的記載，都不見佛教蹤跡，這個歷史謎團只好繼續成爲千古不解之謎了。

匈奴非常崇信薩滿，據《漢書・西域傳》所載，匈奴常命薩滿在部隊要經過的路上，或河流之下，埋下牛羊，用以詛咒敵軍。此外，匈奴單于贈送給西漢皇帝的馬，也都先讓薩滿念過祝禱詞。在史傳裡薩滿都寫作「胡巫」，匈奴人的「胡巫」信仰是很普遍的，由於有一些匈奴人投降西漢，這種崇拜胡巫的習俗也在漢人之間流行起來，例如漢安定郡所屬的朝那縣（今甘肅省平涼縣西北），就有十五個拜祀的場所，其中就有胡巫祝禱詛咒。這種迷信胡巫的情況後來居然傳播到宮廷中，據《漢書・江充傳》載，漢

西漢匈奴牧羊想像圖

武帝曾命江充調查宮中的巫蠱事件，江充就帶了胡巫查看，這至少證明中國境內也有人信仰胡巫，而且也有胡巫到中原地區服務。

匈奴的胡巫不但能和神靈鬼怪溝通，還能治病救人，史傳稱這種胡巫爲「毉」（音義同「醫」）。如蘇武在匈奴時，因副使介入匈奴內部奪權事件被破獲，而引刀自殺，但是人還沒斷氣時，衛律就趕忙請來毉，將地挖一個坑，放些木柴點起小火，把蘇武放在上面，用腳踩蘇武的背，讓蘇武繼續流血，原本蘇武已經幾乎沒了呼吸，經過胡巫半天的「治療」後，又活了過來，足以證明胡巫也負有治病救人的任務。即使到現在，居住於大興安嶺地區一帶的薩滿也還具有治病的功能。

再其次說到匈奴的**婚姻**習俗。與匈奴以及後來北亞草原游牧民族有關的婚姻形式，大約有掠奪婚、蒸報婚以及賜婚，其中尤以蒸報婚最爲漢人所詬病，其實這是漢人不了解草原民族的社會結構，並且以漢人的觀點加諸在草原游牧民族之上，才會有如此既不正確更不公平的偏見。

蒸報婚或叫「收繼婚」，所謂「蒸」是指晚輩收繼直系尊親屬之寡妻；「報」是指晚輩收繼旁系長輩的寡妻。

在漢人社會裡，蒸報婚是不光彩且是違背倫常的，然而在北方草原游牧民族裡，蒸報婚是一種正常的婚姻形式。《史記·匈奴列傳》就有這樣的記載：「匈奴之俗……，父子兄弟死，取其妻妻之，惡種姓之失也。」

春秋戰國時期的人物紋岩畫，出土於今中國內蒙古自治區阿拉善。現藏於內蒙古呼和浩特昭君墓（即昭君博物館）的匈奴文化博物館。

這種妻後母及娶兄弟妻爲妻的現象，在匈奴社會乃至中亞、北亞所有游牧民族中，都是正常的婚姻習俗。

漢文史料中也有幾樁具體例子：西漢成帝建始二年（西元前三十一年），南匈奴呼韓邪單于死，兒子雕陶莫皋繼立，稱復株累單于，就娶了

掠奪婚

人類從母系社會進入父系社會後，已經確立了私有財產制，也漸漸從亂婚制進入一夫一妻制，而且經過長時間的經驗累積，知道近親婚配容易生出不健康的後代，所以氏族外婚或部落外婚已成為各民族的共識。要從別的部落尋找配偶，最方便的方式莫過於掠奪了，所以從匈奴一直到蒙古，都有掠奪婚的習俗。

就以蒙古族為例，鐵木真的父親也速該的妻子就是搶來的，而鐵木真的妻子也曾經被篾兒乞人搶去。《史記》、《漢書》雖然沒有提到匈奴有掠奪婚的習俗，但是以蒙古族之有掠奪婚，推測匈奴也有掠奪婚，應該是可以成立的。不僅如此，直到今日，中亞國家烏茲別克還有這個習俗，這樣看來，匈奴應該也有掠奪婚。

先前嫁給呼韓邪單于的王昭君。又如西漢宣帝地節二年（西元前六十八年），匈奴壺衍鞮單于死，他的弟弟虛閭權渠單于嗣立，以右大將女爲大閼氏（音「胭脂」，即單于之妻，相當於中原皇后），廢黜原壺衍鞮單于的顓渠閼氏，也就是說，虛閭權渠單于違反了匈奴社會傳統「妻兄弟之妻」的習俗，此舉引起顓渠閼氏的父親左大且渠的怨恨（事見《漢書．匈奴傳》）。可見蒸報婚或收繼婚不僅是匈奴社會的一種婚姻習俗，更是一種社會制度，任何人都不能輕易違反這種社會既定習俗和制度。

如果從另一個面向看，蒸報婚更有其社會、經濟面的必然性。匈奴社會早已採行家父長制，所有財產包括牛、羊、馬、駱駝、帳篷，乃至奴隸，在家庭中歸家父長所有。在整個國家中，由單于支配，而單于的閼氏當然可以分配到若干個帳篷、牲畜及奴隸，老單于一旦崩殂，她的閼氏身分自然消失，那麼這些帳篷、牲畜以及奴隸都將由新單于收回，請問老單于的閼氏將何以爲生？只有新單于娶了她之後，她才可以享有閼氏名位，並繼續擁有原來分配給她的一切。

其實這種蒸報婚不僅盛行於匈奴民族，幾乎所有北亞、西域各民族都存在。漢武帝以其弟江都王劉建的女兒爲細君公主，嫁西域烏孫昆莫（首領）獵驕靡，當時獵驕靡已經很老了，沒多久就駕崩了，由他的孫子岑陬嗣位。依照烏孫的婚俗，細君公主要嫁給岑陬，可是細君公主認爲這跟漢人的禮俗不合，奏報漢廷，漢武帝要她「從俗」，細君公主也就嫁給岑陬。後來細君公主過世了，西漢又以解憂公主嫁岑陬，岑陬死後，解憂公主又嫁給嗣立的岑陬叔父大祿的兒子翁歸靡，翁歸靡死後，解憂公主三度嫁給岑陬與其他妻子生的兒子泥靡（翁歸靡的姪子）。這種錯綜複雜的婚姻關係，對游牧民族來說都屬正常。

北魏孝莊帝（西元六世紀左右）時，北魏分裂爲東西魏。東魏實權掌握在大臣高歡手中，高歡雖然自稱渤海脩縣漢人，但是在思想行爲上已經完全鮮卑化了，後來他的兒子高洋篡東魏建北齊，追諡高歡爲神武皇帝。據《北史．后妃傳》所載，高歡曾娶柔然可汗阿那瓌的女兒，史稱蠕蠕公主。柔然在當時或稱茹茹、芮芮，北魏爲了醜化異族，而稱爲蠕蠕，意思是像蟲一樣愚昧無知。高歡過世後，兒子高澄就依照柔然的習俗，再娶這位蠕蠕公主，並且生了一個女兒，可見這種蒸報婚連自稱是漢人的北齊高氏也照單全收了。

至於柔然本身更是奉行不渝，據《魏書．蠕蠕傳》所載：當初柔然豆崙可汗死了，由那蓋嗣立，豆崙的堂兄弟伏圖就收納豆崙妻子候呂陵氏，生下醜奴、阿那瓌等六人。可見這種叔娶嫂的方式，在柔然社會也是一種習俗。

柔然之後突厥崛起，也是實行這種蒸報婚。據《北史．突厥傳》以及《通典．卷一九七．突厥條》所載：隋義成公主最初嫁突厥啟民可汗，啟民卒，又嫁他的兒子始畢可汗，之後又嫁始畢之弟處羅可汗及處羅之弟頡利可汗。由此可知，突厥之後的北方游牧民族始終都有蒸報婚的習俗，但最早見諸文獻的還是匈奴民族。

再來看匈奴的**葬俗**，據《漢書．匈奴傳》所載，匈奴的葬俗是：「其送死，有棺椁（音「果」，同槨）、金銀、衣裳，而無封樹喪服，近幸臣妾從死者，多至數十百人。」如果從這項史料來看，匈奴在葬俗方面似乎跟中原漢人有一部分相似，如厚葬、殉葬等。

俄國考古學家柯茲洛夫（P. K.

Kozlov）在一九二四至一九二五年間，於今日蒙古首都烏蘭巴托以北約七十公里的地方，挖掘出一堆匈奴古墓群，墓壁以緞鋪鑲，棺中鑲金厚如一個制錢，棺木呈角形，墓中有相當多陪葬品，像玉印、綿、羅等，每墓中有二個、六個、八個以至三十個不等的女性骨骸，足證《漢書》所說「有棺椁、金銀、衣裳……臣妾從死者，多至數十百人」的記載是正確的。近年來大陸考古學界也在內蒙古挖掘出為數不少的古匈奴墓群。

至於匈奴民族的**髮式**和**服飾**也需要稍作介紹，因為髮式跟服飾可以顯示一個民族的特色，春秋時孔子曾經說過：「微管仲，吾其披髮左衽矣！」可見髮式服飾可以作為區隔民族的象徵。從孔子這句話中，更可以了解北方草原游牧民族是披髮左衽的，所謂披髮，並不是披頭散髮，而是在頭髮的尾端加以紮結。從中國陝西省西安縣匈奴古墓出土的一件銅製飾牌上，有兩個正在摔跤的匈奴人，可以很清楚地看出匈奴人的髮式。至於服飾左衽，根據推測，可能是騎馬時身體向左傾斜，左手執轡右手拿兵器，如果衣服右衽的話，冬天會灌進寒風，不僅影響速度，更會令人寒不可耐，當然這只是推測，還需要經過長時間的實地觀察，因而暫時無法得出結論。

明妃出塞圖

由宮素然所繪，描述的是西漢元帝時宮女王嬙（字昭君）遠嫁匈奴出塞外的情形。宮素然，生平不詳，只知是鎮陽（今中國河北省定縣）人。此畫現藏於日本大阪市立美術館。

此外，匈奴還有**剺面**的習俗，剺面或作釐面，

有雙鹿交配狀的帶鏈雙鹿紋銅牌，反映匈奴民族的生育崇拜。

這種習俗原是高加索塞種人、月氏人的習俗，剺面指至親的長輩或長官過世後，晚輩、部屬為了表示哀傷，便用刀自割顏面。後來才傳入匈奴。

試看《後漢書·鄧禹傳》中有關鄧訓的記載，另一支游牧民族小月氏就有這種習俗，原文如下：「戎（指小月氏。即當初沒有隨月氏西遷，而退保南山與諸羌雜居的月氏族）俗，父母死，恥悲泣，皆騎馬歌呼。至聞（鄧）訓卒，莫不吼號，或以刀自割，又刺殺其犬、馬、牛、羊，曰：『鄧使君已死，我曹亦俱死耳。』」

可見小月氏也有這種習俗。匈奴原與塞種、月氏為鄰，染上剺面之俗也是很自然的。再見《後漢書·耿弇傳》載：「匈奴懷其（指耿秉）恩信，……聞秉卒，舉國號哭，或至梨（通「剺」，割的意思）面流血。」

可見匈奴確實染上這種剺面之俗。不只匈奴染上此俗，早在春秋時代，與匈奴、月氏接壤的晉（即今山西省）國人，也有些人染上剺面之俗。如《國語·周語上》稱：「於是乎有蠻夷之國，有斧鉞刀墨（以刀刻其額而墨涅之）之民。」同書另載：「惠公未至，蛾析謂慶鄭曰：『君之止（獲），子之罪也。今君將來，子何俟？』慶鄭曰：『鄭也聞之曰：軍敗，死之；將止死之。……君若來，將待刑以快君志。』……

司馬說進三軍之士，而數慶鄭曰：『夫韓之誓曰：失次犯令，死；將止不面夷（傷），死。……君親止，女不面夷，而罪四也。鄭也就刑！』慶鄭曰：『說，三軍之士皆在，有人能坐待刑，而不能面夷？趣行事乎！』」（《國語·晉語三》）

這裡所說的「刀墨」、「面夷」，就是剺面之俗。可見習俗是會互相感染的，與月氏、匈奴相鄰的漢人，久了也多少會染上些「胡俗」，同樣的，胡人也會染上漢人的習俗，這就是文化的融合。

除了以上這些習俗外，匈奴似乎還從塞種人那裡染上一種聽似野蠻的習俗，即把敵人的頭從眉毛切開，去除頭髮、腦漿，只留下頭蓋骨，然後鑲上金或銀，作爲飲器，史傳載匈奴戰勝月氏時，就曾把月氏王的頭作成飲器。這種習俗史傳上記載的比較少。匈奴之後，柔然、突厥、回紇、黠戛斯興起後，史傳上都沒有記載他們有這個習俗，但是可以肯定的是這種習俗並沒有斷絕，因爲據《元朝祕史》所載，南宋末年（十三世紀）蒙古興起後，克烈部長脫斡憐勒王汗（脫斡憐勒初受女眞封爲「夷離菫」，其意爲王，又自稱汗，於是一般史傳就稱他爲王汗，或作翁罕、王罕）被蒙古族的鐵木眞打敗後，逃進乃蠻地界（克烈、乃蠻都是突厥系民族）被乃蠻太陽汗所殺，並把王汗的頭蓋骨作成飲器，可見這也是游牧民族互通有無的習俗之一。

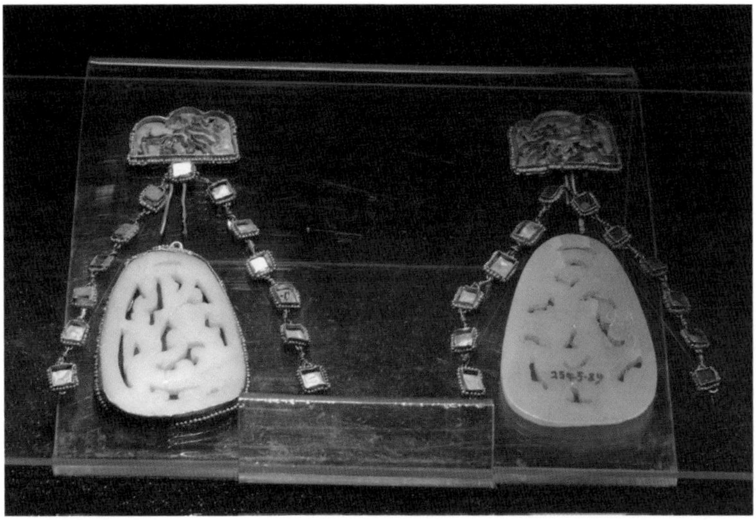

匈奴金飾品

出土於今中國蒙古自治區西溝畔。這套飾品是匈奴貴族的婦女頭飾。薄如錫紙的金飾片，壓出精美的花紋；金鑲玉的一對大耳環，在匈奴文物中更屬少見；與這套頭飾同時出土的還有高浮雕臥式盤角羊包金鐵帶扣等文物。這些飾品的出土，展現出位於內蒙古西部草原的匈奴在文化上的變化，既有傳統草原文化的特徵，又間或受到漢族文化影響。

第四章 匈奴帝國的崛起

匈奴與周朝

匈奴最初是由攣鞮氏、呼衍氏、須卜氏、蘭氏，後來加上喬林氏（或丘林氏）爲核心組成的民族，如果《史記·五帝本紀》所說的黃帝軒轅氏曾經北逐葷粥，那麼匈奴可以說跟漢族同樣是歷史源遠流長的民族。

同樣根據《史記》及《漢書》所載，匈奴最早發源地應該是在黃河河套南邊的鄂爾多斯高原周邊，自黃帝經夏、商、周，以至春秋戰國時代，始終對南方農業的華夏民族構成威脅，迫使戰國時代的韓、趙、魏各國以修築長城的方式，來防禦匈奴的入侵。只是當時匈奴並不是北方唯一「強權」，在匈奴的東方有一個以鮮卑、烏桓爲核心的民族聯盟，因爲匈奴自稱「胡」，而這個民族在胡的東邊，所以華夏農業民族就以「東胡」稱呼他們。

在匈奴西邊大約今天甘肅省敦煌、祁連山一帶，有兩個來自西方，屬於高加索白種人的月氏和烏孫族。事實上，經過當代學者考證，認爲敦煌是吐火羅（Tochari，印歐民族中的一支）的音轉；而祁連則是吐火羅語「天」的音譯。

月氏族大約在西元前一千多年就進入這個地區，原本可能還要繼續東進，只是遇到匈奴，所以在敦煌、祁連山一帶停留下來。爲了生存，他們把天山南部和闐（今新疆維吾爾自治區西南部）一帶所產的玉，販賣到中原。華夏民族自古喜歡玉，所以就稱他們爲玉氏，後來轉爲禺知，再轉爲月氏。相傳西周穆王（?～西元前九四七年在位）就曾經駕車到過「禺知之平」（見《穆天子傳》，約成書於戰國時代，作者不詳）。月氏力量相當強大，對匈奴構成不少威脅，使匈奴無法全力南下「經營」農業地區，間接替漢人阻擋了匈奴的攻勢。但儘管如此，月氏對從事農業的華夏民族也造成不少傷害。

匈奴民族很可能早在中國的傳說時代（西元前二、三千年左右）時，就從西方的塞種人那裡學會駕馭馬的技術，機動性因此變得強多了，從歷史的經驗讓我們知道，控制了速度，就能掌握空間的控制權。在近代內燃機發明前，人類最快速的交通工具就是馬，匈奴民族不但擁有大量的馬，而且人人都會騎馬，據史傳所載：匈奴小孩子先練習騎羊，

護身甲衣

出土於中國內蒙古自治區。在內蒙古自治區出土的匈奴文物中，青銅盔出土數量並不多，能夠成套的更為罕見。照片中這套青銅甲是由數量較大的青銅甲片組合而成，在中國境內為首次發現。對於研究匈奴軍事武備有著極其重要的意義。

稍微長大，就開始騎馬放牧，騎馬對匈奴人而言，就像走路一樣稀鬆平常，所以匈奴的部隊幾乎都是騎兵。

相對的，同時代的中原華夏諸國不知道駕馭馬的方法，更沒有騎兵，部隊以步兵爲主，要不就只有少許的牛拉車作爲戰車部隊。匈奴騎兵居高臨下，無論在機動性、戰鬥力都比華夏諸國的步兵強得多，這也就是何以與匈奴接壤的韓、趙、魏、秦只能以消極的修築長城方式，防止匈奴的南下侵掠。而且即便如此，很多時候還是無法阻止匈奴的南下。

從史傳上看，自春秋至秦漢之際，匈奴與諸華夏國家較具規模的「接觸」有以下幾次：

東周襄王十五年（西元前六三七年），襄王想用來降的匈奴騎兵（當時稱匈奴爲「翟，同狄）討伐鄭國，於是有了娶匈奴女子爲后的念頭，當時富辰曾經上諫說：「我們平王、桓王、莊王、惠王都曾經接受鄭國的效勞，大王您現在遺棄親近的鄭國，而親近匈奴，伐鄭之舉不可行。」但是周襄王不聽。第二年，周襄王罷黜了先前所娶的匈奴皇后，結果匈奴起兵，進攻東周，周襄王不得已逃到鄭國，鄭國讓周襄王在汜（今河南省內）這個地方暫時住了下來。（見《史記・周本紀》）可見當時東周王室跟匈奴曾有婚姻關係，而且因爲匈奴皇后被廢，匈奴就攻入周天子的王畿，周天子落荒而逃到鄭國，這在匈奴史上應該是一件大事。

《史記》又載，齊桓公二十三年（東周惠王十四年，西元前六六三

戰國時代動物紋青銅飾牌「虎食羊」，中國內蒙古自治區鄂爾多斯出土，現藏於內蒙古呼和浩特昭君墓（即昭君博物館）的匈奴文化博物館。

年）「齊桓公伐山戎，次於孤竹」，這裡所說的山戎，也是指匈奴。戰國時代，齊國的地理位置大致在今天山東省北部，居然能跟匈奴交壤作戰，可見當時匈奴可能已經進入今天河北省一帶。

秦厲共公十六年（東周貞定王八年，西元前四六一年），曾以兵二萬伐大荔（今陝西省渭南市大荔縣）之戎，「取其王城」。此處有「取其王城」，顯然是匈奴領袖所駐牧之地，只是當時漢人對北方草原游牧民族沒有很深入的了解，有時稱之翟、狄，有時稱為山戎，有時因為在大荔附近出現，所以又稱之為大荔之戎，也不知他們領袖的稱謂，所以就想當然耳的稱之為王。

秦國因偏處西北，所以在東周初期沒有參與其他諸侯國的會盟，眾諸侯國在春秋時代且將秦國視為夷狄；戰國時，其他六國還曾聯合起來抗秦。但秦自孝公（西元前三六一～西元前三三八年在位）以來，就採用「夷狄」（其實就是匈奴）之法治理軍隊，即以殺人首級的數量，作為論功行賞升遷的標準。到了秦孝公八年（東周顯王十五年，西元前三五四年）就向全秦國下令說：「昔我繆公自岐雍之間，修德行武，東平晉亂，以河為界，西霸戎翟，廣地千里，天子致伯，諸侯畢賀。」於是出兵東圍陝城（今河南省一帶），西斬戎之獂王。這裡所謂戎、翟，也是指匈奴而言，戎之獂王很可能是匈奴某部落的酋長。

秦惠王七年（東周慎靚王三年，西元前三一八年），東方的韓、趙、魏、燕、齊（其地在今天山東、河北、山西一帶）這幾個諸侯國，聯合匈奴共同率兵攻秦。這件史事說明了當時匈奴跟東周諸侯國固然常處於對立狀況，但是有時也會為了共同利益而合作。

胡服騎射

趙悼襄王元年（時東周已滅，西元前二四四年），也曾以李牧為邊將防禦匈奴。《資治通鑑》對李牧的記載如下：李牧曾經居住代（今山西省東北）、雁門（代縣北）一帶防備匈奴，為各種需要設置官吏，市面上收到的稅收都由李牧統管，以為士兵軍需的費用。李牧每天都殺牛給士兵吃，但是也要士兵勤練馬術和射箭，並且嚴格約束士兵說：「如果匈奴前來寇掠，趕快入城固守，如果有人膽敢出擊或捕捉匈奴的，一律斬首。」士兵都遵守這項軍令，每當匈奴來犯，就馬上入城固守，並且點燃烽火警告其他地區。

如此嚴密的防守，幾年下來人畜都沒有損失，匈奴以爲李牧膽怯，而趙國的邊防兵也認爲李牧膽小不敢應戰。趙王也一再責備李牧，可是李牧依然故我，只守不攻不戰，於是趙王大怒，任命別的將領取代李牧。結果才一年多，就一再和匈奴發生戰事，趙國經常戰敗，人員損失不少，最後連邊境都無法耕種或放牧。趙王不得已，又請李牧出來防守邊境，李牧仍然堅持只守不攻，趙王迫於無奈只得應允。

李牧重新上任後，就用跟以前一樣的軍令約束士兵，人民因不再有戰事而可以安居樂業，匈奴好幾年想南侵都無法得逞，但總以爲李牧膽小怯戰。而李牧這邊的士兵豐衣足食又得到許多賞賜，每個士兵都希望能跟匈奴決一死戰，在李牧的刻意培植下，趙國士兵的作戰士氣都達於最高點。

李牧一看這些士兵已經可以和匈奴決戰了，於是就選了戰車一千三百輛，驍勇騎兵一萬三千人，浩浩蕩蕩出擊匈奴。兩軍相遇後，李牧先是佯裝戰敗，故意讓幾十名趙人被匈奴抓獲。匈奴單于得到初戰告捷的訊息，就率領部隊南下寇掠，李牧在此時布下奇陣，合攏原先散開的左、右兩翼，團團圍住匈奴大軍並給予痛擊，殺了匈奴十幾萬騎兵，順便破了東胡。匈奴單于經此戰倉皇北逃，從此十幾年不敢南侵。這時下距頭曼單于被冒頓射殺不過四十三年（詳後），所以可以推測，被李牧所擊敗的匈奴單于，就算不是頭曼，也應該是頭曼的父親。

李牧所選的戰車可能是華夏中原諸國固有的工具，但他訓練出來的一萬三千名騎兵，則是在趙武靈王（西元前三二六～西元前二九八年在位）胡服騎射之後的事。

何謂胡服騎射？東周時，中原諸農業國家面對機動性強的匈奴騎兵，只能以築城的方式，希望用長城把匈奴擋在長城之外，但是這種防禦性的措施並不能完全發生阻隔的效果，不時還會遭受匈奴攻擊。華夏民族自古以來的衣著是寬袍大袖，對於作戰來說是極不方便的，而且又是以步兵爲主，這樣的裝備對付騎兵的匈奴，根本居於劣勢。

趙武靈王是個有所作爲的君王，不甘心對匈奴只採取守勢的防禦，希望能夠加以反擊。要想在戰場上和匈奴一決雌雄，就必須在裝備和戰法上有所改進，於是興起了「師夷之長以制夷」的念頭，也就是說令趙國士兵換上和匈奴一樣輕便的褲裝，士兵也練習騎馬，只有這樣才能和匈奴一較長短，這便是趙武靈王胡服騎射想法的由來。

只是在中國要談服裝改革是一件很困難的事，自周公制禮作樂以來，服裝代表著一個人的身分地位，一點都馬虎不得，何況在東周時代，服裝還有區隔華夷的作用，豈可輕易改變？更別說要改成和夷狄一樣的服裝了，只會引起眾人反對。

果然，當趙武靈王提出胡服騎射的主張時，他的叔父公子成就極力反對。起先公子成稱病不上朝，武靈王就派使者向公子成曉以大義說：「家聽於親，國聽於君。今寡人作教易服而公叔不服，吾恐天下議己也，制國有常，利民爲本；從政有經，令行爲上。明德先論於賤，而從政先信於貴，故願慕公叔之義以成胡服之功也。」

公子成不以爲然，他表示：「臣聞中國者，聖賢之所教也，禮樂之所用也，遠方之所觀赴也，蠻夷之所則

戰國時期趙國貨幣：尖首刀。中國上海市博物館的中國歷代貨幣館藏。

效也。今王捨此而襲遠方之服，變古之道，逆人之心，臣願王孰圖之也。」（《資治通鑑．卷三．周紀三》）

使者向武靈王回報了公子成的說法，武靈王覺得必須自己親自出馬才能說服公子成，於是親自對公子成說：「我們趙國東邊有齊和中山（當時中山是胡人的地盤）；北邊有燕、東胡；西邊和樓煩、秦、韓相鄰，可以說是強鄰環伺，現在如果沒有能騎馬射箭的騎兵，怎能保衛國家的安全呢？之前中山胡人藉著齊國強兵，侵略我們趙國，使我們百姓受累，他們更企圖引河水淹沒我們的鄗城，如果不是祖宗有靈保佑，鄗城幾乎就要失守，這是先君引以爲恥的事。所以我才要胡服騎射，以防守四境，以報之

戰國青銅器上的戰車圖案 。圖中有四馬二人，其中一人駕馭戰車，另一人彎弓射箭。

叢台遺址
提倡胡服騎射的趙武靈王對趙國貢獻良多，晚年卻因為王位繼承問題而和兒子們發生衝突，最後被長子活活餓死在宮城裡。此為相傳武靈王時代所建的叢台遺址，現位於中國河北省邯鄲叢台公園。

前中山侵掠我國的怨氣。而叔父您只知道墨守成規，堅持傳統的服飾，不肯改變服飾，難道您忘了鄗城被圍的恥辱嗎？這絕對不是寡人所願意看到的事。」

武靈王的理由強而有力，識大體的公子成於是以國家爲重，立刻同意了武靈王胡服騎射的政策。而武靈王本就有備而來，於是打鐵趁熱，馬上送一套胡服給公子成。第二天，公子成就穿胡服上朝，眾臣一見連公子成都贊成武靈王的政策了，也就不再持反對意見。就這樣，武靈王的胡服騎射政策正式在趙國推行開來。

這件事發生在趙武靈王十九年（東周赧王八年，西元前三〇七年），經過幾十年的騎射訓練，才有後來李牧的擊敗匈奴。當時北方各華夏國家眼見趙國胡服騎射取得戰果，於是也紛紛起而效尤，這在中國歷史上可以說是一件劃時代的大事，首開漢人胡化的序曲。

亡秦者胡

自從李牧於趙悼襄王時予匈奴以痛擊之後，匈奴單于便北遁，有十幾年不敢南下牧馬。到秦始皇三十二年（西元前二一五年），匈奴時爲頭曼單于在位，秦始皇北巡至上郡（今陝西省榆林市）。

在這之前，秦始皇派方士盧生到海外尋找長生不老的仙丹，盧生沒找到仙丹，便於這年從海外回來，向秦始皇奏稱《錄圖書》上有「亡秦者胡」的字眼，當時所說的「胡」，是專指匈奴而言，而且一直到隋、唐之前「胡」都是指匈奴。既然錄圖書上提到「亡秦者胡」，秦始皇自然心覺不安，想除掉匈奴這個大患，於是派遣蒙恬率三十萬大軍到北邊，一方面伐匈奴，一方面將戰國時各國的長城聯結起來，這就是後代所說的萬里長城的雛型。

第二年（始皇三十三年，西元前二一四年），蒙恬果然將匈奴逐出河南地，此處的河南地指的是鄂爾多斯高原，因爲地在黃河南邊，所以稱爲河南地。秦在所奪得的河南地設了四十四個縣。據近代學者唐德剛《晚清七十年》的考證，「縣」這個字和「懸」字相通，意思是新獲得的土地，還沒想好要設立成哪種形式的地方行政單位，只好暫時懸在那裡，後來就演變成爲最低一級的地方行政單位。

此外，所謂「亡秦者胡」其實另有說法。秦朝內部有派系之爭，秦始皇長子扶蘇仁慈且有學識，在朝政中跟蒙毅、蒙恬兄弟交好，蒙毅是文臣，蒙恬是武將，而蒙家世世代代都是秦的忠臣，自然形成一股勢力。秦始皇另一個兒子胡亥，由宦官趙高輔佐，甚得始皇寵愛，由於趙高貼近秦始皇，又善於揣摩上意，日久手中握有大權，在朝廷也形成另一股力量。

既有派系，難免就有鬥爭，於是趙高這一派藉口「亡秦者胡」，將武將蒙恬派到北方，而且連扶蘇也派到北方，名義上是監督蒙恬，實質上是讓扶蘇、蒙恬遠離權力核心，這樣趙高就可以從容部署，讓胡亥有機會成爲繼承人。

秦始皇三十七年（西元前二一〇年），始皇在南巡途中駕崩，隨侍在側的趙高修改遺詔，威脅丞相李斯讓胡亥嗣立爲二世，並將扶蘇賜死，蒙恬回到國都咸陽（今陝西省咸陽市）後，也遭殺害，後來秦帝國遂亡於胡亥、趙高之手。所以東漢鄭玄注《史記》「亡秦者胡」時，直接點出：「胡，胡亥，秦二世名也。秦見圖書，不知此爲人名，反備北胡。」雖是「後見之明」，倒是別具慧眼的說法。

而匈奴頭曼單于被秦將蒙恬逐出河南地後，向北逃亡，之後匈奴勢力達到今天內蒙古中部，可是也有部分匈奴部落游牧到漠北。近來在蒙古國挖幅到不少匈奴古墓群，如一九一二年前蘇聯的考古團隊，就曾在蒙古國土謝圖汗挖幅出二百一十二座古匈奴墓葬群，應該就是頭曼單于北遷後所留下來的匈奴人墓地。

頭曼單于及其以前的世系，《史記》、《漢書》都沒有詳細記載，後人也無從憑空臆測，或許當時匈奴還沒有形成國家組織，仍停留在部落聯盟時代，到頭曼時，才形成初步的國家組織，因此頭曼有可能是第一個稱號單于的人。

鎮北台

位於今中國陝西省榆林市，是秦太子扶蘇和大將軍蒙恬督建的長城中，最大的烽火臺。

第五章 匈奴帝國的創立

冒頓單于

匈奴在頭曼單于統治時期，可能還在國家初建階段，力量並不是很強大，無論是東邊的東胡民族聯盟，或是西邊的月氏、烏孫，力量似乎都比匈奴強大。頭曼單于原先立兒子冒頓爲繼承人，可是受他寵愛的閼氏也想要立她自己生的兒子爲繼承人，就慫恿頭曼單于把冒頓送到月氏當質子，希望假月氏之手除掉冒頓。

閼氏就是單于的妻子，在匈奴不管單于有多少妻子，一律稱爲閼氏，不像中原王朝皇帝的妻子有皇后、貴妃、妃、左右昭儀等分別。至於單于之妻之所以稱閼氏，或許跟美或花有關，原來祁連山支脈有座山叫焉支山，山上長一種花叫焉支花，匈奴女子以焉支花的汁當做胭紅使用，好讓容貌看起來更爲亮麗嬌豔，後來這種花傳到中原，就叫做胭脂，在現代西方化妝品傳入中國前，胭脂始終是女人不可或缺的化妝品。「焉支」本身就有美的含意，單于的妻子當然是美人中的美人，所以才會也稱爲閼氏（音「胭脂」）。

另外，在匈奴的社會組織裡，單于固然有好幾個閼氏，可是所有閼氏的地位並不是一律平等的，除了能否得到單于的寵愛之外，閼氏的娘家在匈奴社會中要有足夠的力量，才能決定閼氏的發言權與地位。

冒頓被送到月氏當質子，當然不是隻身前往，總會有些隨從，以供使喚差遣。可是頭曼單于所寵愛的閼氏，不時鼓動頭曼單于出兵攻打月氏，一旦頭曼出兵攻打月氏，第一個遭殃的當然就是作爲質子的冒頓。頭曼聽了閼氏的話，果然出兵攻打月氏，但結果並不如閼氏所預想的，冒頓不但沒有因此傷亡，反而還把月氏的千里名駒帶回匈奴。游牧民族向來崇拜英雄，冒頓回到匈奴後，形同凱旋歸來的英雄，受到匈奴人的尊敬。在這種情形下，頭曼單于也不得不對這個兒子另眼看待，只好撥了一部分人民歸冒頓管轄，於是冒頓有了自己的部屬。

歷來學界對冒頓這個名詞，認爲是一千多年後蒙古語中 Bagatun 的對音，而 Bagatun 的意譯就是「英雄」，有時漢字寫作巴托或巴都、拔都，傳至滿洲話時，漢字就寫作「巴圖魯」。如果中外學界這種看法正確，那麼這個「冒頓」名號也一定是他從月氏逃回來後，匈奴人給他的尊稱，他原來一定另有名字，只是文獻難以考證。

鳴鏑箭

冒頓有了自己的部屬後，就對屬下施加嚴格的訓練。他自己發明一種箭，在箭的尾端加裝一個小器具，只要箭一射出去，就會鳴鳴的響，文獻上稱之爲「鳴鏑箭」。冒頓規定他的部屬，只要鳴鏑箭射向哪裡，部屬們的箭也必須射到那裡，膽敢不服從的，殺無赦。起初冒頓將鳴鏑箭射向樹，士兵（匈奴社會中，一個成年男子平時是狩獵者，戰時就是士兵）也都跟著射向樹，後來目標射向石頭，有幾個士兵認爲沒有意義，不肯射，冒頓馬上殺了這幾個士兵，徹底建立他軍令的威嚴。

從此鳴鏑箭所射的方向，就是士兵攻擊的方向，冒頓認爲他所統率的部屬，已經是可以馳騁沙場的勁旅。

後來，頭曼單于要冒頓帶領人馬隨他一起去打獵，結果冒頓在打獵中，忽然將鳴鏑箭射向頭曼單于，冒頓的部屬見狀，也紛紛將箭往頭曼單于身上射去，頭曼單于立刻萬箭穿心而亡。冒頓憑著他的智勇和既有的聲望奪得匈奴單于寶座，殺了反對他的人，也殺了眾多同父異母的兄弟，安穩地當上了單于。這時是秦二世元年（西元前二〇九年）。

冒頓單于嗣立之後，審度當時的「國際」情勢：東邊的東胡民族聯盟虎視眈眈，無時無刻不想向西掠奪草場。北方今貝加爾湖周邊的丁零部落聯盟對漠北草原蠢蠢欲動，想要伺機南下。而西邊的月氏更是強盛一時。

冒頓雖然坐上了匈奴單于的寶座，但是客觀形勢因難。不過冒頓單于爲人有勇有謀而且雄才大略，經過一番判斷之後，認爲當務之急是養精蓄銳，厚植實力，謀定而後動，該隱忍時絕不躁進，故而剛即單于位的冒頓從表面上來看，似乎只是個懦弱無能的單于。

這種示人以弱的形象，讓東胡認爲有機可乘，而且覺得冒頓單于得位不正，於是派遣使者到匈奴的單于庭（匈奴單于駐牧的地方），說頭曼單于在位時，匈奴有一匹千里馬，現在頭曼單于已經駕崩了，這匹沒人使用的千里馬可否送給東胡？

冒頓單于於是詢問群臣的意見，匈奴各部落首領認爲：這匹千里馬乃是匈奴的寶馬，怎麼可以送給東胡呢？所以一致表示不贊同。可是冒頓單于卻說：我們跟東胡是鄰國，怎麼可以爲了區區一匹馬，而壞了睦鄰的政策呢！於是就把馬送給了東胡。

東胡大喜，更加確定冒頓是個不會有多大作爲的單于。既然冒頓沒有什麼能耐，東胡王又興起了個念頭，因爲相傳，冒頓單于有一個特別漂亮的閼氏，於是東胡又派遣使者到匈奴單于庭，索討這位匈奴閼氏。

冒頓單于循例又詢問眾部屬意見，匈奴各部首領都認爲東胡太不像話了，馬還勉強可以忍受，現在居然要「母儀天下」的閼氏，眞所謂「是可忍，孰不可忍」，一致請求發兵討伐東胡。然而冒頓單于只淡淡地說：「跟東胡既然是鄰國，怎麼可以爲了一個女子而壞了邦交呢！」於是又把閼氏送給了東胡。

這下東胡王更加相信冒頓怯懦無能，對東胡充滿畏懼，於是東胡王野心就更大了。

甌脫之爭

在北方大草原不同的部落聯盟間，或者說不同政治實體間，像匈奴跟東胡，在各自的游牧地區之間，經過雙方協調後，會留下一塊地區彼此互不進入，以作爲雙方的緩衝地帶，避免彼此動輒以兵戎相見。這種緩衝地帶匈奴語叫做「甌脫」，可能是根本沒辦法放牧的沙磧地，也可能是水草不豐美的地方，以作爲偵測對方是否入侵的斥候地。

東胡跟匈奴之間就有這麼一塊「甌脫」。這時東胡王覺得如果能拿到這塊「甌脫」，未來要向西「經略」就方便多了，何況前些時候向匈奴討取寶馬、美人都順利得到，這回只是要塊沒有人居住的甌脫，應該更是手到擒來，於是又派出使者向冒頓索討甌脫之地。使者出發後，東胡王信心滿滿的等待「豐收」。

東胡使者到了匈奴單于庭後，對冒頓單于說：「匈奴跟我們東胡之間的甌脫，你們人也不能來，形同棄地，我東胡王想要這塊地。」冒頓單于依然召集部屬商議，要聽聽大家的意見。這些匈奴各部落的首領認爲之前價值連城的千里馬和無價之寶的閼氏，單于都以敦睦「邦誼」爲由而送給了東胡，現在形同棄地的甌脫，給不給似乎都無關緊要了。

在聽聞眾部落首領的意見後，冒頓單于大怒地說：「土地是國家的根本，一尺一寸都不能給人。」並且立刻斬殺主張奉送的大臣，同時下令全國總動員，不如期報到者將處死。

軍隊集後結，冒頓單于立即率領大軍東向攻擊東胡，而此時東胡王還正在等待使者回來，準備擺宴慶賀「豐收」呢！萬萬沒料到匈奴傾巢而出，把東胡殺得措手不及，不只如此，冒頓單于還殺了東胡王，俘虜大量東胡人民。匈奴的實力傾刻之間大爲增長。

僥倖逃過一劫的東胡部落聯盟餘眾分崩瓦解，大致上分成兩股力量，其中一股逃到今天大興安嶺北段一

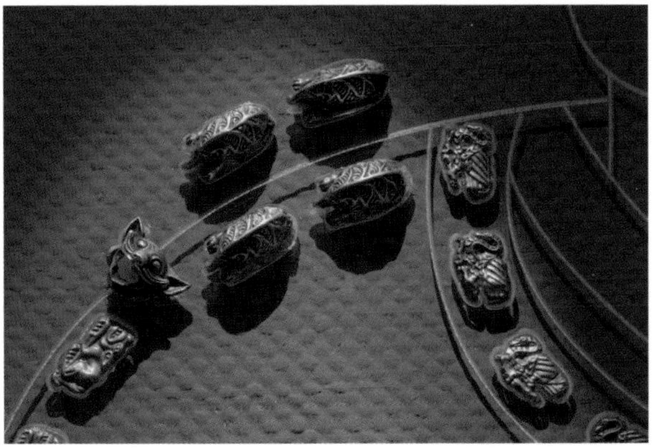

內蒙古出土的戰國時期文物，鳥獸紋匈奴金飾王服右肩部。

帶，叫做「鮮卑」，並且把大興安嶺叫做大鮮卑山；另外一股逃向今天大興安嶺稍南部分，叫做「烏桓」，也把所依附的大山稱之爲烏桓山。

冒頓單于滅了東胡之後，俘獲了許多東胡人民，力量立刻壯大起來。北方草原游牧民族的民族認同感並不強烈，只要有一個強有力的部落出現，其他各部落或各民族都會向這個強大部落靠攏，宣稱跟這個強大的部落是同一民族。這種情形從匈奴冒頓時代，到十三世紀的游牧民族蒙古，都是一脈相承，沒有改變。

匈奴在滅東胡之前，雖然也有國家元首單于，但整個國家組織可能只是比部落聯盟稍見規模，稱國家似乎還有些牽強。可是滅掉東胡後，情況就不同了，不但人民增加了許多，而且足以服眾的領袖也產生了。所以可以說，匈奴的國家組織，是冒頓單于在滅東胡後才基本完備的。

冒頓單于滅掉東胡之後，統治疆域已相當廣大，東邊自大興安嶺西端的呼倫貝爾草原起；西邊則趁秦末楚漢相爭時，又奪回早先失去的河南地；南邊以萬里長城與西漢爲界；北邊擁有今天的蒙古國全部。另外，還有一部分土地是在東胡滅亡時，順便征服位於貝加爾湖周邊的丁零，以及在丁零西邊的鬲昆而來的。

匈奴帝國官制

匈奴帝國的疆域既是如此的廣闊，匈奴又沒有使用文字，很難實行中央集權式的統治，所以就把國家分爲左、右、中三大區塊，冒頓單于自居中央，左邊是指近遼東一帶，由左賢王統治，左賢王通常會成爲單于的繼承人，約略等於中原王朝的太子。右邊則指西邊，由右賢王統治，地位次於左賢王。左、右賢王各有封地。

至於單于直接統治的中央地區，也分官設治。據《史記》、《漢書》所載，匈奴帝國的組織大致相同，現在抄錄如下：「其（指匈奴）世傳國官號乃可得而記云：置左右賢王、左右谷蠡王、左右大將、左右大都尉、左右大當戶、左右骨都侯。匈奴謂賢曰『屠耆』，故常以太子爲左屠耆王。自如左右賢王以下至當戶，大者萬騎，小者數千，凡二十四長，立號曰『萬騎』。諸大臣皆世官。呼衍氏、蘭氏，其後有須卜氏，此三姓其貴種也。諸左方王將居東方，直上谷以往者，東接穢貉、朝鮮；右方王將居西方，直上郡以西，接月氏、氐、羌；而單于之庭直代、雲中；各有分地，逐水草移徙。而左右賢王、左右谷蠡王最爲大，左右骨都侯輔政。諸二十四長亦自置千長、百長、什長、裨小王、相、封都尉、當戶、且渠之屬。」

這種分官設職大概是冒頓單于時的情形，之後應該有所調整，所以《後漢書》所載的南匈奴政府組織，跟上面所說的有些許出入。《後漢書》所載如下：「其大臣貴者左賢王，次左谷蠡王，次右賢王，次右谷蠡王，謂之四角；次左右日逐王，次左右溫禺鞮王，次左右漸將王，是爲六角；皆單于子弟，次第當爲單于者也。異姓大臣左右骨都侯，次左右尸逐骨都侯，其餘日逐、且渠、當戶諸官號，各以權力優劣，部眾多少爲高下次第焉。單于姓虛連題。異姓有呼衍氏、須卜氏、丘林氏、蘭氏四姓，爲國中名族，常與單于婚姻。呼衍氏爲左，蘭氏、須卜氏爲右，主斷獄聽訟，當決輕重，口白單于，無文書簿領焉。」

值得注意的是，《漢書》稱匈奴單于姓攣鞮氏，而《後漢書》指單于姓虛連題，但是單于世系也並沒有變，很可能「攣」字是「虛連」兩字快讀的音，而「鞮」同「題」。其次，《史記》、《漢書》指匈奴貴種只有呼衍氏、蘭氏及須卜氏而已，但《後漢書》增加了一個丘林氏，而且在排序上蘭氏明顯後移，這或許是因爲蘭氏氏族多附和北匈奴，當然這只是推測，還需要有可靠的證據才能成立。

除文獻所說匈奴政府正式「編制」的各級官員外，還有一些被匈奴征服或歸附匈奴的各民族與部落，匈奴也都承認他們酋長的統治地位，而

丁零與鬲昆

所謂丁零，又叫敕勒、鐵勒或高車。而鬲昆又名堅昆，原本位於貝加爾湖西邊，後一路向西南遷徙，在唐時以黠戛斯之名大盛，於唐武宗會昌元年（八四〇年）時攻滅回紇汗國。元時稱鬲昆為吉利吉思，清時稱布魯特；而今日將分布在新疆地區的稱柯爾吉思；在中亞的即是吉爾吉思（Kyrgyzstan）國。

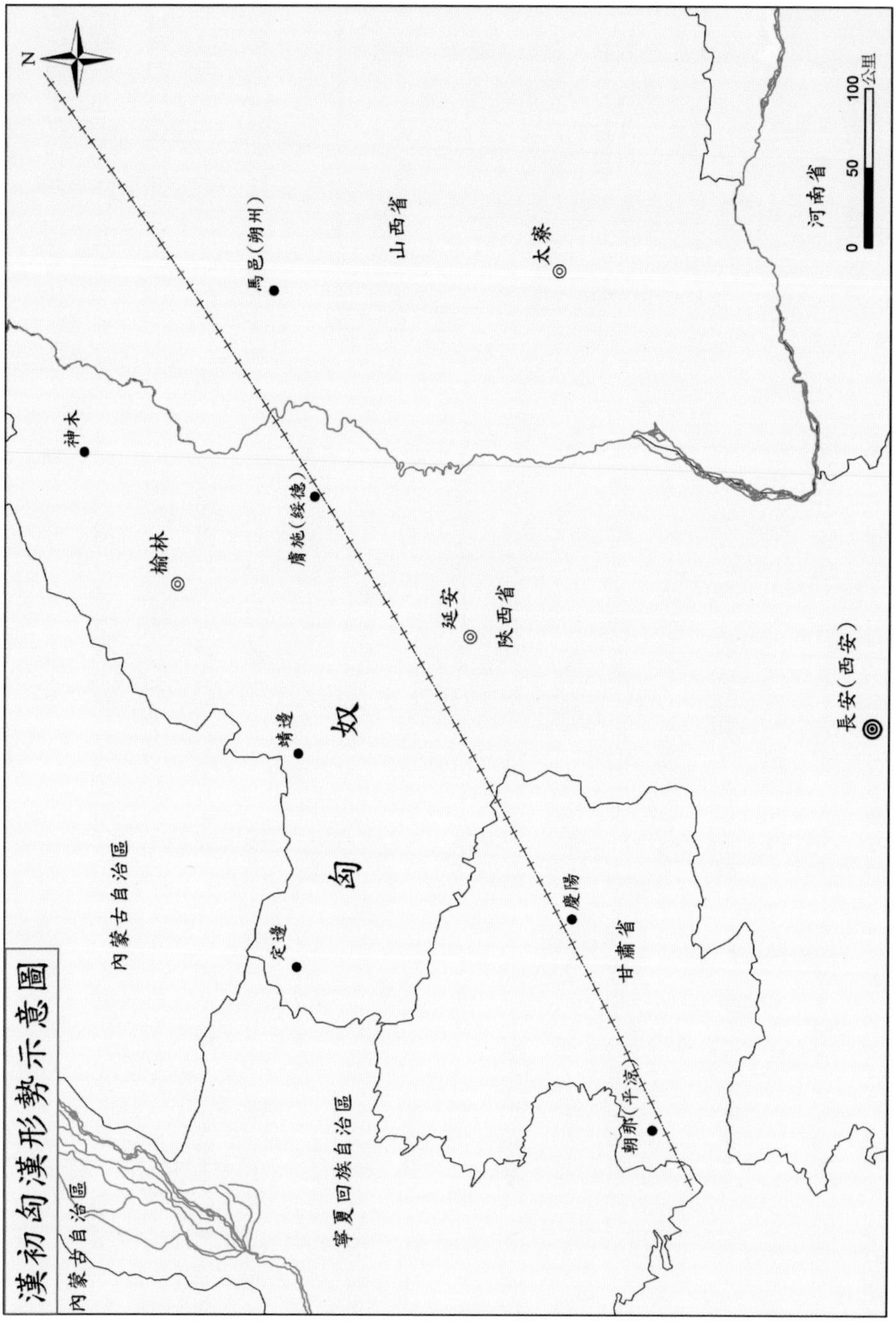
漢初匈漢形勢示意圖
N
0
50
100
公里
內蒙古自治區
內蒙古自治區
寧夏回族自治區
甘肅省
陝西省
山西省
河南省
匈
奴
定邊
靖邊
慶陽
朝那（平涼）
延安
榆林
膚施（綏德）
神木
馬邑（朔州）
太寨
長安（西安）

給予「王」的稱號，但是有時也對未投降的給予王的名號。這個名號有時另設名目，有時以降附民族或部落作為王的名號，例如封李陵為「右校王」、盧綰為「東胡王」、趙信為「自次王」、衛律為「丁零王」等，這一類的王都任職於單于庭，跟東胡、丁零民族毫不相干，如果解釋成盧綰掌管東胡族，衛律統治丁零族，那可就大錯特錯了。

平城之圍

冒頓單于統治下的匈奴，日見壯大，成為北方草原上的霸主，而南方，中國西漢初建，國力並不穩固。當時匈、漢雙方大致以膚施、朝那一線，形成南北對峙。西漢時，膚施故城約當今中國陝西省榆林市的綏德縣，朝那故城約在今中國甘肅省平涼市西北。

漢高祖劉邦建立西漢後，對於原

古地名陰陽之分

古文獻中對地球位置所說的左或右，是要背對地圖，所以左在東邊，而右在西邊。另有所謂的陰和陽，則是指山的南面或水的北面叫陽，反之則為陰，這是由於中原地區的絕大多數山脈、河流都呈東西走向，而中國大陸大都位處北回歸線之北，太陽總是從南面照射下來，所以山南為陽，山北為陰。而中原地區大多數一山一川成平行排列，所以水北為陽，水南為陰。從許多地名如淮陰、襄陽、漢陽等來看，就可知道這個地方在某座山或某條河的南或北。

照片中這兩件飾品是西漢青銅器連弧四乳鏡（北京市海淀區清河出土）和「家常富貴」銅鏡（北京市海淀區八里莊出土），現藏於中國北京首都博物館藏。

本戰國時代的六國皇室後裔，除了燕國後人臧荼逃入匈奴外，多半基於現實的考量，而不得不加以任命，像原來韓國的後人信，仍封爲韓王，並讓韓王信駐守晉陽（今山西省太原市）。可是當韓王信到晉陽後，見晉陽殘破不堪，根本無法防守，於是請求調防馬邑，馬邑其地在今山西省朔州市，在地理位置上更靠近匈奴。

高祖一聽韓王信願意近距離攻打匈奴，打從心底樂觀其成，因爲劉邦建立西漢後，將天下分封給劉氏子弟，以確保家天下得以延續。可是由於帝國初建，實力不足，受客觀環境約束，對韓國後人不得不封以「王」的爵位。現在韓王信自請面對匈奴，自然順水推舟准他移防馬邑，如果韓王信能遏阻匈奴南下，固然是好事一樁；如果韓王信抵擋不住匈奴的南侵而被殺，等於替高祖除去一個心中的大患。

韓王信到了馬邑之後，對於繕修防禦工程可說是不遺餘力。就在防禦工程初步完工時，匈奴冒頓單于大軍南下，團團圍住馬邑，時爲高祖六年（西元前二〇一年），也就是冒頓單于九年。韓王信一看匈奴大軍來勢洶洶，但是因爲多爲騎兵，而馬邑防禦工事又做得相當不錯，加以騎兵對於攻堅並不擅長，所以雙方僵持了好幾天，不分勝負。冒頓單于見久攻不下後大怒，即刻增兵再攻，韓王信眼見自己人單力薄，無法長期防守，於是立刻向漢高祖求救，同時爲了拖延匈奴的猛攻，還派遣使者到匈奴營中向冒頓單于謊稱準備投降，希望能拖延到漢高祖的援軍到來。韓王信這一招緩兵之計，就當時情況來看，也是不得已的作法，應該是可以理解的。

而漢高祖接到韓王信的求救信後，確實也派了援軍北上，只是援軍到了晉陽就不肯繼續往北，或許是得到錯誤的訊息；或許是援軍的主帥害怕和匈奴作戰，竟向高祖報告韓王信可能會投降匈奴。高祖對異姓諸王本來就不是很放心，聞訊後立刻派遣使者到馬邑責備韓王信，韓王信被高祖派來的使者一責問，感到又羞又怒，心想既然如此還不如眞的叛漢，原先假意要向匈奴投降，這時只得假戲眞做，於是大開馬邑城門，把馬邑獻給匈奴。冒頓單于自然大喜，於是以韓王信爲嚮導，揮師南下直逼晉陽。

戰報傳到西漢國都長安（今陝

西省西安市），高祖大吃一驚，因爲從晉陽到長安並不太遠。而高祖這時的心態還自認既能打敗有西楚霸王之稱的項羽，區區游牧的匈奴何足道哉？於是準備御駕親征，率領了三十二萬大軍浩浩蕩蕩出發。高祖七年（西元前二○○年），漢軍在秋高氣爽時揮軍北上，於晉陽北方跟韓王信的部隊相遇，韓王信無心戀戰，稍作抵抗之後，就退回馬邑。冒頓單于聽說韓王信戰敗，就指派左、右賢王帶兵前來救援。雙方在晉陽城外一戰，高祖又打了一場勝仗，擄獲不少匈奴人畜。這下更激發了高祖的豪情壯志，認爲只要再和匈奴交戰，必能掃滅匈奴。

當韓王信撤退回馬邑時，有白土（今河南省境內）人曼丘臣、王黃等聚集韓王信的散兵，擁立原趙國的苗裔趙利爲趙王，一時之間也形成一支稍具規模的力量，這支力量也投向匈奴，共同聯兵擊漢。

高祖大軍部隊繼續北上，時序已經是十月了，北方大雪紛飛，高祖的大軍部隊並沒有準備禦寒衣物，但是高祖卻未想到問題的嚴重性。當大軍部隊到達山西平城（今山西省大同市）附近的白登山時，冒頓單于發四十二萬大

《漢高祖入關圖》

宋朝趙伯駒繪。描繪楚漢相爭時，項羽抵達潼關，漢高祖已進入咸陽的場景。

軍，包圍漢軍，漢軍既寒又飢，被圍了七天，許多士兵的手指頭都凍傷，眼看就要被匈奴消滅了。高祖急得團團轉，最後迫不得已採納陳平的「奇計」，向匈奴求和，冒頓單于這才讓出一條路，讓高祖得以率著殘兵敗將，狼狽不堪地逃回長安。

原來冒頓單于早先的敗仗，是他戰略的一部分，也可以說是他誘敵侵入的一種戰略，冒頓單于是個天才型的軍事家，他這種誘敵深入的佯敗戰略，成爲此後一千多年北方游牧民族的典型戰略，晚到十三世紀蒙古成吉思汗也常用這招克敵致勝。

至於說陳平的「奇計」，詳細內容究竟爲何？《史記》並沒有提出具體的內容，可能是因爲這並不是一件光榮的事，所以司馬遷不願意把「奇計」的詳細內容記載下來。不過儘管如此，後世仍然可以從高祖回到長安後對匈奴的措施，歸納出「奇計」的內容。

高祖回到長安後，爲了履行對匈奴冒頓單于的承諾，要把公主嫁給冒頓單于，只是高祖只有一個女兒魯元公主，而且早就嫁給了趙張敖，再加上高祖之妻呂后哭著請求說：「妾唯太子、一女，奈何棄之匈奴！」而魯元公主既不能嫁，漢廷就把宮中的「良家子」封爲公主，然後嫁給冒頓單于。於是在高祖九年（西元前一九八年），西漢派劉敬爲使把「公主」送到匈奴，冒頓單于也欣然接受。此外，「奇計」內容可能還包括每年贈送黃金、米、酒及帛等物資給匈奴。

劉敬作爲護送「公主」出嫁的特使，同時也負有窺探匈奴內部虛實的任務，劉敬帶去美人、黃金、米酒及布帛之類的物質，應該也頗受匈奴的禮遇。而劉敬回來後果然帶來了一份「建議」，大意是說：「匈奴盤踞河南地的白羊王、樓煩王，距長安只有七百里，快馬一天一定就可以到長安（河南地早先被蒙恬奪去，後來秦末天下大亂，匈奴又搶了回來）。長安關中這一帶，經過戰亂，人口稀少，但是秦川八百里土地肥沃，可以移民充實。現在漢雖建都關中的長安，但人口太少，而且東方有六國遺留下來的豪門大族，一旦國家有警，他們必趁機作亂。陛下您現在還不能高枕無憂，應該把六國的後人以及豪門大族遷到關中來，平時可以藉著人口的優

此為西漢的「雲紋漆鈁」。長沙馬王堆漢墓出土，出土時鈁內仍殘有酒類或羹類的沉渣。

勢，使匈奴有所顧忌而不敢輕易入侵。如果諸侯有不臣之心，也可以隨時揮師東伐。這樣才是強幹弱枝的作法。」

高祖採納了劉敬的意見，於是就把原來齊國、楚國的大族昭氏、屈氏、景氏、懷氏及田氏五族，以及地方豪傑，強制遷到關中。這次的遷徙大約有十幾萬人之多，從此也可見西漢初年，匈奴力量之大，使大漢帝國必須遷徙人口以充實關中。

高祖以「家天下」治國，日久漸不容六國遺緒以及參與開國的元勛諸侯，對這些異姓諸侯充滿猜忌之心，總是找藉口加以殺戮。於是北邊的異姓諸侯人人自危，紛紛遣使向匈奴示好，以備一旦被高祖懷疑時，可以有一個退路，甚至已經有人逃奔匈奴，就像漢開國功臣陳豨、盧綰，都因爲招忌而投降匈奴。從這些人的投奔匈奴，也可以想見當年匈奴跟漢人並沒有很大的民族隔閡。而高祖對功臣的猜忌與殺戮，正應驗了所謂的「狡兔死，走狗烹，飛鳥盡，良弓藏」。

此後一、二年，西漢都是以歲贈黃金、米、酒及帛給匈奴單于，以良家子爲公主嫁匈奴單于，以兌現平城之圍時所許下的承諾，並換取邊境的安寧。

嫚書之辱

到了高祖十二年（西元前一九五年），高祖駕崩，由兒子劉盈嗣立，是爲惠帝，可是實權卻掌握在呂后手裡。這時冒頓單于有了新動作，他命投降匈奴的漢人爲他寫了一封「國書」給呂后，這封信文字雖然相當精練而工整，但是語氣卻極其輕薄，

《漢書》記錄如下：「孤僨之君，生於沮澤之中，長於平野牛馬之域，數至邊境，願遊中國。陛下獨立，孤僨獨居。兩主不樂，無以自虞，願以所有，易其所無。」

「僨」讀作「憤」，本意是敗壞。這裡的「孤僨」是冒頓單于自謙之詞，就如同中原王朝的皇帝謙稱「寡人」一樣。這封信的大意就是明白表示呂后新寡，冒頓單于有想要和她聯姻的念頭。

這件事情對西漢來說，是莫大的侮辱，更讓呂后感到極大的羞恥，於是召集相國陳平、樊噲以及季布等人商討，決定如何應付。當時眾臣一度想斬殺匈奴來使，樊噲且大言不慚說：「臣願得十萬眾，橫行匈奴中。」口氣之大地說只要給我十萬兵馬，就可以橫掃匈奴。

但季布不以爲然，他認爲：「樊噲說這種大話，應該殺頭。從前陳豨在代叛變降於匈奴，漢以三十二萬大軍進擊，樊噲當時就是上將軍；而高祖被匈奴圍困在平城時，樊噲也無力解圍。當年天下都唱出：『平城之下亦誠苦！七日不食，不能彀弩。』到現在這歌謠還在民間流傳。當年出征受傷的人，才逐漸傷好，樊噲現在居然又要動搖國本，大言不慚地說只要十萬兵馬就可以橫掃匈奴，這簡直就是當面欺騙太后。」

呂后聽季布這一分析，冷靜下來，認爲季布的話有理，應以國家、人民爲重，於是強行忍下冒頓單于書信中的輕薄之意。幾經商量後，呂后寫了封措詞委婉的信函，派大謁者張澤爲使，把書信送給冒頓單于：「單于不忘弊邑，賜之以書，弊邑恐懼。退日自圖，年老氣衰，髮齒墮落，行步失度，單于過聽，不足以自汙。弊邑無罪，宜在見赦。竊有御車二乘，馬二駟，以奉常駕。」

這封信用字遣詞已經到了極其謙卑的程度，尤其說出「弊邑無罪，宜在見赦」，已經有了哀求的味道，最後還送上二輪御車作爲禮物。

當時的東西方貿易模式爲，西方或中亞的貨物經過西域，也就是今天的天山南麓塔克拉瑪干沙漠南、北兩條道路，到吐魯番，再通過河西走廊到達中原，然後循原路把中國的貨物運到西方，這中間蘊含莫大經濟利益，可是這利益一直被西域的幾十個綠洲國家吐火羅人所把持。匈奴早看出這其間的經濟利益，自然想從西域吐火羅人手中奪取這份好處，以彌補游牧生活的不足，所以在平城之圍後，南邊的西漢既然已經屈服，每年提供美人、黃金、物資等，可見國力一時間是無力北上的，所以冒頓單于就把注意力轉移在經營西域上。

因此，冒頓單于在接到呂后近乎求饒的回函後，也就樂得順水推舟放西漢一馬，再命投降匈奴的漢人寫了封言辭謙卑許多的回信，遣使到漢廷，書函大意是：「未嘗聞中國禮義，陛下幸而赦之。」對前此的魯莽與輕薄表示歉意，並且送給呂后幾匹馬。這下雙方又從緊張關係中和緩下來，而西漢也立刻以宗室女爲公主，嫁冒頓單于。這時是漢惠帝三年（冒頓單于十八年，西元前一九二年）。

從此以後，匈奴刻意經營西域。西域在中國人印象中始終是個神祕而遙遠的地方，相傳西周穆王（?~西元前九四七年在位）曾經到過西域與西王母所居地區，但是這項記載在史學界還沒有得到一致的認可。縱然如此，至少可證明在西漢以前，早就已經有西域人從事東西貿易的活動。而西域，從更廣義的角度來看，包括今天中亞在內，也早在西漢以前就有人進入中國。

冒頓單于之所以想經營西域，應該有兩方面原因：其一，西域擁有巨

西漢彩繪步兵俑，現藏於北京國家博物館。

皇后之璽

呂后執政期間所用的玉璽。玉料呈白色，為新疆和闐玉，印體為正方形，上飾凸雕的螭虎紐，四側陰刻雲紋，印文為陰刻篆書「皇后之璽」四字，是迄今所知漢代帝后用玉璽僅有的一件出土遺物。一九六八年於陝西省咸陽漢高祖陵墓附近出土，現藏於陝西省博物館。

大的商業利益，必須掌握西域，以使匈奴繼續壯大；其次，早期他自己曾被送往月氏作質子，可能受了些委屈，而月氏處敦煌、祁連山間，正是在西域的東端，經營西域既可以報昔日之仇，又可以獲得巨大的經濟利益。他既然有心經營西域，對南邊的西漢也就暫時不作處理。所以從漢惠帝三年到呂后五年（西元前一九二到前一八三年），這十年間，匈、漢之間沒有發生重大的衝突。

一群人或一個民族的性格，往往受他所居住地區自然環境的影響，沙漠和草原都無法定居發展農業。唐詩中有：「勸君更進一杯酒，西出陽關無故人。」可見唐時陽關位於胡漢交界，而且還是相當熱鬧的邊關城鎮。可是一千多年後，如今的陽關已經埋在滾滾的黃沙裡了。再看諸胡列國時期，匈奴赫連勃勃所建的夏政權，國都統萬城約在今陝西西北靠近內蒙古自治區的邊界，在當年肯定是個農牧業都相當發達的地方，到北宋時，范仲淹還曾駐守過這裡，然而如今也已經埋進黃沙堆中了。

生活在沙漠邊緣草原上的游牧民族，受自然環境的影響，也不得不一再向外擴張，且看自匈奴到鮮卑、柔然、突厥而蒙古，無不是如此。蒙古曾經統治斯拉夫民族一百多年，後來莫斯科大公起來推翻蒙古的金帳（即「欽察」）汗國，逐漸建立俄羅斯。斯拉夫人除了體質特徵仍保有高加索白種人的形象外，骨子裡的思維邏輯都是游牧民族無限向外擴張的天性，試看這幾百年來俄羅斯的擴張，就可以證明這項推測的可靠性了，無怪西方史學家說：「把俄羅斯人剝了皮，就是韃靼（韃靼既專指蒙古，也泛指所有北方游牧民族）。」

從這個角度來看，這十年匈、漢間的和平，是匈奴全力經營西域，無有餘力「南下牧馬」的結果，如果歸功「和親」政策奏效，應該不是正確的推論。漢呂后七年（冒頓單于二十八年，西元前一八二年），匈奴在西域有所斬獲之後，立刻南向侵擾漢邊的狄道，並進攻阿陽，狄道在隴西，阿陽在天水一帶，也就是今天甘肅東部。此役匈奴擄獲二千多人北去，漢廷對這件事也無可奈何。

又過了五年（漢文帝三年，冒頓單于三十三年，西元前一七七年），匈奴右賢王進駐河南地。這時漢文帝正幸甘泉宮（在今陝西省甘泉縣西南），聞訊派丞相灌嬰率車騎八萬五千，要在高奴（今陝西省延安市東北）攻擊匈奴右賢王，卻碰上了濟北王興居起兵造反，漢文帝只得把兵調回先行平亂，匈漢之間免去了一場戰爭，但西漢還是派使者到匈奴境內責問擾邊之事。

次年（漢文帝四年，冒頓單于三十四年，西元前一七六年），冒頓單于為了誇耀他這些年經營西域的成就，特別捎了一封信給漢文帝，說：「天所立匈奴大單于敬問皇帝無恙。前時皇帝言和親事，稱書意合驩（同歡），漢邊吏侵海右賢王，右賢王不請，聽後義盧侯難支等計，與漢吏相恨，絕二主之約，離昆弟之親，皇帝讓再至，發使以書報不來，漢使不至。漢以其故不和，鄰國不附，今以

今天的中國甘肅省敦煌陽關遺址。

少吏之敗約，故罰右賢王，使至西方求月氏擊之，以天之福，吏卒良，馬力強，以滅夷月氏，盡斬殺降下定之。樓蘭、烏孫、呼揭及其旁二十六國皆已為匈奴，諸引弓之民並為一家，北州以定，願寢兵休士養馬，除前事、復故約，以安邊民，以應古始，使少者得成其長，老者得安其處，世世平樂。未得皇帝之志，故使郎中係虖淺奉書請，獻橐佗（即駱駝）一、騎馬二、駕二駟。皇帝即不欲匈奴近塞，則且詔吏民遠舍，使者至，即遣之。」（《漢書》）

冒頓單于這封信，表面上看起來是在求兩國的和平，骨子裡卻是要讓漢廷知道他已經戰勝月氏、烏孫、呼揭，以及威震西域二十六國了。

漢文帝六年（冒頓單于三十六年，西元前一七四年），初建匈奴國家的冒頓單于駕崩。在他任內，他開創人類史上第一個游牧民族國家，是行國的始祖。近人林旅芝在所撰的《匈奴史》一書，曾給冒頓單于以如下的評語：「約在秦末漢初，匈奴出一偉大之領袖，此即大名鼎鼎之冒頓單于。西方史學家對冒頓推崇備至，譽為一四征不停之雄王，稱之為韃靼族之漢尼拔（Hannibal，西元前二四七年到西元前一八三年，多次帶領迦太基抵抗羅馬帝國）。

更有謂：世界之雄主，奄有萬國，實則漢尼拔所征服之地不過地中海之一隅，或偶一及於非洲、波斯及高盧（Gaul）而已。居魯士（Cyrus，波斯帝國君主）之與亞歷山大（Alexander），大流士（Darius，波斯帝國君主）之與薛西底斯（Xerxes，波斯帝國君主），凱撒（Caesar）之與龐培（Pompey），俱曾四征不停，事業烜赫，震驚一世，然以之與東亞所演出者相較，其動人心目，曾未能有以過之也。」

林旅芝評論冒頓單于毫無過當之處，可謂至為恰當。

如果更進一步看冒頓單于，絕不像一般文獻所呈現的匈奴人必然殘忍而好殺成性，試看冒頓單于時，從西漢降於匈奴的趙信、陳豨、衛律、盧綰等人，都沒有被殺。如果再從另一個角度看，當年趙信這些人降於匈奴，都不是單一個人或一家人，而是一群人或整座城，必然有相當的人數，這些人在匈奴幾代之後，都成為新一代匈奴人。反過來也是一樣，當時也有許多匈奴人降於西漢，同樣的這些匈奴人，幾代之後也都成了漢人。

西漢的浮雕作品，內容描述牽著駱駝前往西域的商人。

第六章 匈奴的黃金歲月

中行說

行國的創始者冒頓單于在位三十六年，爲後代匈奴子孫開拓一片寬廣的生活空間，他所創造的國家布局、戰略、戰術，始終領導著之後一千多年所有游牧民族，他的匈奴帝國譽之爲「行國的始祖」，可以說是實至名歸。

冒頓單于死後，由兒子稽粥嗣之爲單于，史稱老上單于（西元前一七四～西元前一六一年在位），這位單于也是位足智多謀、驍勇善戰的領袖。

老上單于初立，漢文帝又以宗室女爲公主，嫁老上單于爲閼氏，並命宦官燕國人中行說爲使，送公主到匈奴。中行說不願意接受這個任務，但是朝廷一定要他去，於是他不滿地說：「如果一定要我去，將來必然會爲患西漢」。中行說到匈奴後，立刻投降匈奴，爲匈奴出謀劃策，相當受到老上單于的重視。

中行說被迫護送公主到匈奴，心中充滿怨氣，一直想報復西漢。初到匈奴時，眼見匈奴人尤其貴族或部落酋長，都喜好西漢每年所送來的繒（絲織品）、絮（一般棉、麻織品，但據考證，棉花晚到宋元之際才從中亞傳入，所以漢時送給匈奴的絮，應該是麻織品）以及食品，中行說認爲匈奴再這樣下去，勢必會對西漢產生依賴性，甚至有可能被漢人同化，因此就向老上單于建議：「匈奴人口抵不上漢帝國的一個郡，匈奴之所以強大，是因爲衣食跟漢人不同，而且無需仰賴於漢。現在單于改變習俗，喜好漢人的衣食，西漢不過提供一小部分的物資，匈奴就要整個漢化了！拿到西漢的絲、麻織品，穿在身，騎上馬，馳騁於荊棘漫草間，衣褲很快就會破裂，實在比不上皮裘的耐磨耐穿。希望把西漢送來的食物都扔掉，以表示這些食物不如我們匈奴牛羊肉乳酪那麼美好。」

中行說從文化習俗乃至與自然空間的契合角度，看出匈奴對中原物質的喜好是不合適的。其實草原地區長滿荊棘，漢式衣著確實有其不宜之處，中行說的看法也有幾分道理。

此外，中行說又教導「單于左右疏記，以計課其人眾畜物」。前面說過，匈奴沒有創制可以使用的文字，這時中行說所教的，當然是漢字，這也是匈奴使用漢字最有力的證據。

中行說含著怨氣到匈奴，臨行前曾表示如果強迫他護送和親，他會讓漢廷後悔。所以他教匈奴單于凡事都要比西漢皇帝更爲氣派，譬如漢帝來信長一尺一寸，他就教匈奴單于回信用長一尺二寸的規格；所用的印璽也要比漢帝的印璽要大些。漢帝來信開頭爲「皇帝敬問匈

西漢雙獸陶臂壺

今河南省滎陽市北邙鄉牛口峪出土。現藏於河南博物院。

西漢時的單于和親造磚模具，方形，邊長三〇・二公分，厚五公分，面有凹下篆文四行十二字：「單于和親，千秋萬歲，安樂未央」，字間有界格。可能出土於中國內蒙古自治區呼和浩特，現藏於中國歷史博物館。

奴大單于無恙」，他就教單于回信用「天地所生日月所置匈奴大單于敬問漢皇帝無恙」作爲開頭。

不只如此，中行說既投降匈奴，就以匈奴人自居，對匈奴的一些習俗完全加以認同，並且爲這些習俗創造理論依據。當時可能常有漢廷使節到匈奴處，曾在單于庭跟中行說就匈、漢習俗的優劣，進行辯論，中行說就以匈奴人自居，與使節辯論。

漢使以匈奴習俗貴壯健賤老弱，有背倫理，中行說則很有技巧地以漢地習俗說：「如果有子弟被徵調從軍或到邊地屯墾，出發時，他的親長是不是也都以美好的酒食爲他餞行？」漢使回答：「確是如此。」

中行說接著說：「我們匈奴最根本的就是戰爭，老弱的人無法上戰場，所以把美好的食物讓年輕力壯的青年食用，以增強他們的戰鬥力，這樣老少父子都有了保障，怎能說匈奴輕視老人呢？」

漢使一時詞窮，只好從另一個角度切入再抨擊匈奴說：「匈奴父子同住一個帳篷裡，父親死了，兒子就娶父親的妾，哥哥或弟弟死了，其他手足就娶他們的寡妻，服飾上沒有大小長幼的區別，也沒有內外禮節之分。」

中行說則回以：「匈奴的習俗是吃牛羊肉，喝牛羊奶，穿牛羊皮做的衣服，而牲畜只飲水吃草。匈奴隨水草遷徙，一旦有警，人人都可以上馬戰鬥，平時都只享樂，所以沒有繁瑣的法律約束，幾條簡便的規定，很容易推行。君臣之間也沒有繁文縟節，所以彼此關係可以維持很久，一個國家的政治就像一個人的身體一樣，指揮起來非常方便。至於父兄死，就娶他們的寡妻，這是唯恐亂了一個家族的血統，所以匈奴雖然曾經有過動亂，可是總是由單于這個家族出任領導者。中國雖然沒有娶父兄寡妻的習俗，可是親屬之間互相砍殺，以致改朝換代，都是由於這個緣故。更何況繁文縟節只會使人虛僞失眞，營建精美的屋宇，徒然浪費人力物力，而男人從事耕田種桑，以求豐衣足食，修築城廓以自保，所以一旦有警，人民都不會戰鬥，平時也怠於耕種。唉！你們這些漢人不要再多說了。」

漢使還想找題目辯論，中行說沒讓漢使再說下去，只說：「漢使，你不必多說了，只要你送來的繒、絮品質和數量合乎約定就好了，何必說那麼多廢話。如果你送來的繒絮不符約定，等到秋天時我們匈奴就會南下牧馬，蹂躪你們的稼穡。」

中行說之所以敢這麼霸道，固然是由於得到匈奴老上單于的

西漢紅陶男俑

一九六九年於中國河南省濟源市出土。現藏於中國河南博物院。

信任，但更重要的是，當時匈奴的國力仍凌駕西漢之上，所以中行說才能用這麼霸道的口氣跟漢使說話，也可從此印證沒有堅強的國力，就沒有外交，所謂外交是內政的延長，是自古已然的道理。不過話說回來，習俗或禮節，不同的民族各有其形成的背景，很難求得一致的標準，拿禮俗來辯論，本身就沒有意義。而從這件事也可以看出中行說對匈奴可以說是死心塌地的效忠到底。其所以如此，一方面固然是他對漢廷心懷怨懟；另一方面則是匈奴老上單于對他的信任與重視，也因此讓他更加用心爲老上單于出謀劃策，以備匈奴隨時可以「南下牧馬」。

漢匈和親

漢文帝十一年（老上單于六年，西元前一六九年），匈奴果然率兵大舉南下進犯狄道，西漢上下束手無策，只能眼睜睜地看著匈奴飽掠而去。當時的太子家令，潁川（約今河南省中部）人晁錯，以匈奴屢次南下掠奪邊疆地區的物資與人口，使西漢遭受莫大的損失爲題，上書朝廷談防禦匈奴之道，分析匈、漢間的異同，並提出利用降胡之策，也就是以夷制夷，然後以優勢的兵力擊敗匈奴。

他說：「臣又聞，小大異形，強弱異勢，險易異備。……今匈奴地形、技藝與中國異，上下山阪，出入溪澗，中國之馬弗與也；險道傾仄，且馳且射，中國之騎弗與也；風雨罷勞，飢渴不困，中國之人弗與也；此匈奴之長技也。若夫平原、易地、輕車、突騎，則匈奴之眾易橈（同撓）亂也；勁弩、長戟、射疏、及遠，則匈奴之弓弗能格也；堅甲、利刃，長短相雜，游弩往來，什伍俱前，則匈奴之兵弗能當（同擋）也；材官（騎射之官）騶（音「謅」，這裡作箭）發，矢道同的，則匈奴之革笥（以皮革做的鎧甲）、木薦（以木板做的盾牌）弗能支也；下馬地鬥，劍戟相接，去就相薄（同搏），則匈奴之足弗能給也；此中國之長技也。以此觀之：匈奴之長技三，中國之長技五；陛下又興數十萬之眾以誅數萬之匈奴，眾寡之計，以一擊十之術也。

……今降胡、義渠、蠻夷之屬來歸誼者，其眾數千，飲食、長技與匈奴同。可賜之堅甲、絮衣、勁弓、利矢，益以邊郡之良騎，令明將能知其習俗、和輯其心者，以陛下之明約將之。即有險阻，以此當之；平地通道，則以輕車、材官制之；兩軍相爲表裡，各用其長技，衡加之以眾，以萬全之術也。」（《資治通鑑・卷十五・漢紀七》）

晁錯提出匈奴有長技三，大致沒錯，說中國有長技五，就未必正確了，比方說「下馬地鬥、劍戟相接，去就相薄，則匈奴之足弗能給也」，意思是說下得馬來，短兵相接，或彼此肉搏，匈奴兵比不過中國兵，這是晁錯不了解匈奴人的習性。自匈奴時代開始，所有游牧民族男子都必須具備騎馬、射箭跟摔跤三項技能，自匈奴到蒙古莫不如此，到了短兵相接肉

《伏生授經圖》
明朝崔子忠繪。描繪伏生傳授晁錯《尚書》時的情形。畫中老者是伏生，伏案書寫者為晁錯。伏生即濟南隱士伏勝，秦代博士，西漢經學家，秦始皇焚書時私藏《尚書》等經籍，漢文帝時年逾九十。漢文帝派晁錯向他請教有關《尚書》的學問，伏生於是傳授《尚書》二十九篇，成為第一位《尚書》講授者。

搏時，中國兵沒學摔跤，怎說必勝呢？不過他說把投降的匈奴、義渠武裝起來，再由知曉胡人習俗的良將領導，形成胡漢聯合部隊，出擊匈奴，可以制勝。這在當時而言，算得上是相當高明的意見，也因此，漢文帝嘉勉了他一番。

之後，晁錯又建議移民到邊疆地區屯墾，平時耕種，戰時就成爲士兵，這樣可免去長途運送兵員的難題，確實是先進的看法，此後歷朝歷代幾乎都推行這個政策。

漢文帝十四年（老上單于九年，西元前一六六年），老上單于又在中行說鼓動跟策畫下，親率十四萬騎南下進犯朝那、蕭關（今甘肅省固原市東南），殺北地（今甘肅省慶陽市西北）都尉孫卬，俘虜了許多漢人跟牲畜、物資。並且一路進逼到了彭陽（約今甘肅省慶陽市西南），火燒設在回中（今甘肅省固原市內）的漢廷宮殿，先遣部隊的斥候更逼近了雍城（約今陝西省鳳翔縣）、甘泉，到這裡，已經很靠近西漢國都長安了。

這種情況對西漢而言已經很危急了，再如何崇尚黃老無爲而治、溫文儒雅的漢文帝，也必須要有所動作，於是他趕忙派中尉周舍、郎中令張武爲將軍，動員戰車千輛、騎兵步兵十萬屯駐長安附近，以防備匈奴，此外又以昌

西漢銅弩機，分別於中國江蘇省徐州市米山四號墓出土、徐州火山劉和墓出土。現藏於江蘇省徐州博物館。

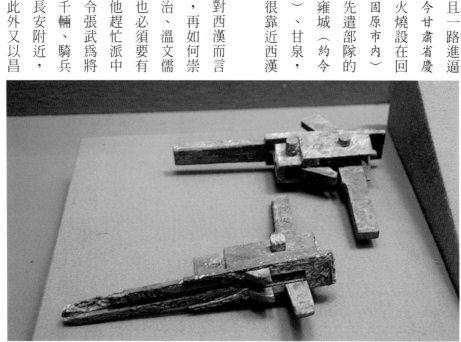

侯盧卿爲上郡將軍、甯侯魏遬（音「速」）爲北地將軍、隆慮侯周竈爲隴西將軍，屯三郡。漢文帝且想御駕親征，後來是因爲太后出面阻止才作罷，但仍以東陽侯張相如爲大將軍、成侯董赤、內史粟布爲將軍，率軍攻擊匈奴。不過，雖然老上單于在長城內停留了一個多月，才退回北方，但漢軍出長城時，老上單于已經率軍離去，雙方沒有接觸。

文帝詔書

匈奴大單于遺朕書，和親已定，亡人不足以益眾廣地，匈奴無入塞，漢無出塞，犯令約者殺之，可以久親，後無咎，俱便。朕已許。其布告天下，使明知之。

此役老上單于見漢軍不敢出塞追擊，認爲是膽怯，也就更加毫無忌憚，此後好幾年，幾乎連年「南下牧馬」，擄掠漢地人民物資，國力因此更爲強大，同時也讓他向外擴張的野心蠢蠢欲動。一時之間，西起雲中（今內蒙古自治區托克托縣），東至遼東，北達貝加爾湖，南抵長城，綿亙好幾千公里，都成爲匈奴帝國鐵騎出沒的範圍，有時更擄沿邊各郡萬人北去。

西漢既無戰勝的把握，便不敢輕啓戰端，面對匈奴的經常南下掠奪，只能委屈求和，於是漢文帝派遣使者帶著書函到匈奴，再提和親，以謀求兩國間的和平，老上單于也派了當戶且渠（匈奴官名）雕渠難爲使，並送兩匹馬給漢文帝，一時間，劍拔弩張的緊張情勢又暫時和緩了下來。

漢文帝認爲老是這樣子被匈奴擾邊，西漢再遣使致書並致贈禮物，謀求一時的和平，也不是辦法，漢、匈之間應該要劃定邊界，有了明確的邊界，才可以約束雙方人民不要越界，唯有這樣漢匈之間才有和平可言。

於是漢文帝後元二年（老上單于十三年，西元前一六二年），西漢致書匈奴，這封信大意是說：根據已往的成例，匈奴跟漢各有統治地區，「長城以北，引弓之國，受命單于；長城以內，冠帶之室，朕亦制之」，說明漢匈要以長城爲界，各自人民在疆界之內放牧、耕種，各自安居樂業。而漢廷考慮到匈奴位處北方，秋冬寒冷，所以每年都會送去定量的金銀、糧食、紡織品，以爲接濟。現在天下大致安定，彼此照顧好自己的子民，不要越界，以往的越界之事就不要再提了，但願從此以後世世代代都能和睦相處。老上單于可能也同意了，並回了信，只是在《史記》、《漢書》裡都沒提到老上單于的回函，不過從之後的史書記載，可看出漢文帝下詔書給沿邊各郡官民，禁止官民越界，從詔書中也能明白看出老上單于曾經給漢文帝回了信。

於是漢、匈之間又恢復和親，雙方維持和平狀態。對西漢而言，一時間，北方沒有烽火之警；對匈奴而言，南方的西漢已經絕對不可能成爲匈奴的威脅。

西元前二世紀，中國西漢張騫出使西域，開闢了著名的「絲綢之路」。這幅中國甘肅省敦煌莫高窟古壁畫描繪了漢武帝遣張騫出使西域大夏國的情景。

匈奴侵西域

草原游牧民族都有向外擴張的天性，狹義的西域（指塔里木盆地各綠洲國家）已經被匈奴所征服，並向匈奴稱臣納貢。但是之前從敦煌、祁連山一帶被匈奴趕跑西遷的月氏人，這時還在伊犁河一帶，而且還有一小部分留在敦煌、祁連山間，跟羌人混居，稱小月氏，已不足爲患。可是西遷伊犁河的月氏（史稱大月氏），人數還相當多，原來的烏孫也同時西遷到月氏附近。這時老上單于既無事於南方，就想起西邊還有烏孫、月氏需要加以征服，於是便把擴張的箭頭指向西方。

漢武帝時，派遣張騫出使西域，就是想跟月氏結盟，以斷匈奴右臂，張騫雖然沒有達成使命，但西漢卻跟烏孫有了和親關係，這才形成了漢武帝東西挾擊匈奴的大戰略，烏孫的重要性於焉可知。而月氏後來在中亞形成昭武九姓諸國，東來西去貿遷有無，溝通東西文化，而昭武九姓胡商很多人移居中國，帶來了祆教、摩尼教、佛教等，對中國文化產生極大的影響。他們早期都和匈奴有所接觸。

大約在遠古時代時，高加索的白種人向各方遷徙，其中一支向東南方向，進入中亞並且停留在當地，形成吐火羅人，先民也就是後來的粟特人。有的繼續向東南遷徙，進入波斯、印度，稱雅利安人。還有一支繼續東進，陸陸續續在天山南部塔里木盆地各綠洲停留，形成西域三十六國。另有更往東進的一部分，到達河西走廊西端敦煌、祁連山之間，就是月氏、烏孫。

敦煌一詞是漢武帝之後才有的，月氏跟烏孫雖然聚居地區相隔不遠，可是都具有游牧民族的天性，從來就沒有和睦相處過。最初月氏稱強於中國的西北方，後來匈奴冒頓單于強大後，討伐月氏，連帶的也進攻烏孫，月氏跟烏孫就西遷到伊犁河一帶。月氏曾攻擊烏孫，並且殺了烏孫昆莫難兜靡，當時難兜靡的兒子獵驕靡還是嬰兒，月氏就把這小孩丟在荒郊野外，傳說中居然有烏鴉銜了肉來餵這孩子，匈奴單于看到這情形覺得奇怪，以爲有天神在幫助他，就收留了這個小孩，長大後也讓他帶兵，而且立下了許多戰功，匈奴還把原來烏孫人民撥歸他統治。獵驕靡逐漸攻掠鄰近小部落，不久之後形成一股力量，這時可能已經西遷伊犁河流域和月氏爲鄰了。

烏孫在匈奴支持下，又有力量與月氏爲敵，雙方終於發生戰爭，月氏大敗，逃往中亞，月氏王的頭蓋骨還被匈奴單于拿去做了飲酒器，這件事情《史記》、《漢書》都曾加以記載。月氏逃往中亞後，烏孫占有月氏的駐牧地，形成匈奴在西域的盟友，只是後來烏孫的力量逐漸壯大，對匈奴不再言聽計從，這也才給了後來的漢武帝可乘之機。

老上單于擴張的目標指向月氏，不過就在目標確定的次年，漢文帝後元三年（老上單于十四年，西元前一六一年），老上單于就與世長辭了，經營西域北部的壯舉只好留待後人。

縱觀老上單于一生，從匈奴帝國創始者冒頓單于手中繼承了草創的龐大帝國，他並沒有辜負帝國締造者的志業，一方面繼續從南邊西漢獲得大批物資；另一方面經營西域，壯大匈奴的國家版圖，迫使西漢正式承認「長城之北，引弓之國，受命單于」，卑辭厚幣以求和。老上單于對冒頓單于而言，可以說克紹箕裘了。

老上單于死後，由兒子嗣立，是爲軍臣單于。軍臣單于既立，賡續推動老上單于剿伐月氏未竟之志，指使烏孫攻擊月氏。前述殺月氏王，並把月氏王的頭蓋骨加工後作爲飲器一事，就是發生在軍臣單于時代。據《漢書‧匈奴傳》載，後來韓昌、張猛和匈奴單于盟誓時，就曾拿著這個飲酒器，共飲血酒。

軍臣單于在位時，仍然重用漢人中行說，而西漢也仍然以和親，兼以餽贈布、帛、米、酒等方式，以維持雙方的和平。起初漢、匈雙方並沒有太大的衝突，但是好景不長，在漢文帝後元六年（軍臣單于三年，西元前一五八年）時，匈奴拒絕和親，大舉南下，以三萬騎入雲中，三萬騎入上郡，展開大規模的屠殺，烽火通於甘泉、長安，漢廷爲之震驚。

於是漢廷以中大夫令免爲車騎將軍，屯兵飛狐口（今河北省境內，太行山東端）；以故楚相蘇意爲將軍，屯兵句注山（今山西省太原市一帶）；以將軍張武屯北地；又以河內太守周亞夫爲將軍，屯兵長安西之細柳；另以宗正劉禮爲將軍，屯兵長安東方的霸上；以祝茲侯徐厲爲將軍，屯兵棘門（今陝西省咸陽市西北）。

周亞夫（？至前一四三年），沛縣（今江蘇省沛縣）人，西漢著名軍事家、名將，被譽為真將軍，父親周勃也是名臣。

西漢名將李廣墓，現位於中國甘肅省天水市。

從以上的部署可知細柳、霸上、棘門靠近都城長安，爲第一道防線，周亞夫、劉禮跟徐厲也都是文帝身邊的近臣，故這一道防線也可看作是內圍防線。而飛狐口、句注山、北地距長安稍遠，可看作是第二道防線，令免、蘇意、張武都是一時名將，故這一道防線也可看作是外圍防線。漢廷此時還是採取守勢戰略，不過以當時的國力，不可能有攻勢戰略，能有這樣的部署，已經是盡其所能了。

軍臣單于看漢軍並沒有出擊，於是在占領區盡情掠奪，爲時長達一個多月，然後揚長北返。

飛將軍李廣

漢文帝後元七年，漢文帝駕崩，由子劉啓嗣立，是爲漢景帝。景帝既立，立即面對匈奴問題，於是派開封侯御史大夫陶青爲使，到匈奴和親，時爲匈奴軍臣單于五年，西元前一五六年。

次年（漢景帝二年，軍臣單于六年，西元前一五五年）秋，又遣使與匈奴和親。從史傳字面上看，只有和親二個字，事實上附帶送去的黃金、布帛、糧食在數量上是相當龐大的，對匈奴在經濟上具有正面效果，改善夏季匈奴人衣著習慣。說實在的，麻、紡織品在夏季確實比皮毛更爲合適，可是也由於合適，使匈奴對這類紡織品更爲需求，如此層層相扣，又促成匈奴在正常交易不成之後，取之於掠奪。

不久，西漢景帝採晁錯之議，削減各諸侯國力量，引發「七王之亂」。所謂七王之亂，指吳王劉濞、楚王劉戊、膠西王劉印、膠東王劉渠、藍川王劉賢、濟南王劉辟光及趙王劉遂，並連結閩、東越，起兵叛漢。其間趙王劉遂更派使者到匈奴，要跟匈奴結盟，與西漢對抗，結果漢廷很快便滅了趙王劉遂，匈奴才沒有南下。

到了漢景帝五年（軍臣單于十年，西元前一五二年），漢又遣使到匈奴和親。此後三年，匈、漢之間都沒有戰事。漢景帝中元二年（軍臣單于十四年，西元前一四八年），匈奴又入燕河（今甘肅省境內），不過這次只有小規模的掠奪。

次年，有幾個原來從西漢投降匈奴，而被匈奴封爲王的徐盧、賜、陸彊、僕黑范、代及邯鄲等六人，又從匈奴來降漢，漢景帝自是大爲高興，立刻分別封爲安陵侯、桓侯、遒侯、容城侯、易侯、范陽侯及翕侯。這段期間匈、漢雙方都有人投降對方。

如此雙方僵持又過了三年。到了漢景帝中元六年（軍臣單于十八年，西元前一四四年），匈奴再度南下，率軍入雁門，至武泉（今內蒙古自治區烏蘭察布盟武川縣），入上郡，掠取漢廷所養的苑馬。漢景帝時，已經深知如果要跟匈奴兵戎相見，必須運用騎兵，訓練騎兵先得有馬，所以造苑以養馬，可見景帝已有要和匈奴對抗之意思，或許由於養馬的消息外洩，引起匈奴的戒心。而這次南下掠奪苑馬的行動，漢廷的吏卒爲了保護苑馬，與匈奴進行抵抗，被匈奴殺了二千多人，匈奴飽掠而去，漢廷對匈奴也無可奈何。

在這次事件之前，當時隴西人李廣爲上郡太守，有一回他只帶了一百多個騎兵離開大軍出巡，沒想到遇上好幾千名匈奴騎兵。匈奴一看李廣只有百多個騎兵，以爲這是漢兵誘敵之計，不敢前來攻擊，只在附近山上列陣等待。

而李廣所率的這百多名騎兵，眼

陽陵遺址
陽陵是漢景帝劉啓的陵墓。現位於陝西省咸陽市。

見匈奴有幾千騎兵，當然感到驚慌，都想趕快逃走。然而足智多謀的李廣立刻阻止，只見他說：「我們離開大軍已經好幾十里了，如果我們現在跑走，這幾千個匈奴騎兵必定會追趕來射殺，那時我們都會被趕盡殺絕。但現在，我們如果留下來，匈奴會以爲我們只是誘餌，後面將有大軍，他們反而不敢來攻擊我們。」說罷又命騎兵前進，直到離匈奴騎兵只有二里左右，才停下來，並且要士兵解下馬鞍休息。士兵不解，就問：「敵人這麼多，一旦攻擊，該怎麼辦？」李廣則說：「敵人以爲我們會走，現在我們解下馬鞍休息，表示不走，就是要他們來攻擊，這樣就更像誘敵之計。」匈奴果然中計不敢來攻。

僵持到第二天，匈奴終於撤走，李廣這才帶著這一百多名騎兵安全回來。可見李廣不僅足智多謀，而且極其鎮定，是個大將之才。

漢景帝後元二年（軍臣單于二十年，西元前一四二年），匈奴又率兵入雁門，漢雁門太守馮敬不得不率軍應戰，結果兵敗被殺。

次年，漢景帝駕崩，子劉徹嗣立，史稱漢武帝。由於主客觀情勢都有所改變，匈奴跟漢的關係也有很大的轉折。

成長中的西漢

漢武帝即位之初，對匈奴政策仍然和高祖、呂后、文、景帝時代一樣，以維持漢匈間的和平爲主。如漢武帝建元六年（軍臣單于二十七年，西元前一三五年），匈奴來請和親，漢武帝命群臣討論。

那時大行（官名，其職掌爲接待賓客）王恢，是燕地人（今河北北部），對匈奴情況相當了解，他建議說：「我們漢帝國跟匈奴和親，約定雙方和平相處，通常只不過維持幾年，匈奴就違反約定。建議不要同意和親，而且應該出兵討伐（不如勿許，興兵擊之）。」

可是御史大夫韓安國另有看法，他說：「匈奴逐水草而居，漂浮不定，很不容易掌握行蹤，中國自古以來就沒有把他們看成正常的人類。我們如果興兵討伐，行軍幾千里跟匈奴爭戰，早已人疲馬乏，而匈奴以逸待勞，這是很危險的事，還不如和親。」

群臣幾乎都附和韓安國的看法，於是漢武帝採納多數

西漢陶馬，江蘇省徐州市小龜山楚王墓出土。現藏於江蘇省徐州博物館。

人的意見，可見漢武帝初年仍然奉行和親政策。

總計自高祖平城之圍開始行和親之策，到漢武帝建元六年，前後凡六十五年，漢、匈之間都是透過和親，以維持雙方的和平。期間並非年年都嫁公主給單于，但致贈布、帛、米、酒，可能是年年都有，只不過撰寫歷史的筆是抓在漢人手裡，所以無論《史記》、《漢書》或《後漢書》，都只記載嫁「公主」和親，而忽略了「餽贈」，總認爲這是不光彩的事情，能不記載就不記載，就「史」而言，這是不夠客觀的。

匈奴自冒頓單于破東胡，以至軍臣單于，祖孫三代七十幾年，東征西討，疆域日見擴大，北方丁零、堅昆完全臣服，南方西漢也幾乎年年納貢，可以說是匈奴帝國的黃金歲月。當時匈奴與西漢都互相收留對方投降的人，尤其匈奴收留漢降臣以獲得西漢的「情報」，同時還以這些降臣作爲匈奴政治、文化方面的顧問，而這些降臣也幾乎都受到匈奴單于的信任跟重用，像韓王信、衛律、趙信、盧綰及中行說等。

關於這點，一方面是當時匈、漢雙方都還沒有產生很強烈的民族意識，因此也就沒有所謂的民族歧視，更沒有「非我族類，其心必異」的狹隘民族心態，所以漢人投降匈奴的人數不少。另一方面，由於匈奴騎兵勇猛無比，而漢廷又無力抵抗，使沿邊臣民普遍對匈奴產生恐懼感，近代學者胡秋原把這種恐懼感稱之爲「恐匈病」（見胡著《古代中國文化與中國知識分子》），因爲恐懼匈奴，所以投降匈奴，這對匈奴而言，自是大大有利，這也是自冒頓單于到軍臣單于，匈奴之所以敢於經常南掠的主要原因。

從冒頓單于以來，這六、七十年是匈奴的黃金歲月，如果能好好把握豐富的物資，完善國家機構，培訓人民知識、技能，很有可能使匈奴帝國從游牧形式脫胎換骨，建立更具規模的國家。但是匈奴沒有把握住這幾十年的黃金歲月，也沒有脫離游牧的意識跟生活形態，反而因爲農業地區物資的進入，助長了對農業地區的依賴。一旦農業民族武力增強，匈奴勢必無法抵擋。也因此，匈奴的黃金歲月一旦流失，就沒有再回來的可能了。

第七章 漢武帝與匈奴

馬邑之圍

漢武帝即位之初，仍然採取和親政策對待匈奴。可是漢武帝畢竟是個懷有雄心壯志的帝王，之前廷議時雖然勉強採納多數大臣所支持的和親之策，但對王恢所建議的「不如勿許，興兵擊之」建言，顯然甚爲重視。因爲和親雖能換得短暫的和平，對人力、財力的消耗也比戰爭爲少，但終究不是長遠之計，不過戰爭是件大事，必須詳細籌畫部署。於是武帝以衛尉李廣爲驍騎將軍，屯雲中；以程不識爲車騎將軍，屯雁門，決心以武力防衛匈奴的南下。

到了漢武帝元光二年（軍臣單于二十九年，西元前一三三年）雁門馬邑富商聶壹對大行王恢提出設法引誘匈奴深入，然後伏兵予以襲擊，攻破匈奴的建議。王恢上奏朝廷，於是漢武帝又讓眾大臣商討，王恢主戰，韓安國主和，兩派經過冗長且激烈的辯論之後，漢武帝最終採納了王恢主戰的意見。

同年六月，西漢以韓安國爲護軍將軍，衛尉李廣爲驍騎將軍，太僕公孫賀爲輕車將軍，大行王恢爲將屯將軍，太中大夫李息爲材官將軍，總共三十萬車騎隱藏在馬邑附近山谷中，誘使匈奴進入馬邑縱兵掠奪。

西漢以聶壹爲間諜，詐逃至匈奴，向軍臣單于報告說能夠斬殺馬邑縣令、縣丞，然後以馬邑城降匈奴，可以盡得全城財物。單于自然高興接受。聶壹還殺了兩個死囚，將他們的人頭掛在馬邑城門上，讓匈奴的使者信以爲眞，立刻回報單于殺了馬邑縣令與縣丞，可以立刻來取馬邑。

於是軍臣單于立即率十萬騎兵，越過長城進入武州塞（今山西省左雲縣），到了離馬邑不及百里遠時，只見牛羊遍布田野，像是沒人管似的，匈奴軍覺得非常奇怪，於是攻擊亭障，抓到雁門尉史，本想把他殺了，不料這個尉史貪生怕死，把漢兵埋伏山谷的祕密告訴軍臣單于。這下單于立刻率兵退了回去，而且認爲這個西漢尉史是上天派來幫助匈奴的，還封他爲天王。

而西漢這邊得知匈奴單于已經退兵後，就一路追到長城下，可是之後再也追不上，只好收兵。另一邊王恢從代縣出擊匈奴的輜重，可是探知單于回兵而且人數很多，王恢也就不敢再出擊了。

漢廷這次埋伏誘敵之計功敗垂成，但無論如何，西漢已從純防衛守勢的戰略思維，改變爲攻擊的戰略思維，這在歷史上是一個重大的轉折。

從和平到戰爭

馬邑之圍後，匈奴就拒絕與西漢和親，更經常南下攻擊要塞，進行掠奪，但是又不放棄跟西漢從事邊境貿易。也由於這件事，漢廷自覺理虧，同意繼續開放邊境貿易。由於邊境貿易對匈奴而言太重要了，自遠古以來，北方游牧民族因爲逐水草而居，很難取得農作物、絲麻紡織品，而這些都是生活上不可或缺的物資，只有透過跟農業地區人民交易才能獲得，所以某些時候中原王朝就以邊境貿易作爲迫使游牧民族就範的一種手段，這時匈奴要求從事邊境貿易，正是可以作爲約束匈奴的手段，所以漢廷也就同意了。

西漢自劉邦平城之圍，推行和親政策以來，到漢武帝大約有七十年左右的時間，與匈奴之間小衝突雖然常有，大規模的戰爭幾乎沒有。

戰爭，是一個國家最大的消耗。沒有戰爭，國家的財富容易累積；沒有戰爭，國民的人口容易增加；沒有戰爭，國家可以從容地從事建設。總

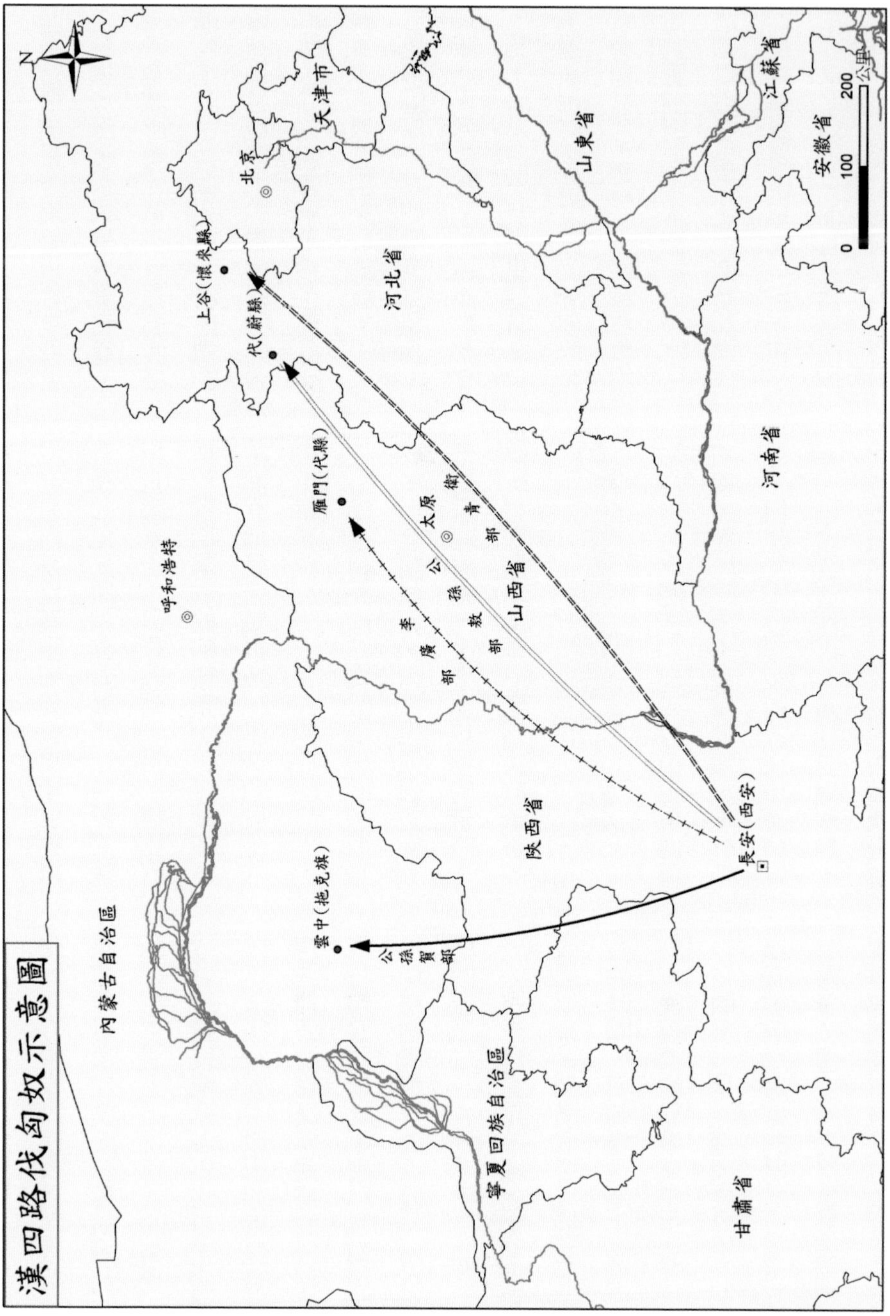
漢四路伐匈奴示意圖
N
內蒙古自治區
呼和浩特
北京
天津市
河北省
上谷(懷來縣)
代(蔚縣)
雁門(代縣)
太原
衛青部
公孫敖部
李廣部
山西省
山東省
江蘇省
安徽省
河南省
陝西省
長安(西安)
雲中(托克旗)
公孫賀部
寧夏回族自治區
甘肅省
0
100
200
公里

而言之，沒有戰爭可以國強民富。

不過這個道理，只適用於農業國家。游牧國家則正好相反，游牧地區人民唯一的工作就是游牧與狩獵，在游牧或狩獵時，必須時時面對野獸的攻擊，以及其他游牧部落的掠奪，所以每個成年的游牧者幾乎天生就是一個驍勇的戰士，戰士的工作就是戰爭，何況在戰勝時可以掠奪物資，以豐富自己的生活品質；戰勝時可以擄掠人口，以充當自己的奴隸，壯大自己的實力。所以自古以來游牧民族視戰爭爲生財的事業，人人爭先恐後，唯恐漏掉「發財」的機會，這也就是爲什麼極少數的游牧武力，卻經常能困擾著人口數倍於游牧武力的中原王朝。

在中原王朝裡，軍人只是一種職業，非不得已時才要上戰場；而游牧民族人人都是戰士，戰士視戰爭爲終身事業。人人盼望戰爭，只要有戰爭，就有了希望，所以無不勇往直前。同時游牧民族普遍認爲，唯有戰死於沙場才是男兒本色，老病而死則往往視爲懦夫，更由此而領悟「人死原是萬事空」灑脫的人生觀，只要在沙場上不死，女子財物應有盡有；一旦死亡，雖然萬物皆空，卻能留下英雄名聲，供後人憑弔；如果失敗，只要留得有用之身，他日還可以東山再起。

這一套游牧民族的邏輯，是中原地區歷代帝王將相很難悟透的，所以北方游牧武力以極少的人口，二千多年來始終威脅著中原王朝。向來研究匈奴、突厥、回紇、鮮卑乃至蒙古史，都沒有從游牧民族深層思維邏輯中，探討他們行爲模式的根源。而即是這一套思維邏輯，爲匈奴民族奠定下堅固的基石。

西漢經過七十年沒有重大戰爭的日子，國富民豐，據史傳記載：國庫裡的錢多到使貫穿銅錢的繩子都腐朽了；糧倉積存的米糧多到都發霉了。雖然這七十年間，幾乎年年都給匈奴送去若干米糧布帛，但對整個西漢的總生產量而言，仍然是微不足道的。

西漢的反擊

漢武帝繼位時，可以說是西漢最富庶的時代，而漢武帝又是一個豪情萬丈、胸懷壯志的帝王，不甘心延續七十年來以和親爲名的屈辱式外交，於是開始整軍經武，準備給匈奴以痛擊。但是他深知匈奴的軍事力量是以騎兵爲主，而此時的西漢仍然以步兵爲主，步兵對騎兵先天處於劣勢，要痛擊匈奴，就必須要有足夠的騎兵，因此武帝一方面養馬訓練騎兵；一方面修繕沿邊城寨。元光五年（軍臣單于三十二年，西元前一三〇年），武帝派兵萬人整修雁門城寨，並整治道路，以便未來大軍可以順利出動。

第二年，即漢武帝元光六年（軍臣單于三十三年，西元前一二九年），漢武帝正式派遣大軍分四路出塞攻擊匈奴，分別是車騎將軍衛青率萬餘騎出上谷（今河北省張家口市以及北京市一帶）、驍騎將軍李廣率萬餘騎出雁門、騎將軍公孫敖率萬餘騎出代和輕車將軍公孫賀率萬餘騎出雲中。這四個地方都是關市（邊境貿易）之處。其中，衛青一部深入匈奴祭天的龍城，殺了七百多名匈奴人，算是略有斬獲。公孫賀出雲中未遇見匈奴，空手而回。公孫敖則爲匈奴所敗，損兵折將七千多騎，大敗而回。李廣一部也爲匈奴所敗，李廣且被匈奴生擒，所幸李廣機智，在囚車上裝死，趁匈奴不注意時跳上馬，急急南逃，才總算撿回一條命。

漢廷檢討戰果，衛青小有斬獲，封關內侯；公孫賀無功也無過，不做賞罰；李廣、公孫敖損兵折將，當斬，最後貶爲庶人。其實以一戰論功過，未必公平，不過西漢能主動出擊，雖然首戰不利，但畢竟是劃時代的壯舉，在歷史上自有其意義。

匈奴軍臣單于眼見西漢主動出

江蘇省徐州出土的西漢金帶扣。現藏於江蘇省徐州博物館。

擊，雖然匈奴沒有太大的損失，但是對於漢軍的挑釁，自然不能沒有警覺，更想加以報復。於是就在同年冬天，進兵騷擾邊境，尤以漁陽（今北京市一帶）爲最。

次年（漢武帝元朔元年，軍臣單于三十四年，西元前一二八年）秋天，匈奴又以二萬騎入漢邊，殺遼西太守，劫掠二千多人，再圍漁陽，當時屯守漁陽的漢材官將軍韓安國不敵，只得東徙，匈奴入漁陽、雁門各殺略千人。

漢廷這時幾無足以鎮懾匈奴的大將，只好將已貶爲庶人的李廣再召爲右北平太守。李廣在上郡太守任內曾經以機智騙過匈奴，再加上能征善戰，而有飛將軍的名號，唐詩中的名句「但使龍城飛將在，不教胡馬渡陰山」，就是歌詠李廣。匈奴對李廣雖未必聞名而畏懼，但至少會有所顧忌，漢武帝以李廣出任右北平太守，多少含有心戰的成分。果然自李廣出守後，有好幾年匈奴都不敢入右北平。西漢時，右北平郡屬幽州刺史部，轄區大約爲今天的遼寧省與河北省東北部唐山一帶，與匈奴左賢王轄地相接，地理位置極爲重要。

也是在這一年秋天，西漢命車騎將軍衛青率三萬騎出雁門；將軍李息出代，以討伐匈奴，衛青又斬殺了一千多人。這一戰雖稱不上大捷，但是至少證明了漢軍已漸漸有了跟游牧

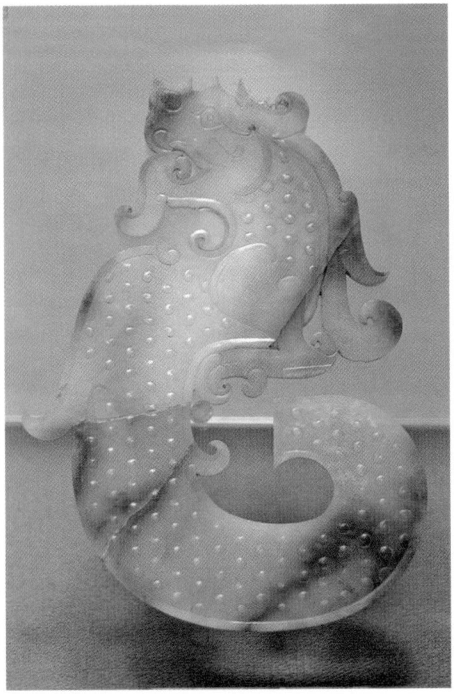

西漢玉龍

出土於江蘇省徐州市獅子山楚王墓。現藏於江蘇省徐州博物館。

西漢彩繪騎馬俑，出土於中國陝西省咸陽市，現藏中國博物館。

的匈奴騎兵一決雌雄的實力，因此這一戰實具有指標意義。

漢武帝元朔二年（軍臣單于三十五年，西元前一二七年），匈奴又入上谷、漁陽，掠殺一千多人。這時漢廷又以衛青、李息爲將，率兵出雲中以西至隴西（今甘肅省蘭州市以東、陝西西南部一帶）。衛青、李息一行這次出征的主要目標不是匈奴，而是臣屬於匈奴的樓煩、河南白羊王，這種切斷匈奴羽翼的作法，使匈奴南下掠奪時有了後顧之憂，就戰略而言，極其正確。衛青等人在此役斬殺數千人民，得到牛羊百多萬頭，樓煩王、白羊王都逃走，漢廷也奪回了河南地。衛青以戰功封爲長平侯，漢武帝還下詔嘉勉衛青，這次隨衛青出征的另有蘇武的父親蘇建，也因有功而獲封。

西漢既奪得河南地，大臣主父偃便主張在此設郡，移民實邊。主父偃是從戰略觀點作此主張，他說：「河南地肥饒，外阻河，蒙恬城之以逐匈奴，內省轉輸戍漕，廣中，滅胡之本也。」

漢武帝把主父偃的主張提交公卿討論，大多數人都不認同，但漢武帝卻採納了主父偃的意見，將河南地設爲朔方郡，並命蘇建率十多萬人築朔方城，又修築秦時蒙恬所建的長城，花費不少金錢。爲了整齊防務，易於防守，還將上谷造陽（今河北省張家口市懷來縣）拱手讓與匈奴。這次戰役，匈奴嘗了敗績，漢武帝硬是扭轉了七、八十年來的劣勢，對此後討伐匈奴的戰事注入一針強心劑。

漢武帝元朔三年（軍臣單于三十六年，西元前一二六年），匈奴軍臣單于駕崩，在他在位的三十六年中，是匈奴最後一段黃金歲月，隨著他的過世，匈奴國勢也逐漸衰弱。軍臣單于崩殂後，單于位並不是出左賢王嗣立，而是由軍臣單于之弟左谷蠡王伊穉斜奪得單于的位子。伊穉斜即單于位後，立刻以兵攻殺軍臣之子於單，於單不敵而向南逃亡，投降西漢。漢武帝對於單的投降感到高興不已，封他爲涉安侯，不過有可能是因爲心情鬱悶，或是南下後水土不服，涉安侯在長安只住幾個月就因病去世了。

張騫鑿通絲路

漢武帝即位之初就深深了解，要徹底解除匈奴的威脅，絕不是一件簡單的事。因爲當時的匈奴已經威服西域各國，可以源源不斷取得補給，而漢軍對匈奴作戰最大的難處就是補給問題，所以對匈奴作戰，表面上是戰力的競賽，實際上卻是後勤補給的對抗，如果能切斷西域跟匈奴的關係，等於斷了匈奴的右臂，匈奴右臂一斷，這場戰爭就容易打了。而且根據歷史的傳說，匈奴前後兩次攻打月氏，後面那一次更把月氏王的頭蓋骨做成了飲酒器，這應是月氏民族心中最大的痛，如果能派人到月氏游說，讓月氏燃起復仇的火，跟西漢聯手，東西夾擊匈奴，那就必然勝劵在握

李廣曾經是令匈奴避之唯恐不及的「飛將軍」。然而，雖然戰功卓越，他卻始終沒有被封侯，這也是他一生最大的遺憾。

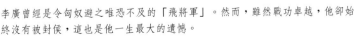

了。

這是個具有「國際觀」的大戰略，必須派個有膽識、敢冒險而又具說服力的人，才能完成這個使命，於是武帝公開向天下招募能擔任這個使命的人才，結果最後選中漢中（今陝西省漢中市）人張騫出使至西域。

張騫到底是哪一年出發已不可考，不過根據之後發生的史實往前推，可以知道大約是在武帝即位初期即出發。張騫入選後從隴西出發，結果在經過匈奴轄地時，被匈奴抓去，一關就是十幾年，還在匈奴娶妻生子，在這段期間，武帝因苦等不到張騫訊息，而有前述對匈奴作戰事蹟。張騫歷經艱苦，最後才終於找到機會逃出匈奴，繼續西行，又花了不少時間才到達中亞一個叫大宛（約今烏茲別克費爾干納，Fergana）的古國，大宛早就聽說東方有個大漢帝國極為強大而富庶，只是被匈奴阻隔而無法前來，現在見到張騫，自是大喜過望，派了嚮導跟翻譯護送張騫到月氏所在的康居（即今烏茲別克撒馬爾罕，Samarqand）。

當初匈奴支持烏孫攻打月氏，而且殺了月氏王，還把他的頭蓋骨作了飲酒器，月氏太子率領部族向西逃到今天中亞錫爾河、阿姆河之間的大夏國，月氏雖然是匈奴的手下敗將，可是打起大夏仍然是游刃有餘。在滅亡大夏後，月氏接替大夏政權統治河中地方，不過月氏人畢竟占少數，不可能直接統治原大夏人民，於是月氏任用大夏的五個翕侯（地位僅次於王的諸侯）統治當地人民，以藍氏城（或作監氏城，今不詳，可能在阿富汗境內）為都，只不過派人監臨收取貢賦而已，實行間接統治。張騫到達月氏時，原來的太子已即位成月氏王，正過著優渥的統治者生活，不想再去碰觸戰爭，也就不想去跟匈奴報什麼殺父之仇了。

張騫在西域停留一年多，都無法說服月氏王，於是漢武帝元朔三年（伊稺斜單于元年，西元前一二六年）張騫回到長安。雖然原訂計畫沒有達成，但張騫仍帶來許多跟西域有關的形勢和資訊。張騫跟武帝說，烏孫也是西域一個新興力量，雖然是由匈奴扶植而立，但是現在已經不太服從匈奴，似乎可以加以聯絡，結為盟國，以斷匈奴右臂。此外，張騫也帶回許多西域植物，像苜蓿、波稜（即

張騫紀念館拜殿（獻殿、享殿）前的漢闕門樓，在今陝西省漢中市城固縣。

菠菜，今日閩南語還讀作波稜仔）、石榴和葡萄等，可見張騫通西域，固然從政治目標出發，但在文化、經濟的成果，更甚於政治。

漢武帝聽了張騫的報告之後，也贊同既然不可能聯合月氏，就聯合烏孫以實現斷匈奴右臂的大戰略。於是再次派張騫出使到烏孫游說，烏孫貪圖西漢的厚贈，加上西漢以「翁主」（即宗室王之女）江都王劉建的女兒爲細君公主遠嫁烏孫昆莫，爲昆莫右夫人，昆莫另以匈奴單于女兒爲左夫人。游牧民族尚左，顯然細君公主的地位仍不如匈奴公主。

烏孫昆莫得到西漢的厚賜之後，果然跟西漢合作，使匈奴的右臂失去了作用。西漢這招遠交近攻的策略，匈奴應該並非一無所覺，只不過史書上都沒有記載匈奴的反應，後人只能從匈奴的行動來推測。漢武帝元朔三年（伊穉斜單于元年，西元前一二六年），匈奴以數萬騎兵入塞，殺代郡太守，掠奪一千多人北去，同年秋天又攻入雁門，再殺一千多人。隔年（漢武帝元朔四年，伊穉斜單于二年，西元前一二五年），匈奴又攻入代郡、定襄（今山西省忻州市）、上郡，殺數幾千人。總計這兩年，匈奴動員的兵力大約在二十萬左右，而西漢都沒有積極回應，想必是前幾次出征傷亡過多，必須休養整補。

到了元朔五年（伊穉斜單于三年，西元前一二四年），可能西漢已經完成整補，動員十多萬兵力，想要對匈奴實施犁庭掃穴，徹底殲滅匈奴。於是西漢兵分三路出擊，兵力部署情形爲：車騎將軍衛青將三萬騎，出高闕；衛尉蘇建爲游擊將軍、左內史李沮爲彊弩大將、太僕公孫賀爲騎將軍及代相李蔡爲輕車將軍共出朔方；大行李息及岸頭侯張次公出右北平。

從以上兵力部署看，衛青一部從高闕（朔方之北，今河套西套北邊）出，顯然是要面對匈奴右賢王主力，期望能一舉攻破，永絕後患；衛尉蘇建一部則爲衛青的援軍。至於大行李息的一部，應該是攻擊匈奴的左賢王轄地。

當時匈奴右賢王人在漠北，雖然已經偵得漢軍出動的訊息，但是他判斷漢軍不可能橫渡大漠，所以依然漫不經心，飲酒如故。沒想到這次漢軍在衛青率領下，像是鐵了心似的，硬是越過大漠，趁夜團團圍住右賢王。這下右賢王大驚，只帶了幾百個勇壯騎兵向北而逃，漢兵追了幾百里，沒能追上，才鳴金收兵。

這一戰，漢軍俘獲匈奴右賢王十多人，眾男女一萬五千多人，牲畜好幾十萬頭，可以稱得上是戰果輝煌。衛青等人也因這一仗而再次得到朝廷的封賞。

隔年（漢武帝元朔六年，伊穉斜單于四年，西元前一二三年）二月，西漢再次大舉伐匈奴，仍然以衛青爲主力，結果又獲得可觀的戰果，斬殺匈奴幾千人。這次戰役結束後，大軍並沒有復員，而是直接把部隊屯駐在定襄、雲中、雁門三地整補休息。兩個月後，又由衛青率六軍出定襄擊匈奴，斬殺匈奴一萬多人。只是所部趙信跟蘇建遇上匈奴伊稺斜單于所統大軍，因人少力薄，結果趙信被匈奴所俘而投降匈奴，匈奴且對趙信相當禮遇。而蘇建兵敗後，僅以身免逃了回來。

驃騎將軍霍去病

這次戰役，西漢還培植出一位少年英雄，即年僅十八歲的霍去病。霍去病在此戰只率領八百多個騎兵，就直衝匈奴巢穴，斬殺匈奴二千多人，並且活捉伊稺斜單于的叔父羅姑比（或作羅姑），建立極大戰功。

匈奴在西方失去支援，又被漢軍三番二次的攻擊，實力受到極大的損失。當對外不順利時，內部就會發生問題，再加上說來也巧，那幾年的氣候不是極冷，就是大雪，使得伊稺斜單于的統治在匈奴內部受到挑戰。只是由於冒頓、老上、軍臣三代單于所累積的國力仍然相當厚實，伊稺斜才能繼續安坐單于位。

前面說到趙信兵敗被捕而投降匈奴，很受到單于的重視，封他爲自次王，伊稺斜單于還把自己的姊姊嫁給他，認爲趙信來自漢軍，深知漢軍作戰策略，所以對他的建議都相當尊重。趙信建議匈奴把主力遷到漠北，

細君公主

細君公主遠嫁烏孫後，因語言和生活習俗都迥異於西漢，再加上和昆莫獵驕靡的年齡差距過大，因此難以適應，時時感到悲傷，就作了一首歌謠，表達心中的鬱悶：

吾家嫁我兮天一方，
遠托異國兮烏孫王；
穹廬爲室兮旃爲牆，
以肉爲食兮酪爲漿；
居常思土兮心內傷，
願爲黃鵠兮歸故鄉。

這首歌謠既呈現出草原生活的飲食、居住實景，也訴說出細君公主內心的無奈，既是寫景又是訴情，有很高的文學價值。

歌謠傳到長安後，武帝讀了也覺心酸，但是為了現實考量，並沒有讓細君公主回來，只是派人送去許多漢地物品，以排解細君思鄉之愁。

可能是由於過分憂傷，沒過兩年細君公主就憂鬱而死。而西漢為鞏固和烏孫的邦交，又另以解憂公主嫁烏孫昆莫。

然後誘漢軍深入漠北，漢軍長途而來，補給必然困難，趁漢軍糧盡時，再予以追擊，當可獲勝。伊穉斜單于深以爲然。爲表示對趙信的重視，伊穉斜單于還爲他築城，以安置趙信以及他的部衆。

漢武帝元狩元年（伊穉斜單于五年，西元前一二二年），匈奴又縱騎入上谷，殺了好幾百人，並掠奪物資北去。

第二年，漢武帝以霍去病爲驃騎將軍將萬騎，出隴西擊匈奴，轉戰六天，過焉支山千餘里，殺匈奴折蘭王、盧侯王，抓到渾邪王的兒子及相國、都尉，斬首八千九百多人，奪得匈奴祭天金人。這尊祭天金人高一丈多，後來漢武帝把這尊金人擺到宮中，還不時加以祭拜。只是這尊金人到底是何方神靈，現在已經難以考證，一般都認爲當時的匈奴還是泛靈的薩滿信仰，可是薩滿信仰是不拜偶像的，所以很有可能是佛教的神祇。佛教早已傳入中亞，從中亞進入今天蒙古是非常容易的，況且當時游牧民族東來西往極其頻繁，如果這個推論可以成立的話，那麼佛教，至少是佛教的神像，在西元前二世紀已經傳入中國了。可惜這尊金人沒有留下來，否則在宗教史上必然是大事一樁。

同年夏天，霍去病又與合騎侯公孫敖出北地，分道前進。已封爲博望侯的張騫則與郎中令李廣出右北平，李廣所率的兵不多，大約只有萬騎，出塞後與匈奴左賢王所率好幾萬騎兵相遇，雙方激戰兩天，李廣所部損失過半，左賢王死傷更是慘重，這時張騫才趕來，左賢王見漢軍援兵到來，急忙率餘衆逃去。張騫也因救援不及而被貶爲庶人。至於霍去病跟公孫敖出北地後，分道進擊匈奴，霍去病一軍深入祁連山，捕殺匈奴甚多。

匈奴渾邪王、休屠王連連吃了敗仗，深恐單于怪罪，兩人商量後，認爲與其被殺，不如率所部投降西漢，於是派使者至邊境向西漢說明想要降漢。當時西漢大行李息正屯兵黃河邊，將渾邪王等人投降的消息向漢廷報告，漢武帝固然高興，但又恐有詐，自古有謂受降如受敵，於是命霍去病率大軍前往迎接渾邪王等人，說是迎接，其實含有鎮懾用意。霍去病於是率衆渡河，那時渾邪王部屬中有不願投降者，想乘漢軍不備時逃走，卻被霍去病發覺，立刻下令殺無赦，

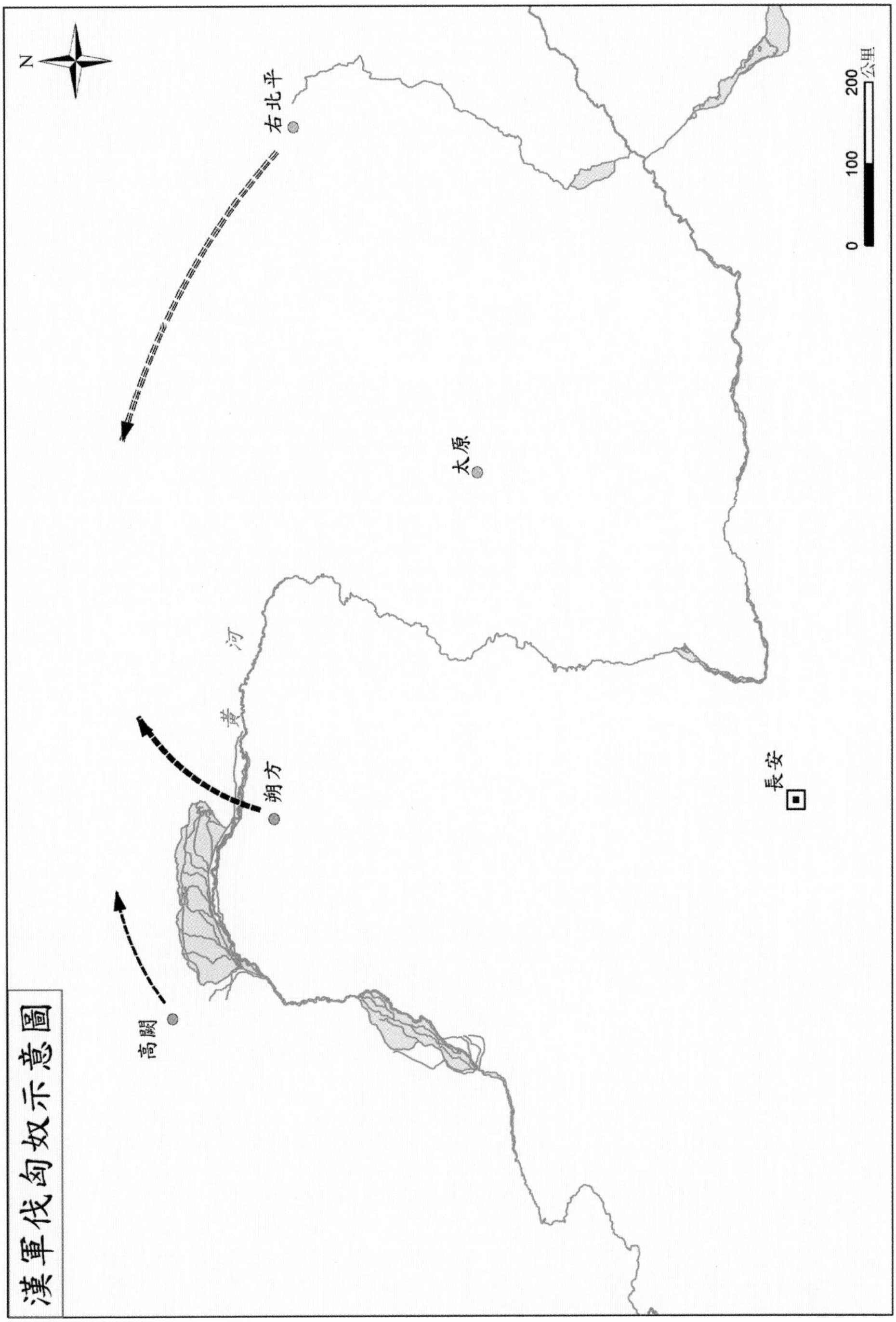

漢軍伐匈奴示意圖

一時殺了八千多人，可是還是有四萬多人投降西漢，甚至號稱十萬，這是相當龐大的數量。

對匈奴而言，此次投降可以說是大傷元氣。依據推估，那時匈奴總人口，包含降於匈奴而冒稱匈奴的各部落，不過三百萬上下，十萬人當然占有相當的比率。

不只人口損失，更重要的是，匈奴丟掉了農牧兩宜的祁連山、焉支山一帶，使匈奴在經濟、軍事都受到極大的損失。因爲祁連山宜農宜牧，更出產一種木材，可以製作箭桿，一旦失去，在經濟上、軍事上都非常不利。

匈奴失去祁連、焉支二山後，極爲傷痛，匈奴民族傳唱著歌謠：「亡我祁連山，使我六畜不蕃息；失我焉支山，使我婦女無顏色。」從歌謠中，不難聽出匈奴對失去這兩座山的哀嘆。

在這一次投降行動中，匈奴休屠王被殺，他的閼氏跟兒子到了漢地，漢武帝讓他的兒子在宮廷養馬，因這年得到匈奴祭天金人，所以就賜休屠王兒子姓金，取名爲日磾。金日磾極受漢武帝重視，最後跟霍光一起在漢武帝臨終時，受命爲輔佐新帝的顧命大臣。

這次戰役匈奴雖受重創，但是伊穉斜單于並沒有氣餒。漢武帝元狩三年（伊穉斜單于七年，西元前一二〇年），匈奴又縱兵入右北平、定襄掠奪，殺略漢地千多人後北返。這次西漢並沒有立即加以攻擊。

第二年，漢武帝判斷趙信降匈奴後，一定會爲匈奴出謀劃策，可能鼓動匈奴把重心放在漠北，因爲漢軍如果深入漠北，必有補給上的困難，一旦深入就會發生人疲馬乏糧絕的問題，這時匈奴加以反擊可受事半功倍之效。漢武帝對於戰略的判斷或許眞有獨到之處，也或許是《史記》、《漢書》根據事後的結果加以追述，添加了漢武帝料事如神的記載，眞相如何，現在已經無從追究了。

總之，漢武帝元狩四年（伊穉斜單于八年，西元前一一九年），西漢以衛青爲主帥，率領大軍深入漠北攻擊匈奴。既敢深入漠北，對於糧草自然已有萬全準備，這一戰衛青果然又獲勝，從此漠南已不見匈奴王庭。在這一次戰役中，驃騎將軍霍去病深入大漠二千多里，擊潰匈奴左賢王，殺

西漢執械俑，出土於中國江蘇省徐州獅子山兵馬俑坑。現藏於中國江蘇省徐州博物館。

匈奴七萬多人，封狼居胥山（今內蒙古自治區錫林郭勒盟多倫縣北德爾山）、禪姑衍（今多倫境內），並且登臨瀚海而還。所謂瀚海，是指橫亙於今內外蒙古間的大沙漠，也稱戈壁。

短暫的和平

匈奴歷經西漢一連串的攻擊，而且幾乎是每戰皆輸，實力大不如前，以致漠南無王庭，想再要「南下牧馬」，應該是力有未逮。至於西漢，除了自朔方以西到令居（今甘肅省永登縣西北）開闢爲農田，設置官吏，派兵屯守，列入西漢版圖外，西漢本身也是死傷累累，光是戰馬就死了十幾萬匹，而財物的損失更是難以計數，所謂「殺敵一萬，自損三千」，從此西漢也無力北伐了。

匈奴經過這些戰役，仔細思量後，可能覺得還是和親比較好，於是又派遣使者到漢廷好言好語再提和親。游牧民族就有這種能伸能屈的特性，在力過於人時，一定窮追猛打，絕不手軟；一旦力不如人，也能好言卑辭乞求和平，用這個標準來衡量自匈奴到蒙古，雖不中也不遠了。

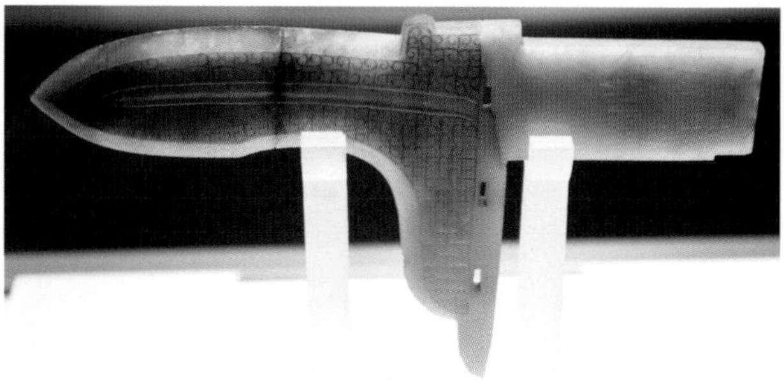

西漢青玉勾連雲紋戈，一九八六年於中國河南省永城市僖山漢墓出土。現藏於河南博物院。

漢武帝見匈奴使者來求和親，仍援例交付廷議，朝臣有主張恢復和親者，也有人認爲要匈奴表示臣服。長史（丞相屬官）任敞建議說：「匈奴最近剛被我們西漢打敗，可以讓她做我們的外藩，到邊區來朝見。」漢武帝採納了這個建議，並且派任敞爲使節，到匈奴把這個決定告訴伊穉斜單于。

伊穉斜單于一聽要匈奴做西漢的藩屬，勃然大怒，扣留任敞，其所議之事也不了了之。此後五年，漢匈之間並無大事。武帝元鼎三年（伊穉斜單于十三年，西元前一一四年），伊穉斜單于駕崩，由兒子烏維單于繼任。

到了漢武帝元鼎五年（烏維單于三年，西元前一一二年）時，生活在今天青海、甘肅一帶的西羌族，糾集了十萬人叛變，事先曾派人到匈奴約定共同起事，烏維單于一見既有西羌族叛變，自然可以趁火打劫，於是派兵攻入五原塞（今內蒙古自治區巴彥淖爾盟烏拉特前旗），殺了五原塞太守，搶劫一番立刻退回。西漢派公孫賀率一萬五千騎出五原塞二千多里，仍不見匈奴蹤影，又派趙破奴出令居，也不見匈奴，可見這時匈奴已經不敢在漢南駐牧了。

同年，漢武帝爲了揚威匈奴，率領了十八萬騎兵到漢匈邊境，派郭吉爲使前去告訴烏維單于說：「漢帝國已平定南越王，並把南越王的頭懸掛在長安宮闕的北門，現在單于你如果敢前來跟漢帝國一決高下，我們天子正陳兵邊境等著你呢！如果你不敢一戰，就該臣於大漢，何苦跑到漠北這既冷又缺水的窮鄉僻壤呢？」烏維單于一聽自是大怒，立刻把郭吉扣留下來，並且流放到北海（今貝加爾湖），大概也是去牧羊了。

烏維單于縱然受了漢使郭吉的言辭羞辱，可是由於實力不足當然不敢應戰，而且也不敢寇邊。只繼續在漠北放牧休養兵馬，這期間還曾數度遣使漢廷甘言好辭請求和親。

到了漢武帝元封四年（烏維單于八年，西元前一〇七年），西漢派北地人王烏等爲使，到匈奴察看虛實。王烏了解匈奴的習俗，知道漢廷使節如果想見到單于，必須把象徵西漢權力的木杖（就是所謂的節）放下，還要用墨把臉塗黑。於是他入境隨俗，去節黥面，在烏維單于的穹廬覲見單于。烏維單于見王烏如此入境隨俗，當然非常高興，便一時許下諾言，願意派兒子到西漢作人質，希望西漢可以同意和親，對照以往的和親模式，可以說匈奴讓了一大步。

此為霍去病墓，位於陝西省興平市。

於是西漢又以楊信爲使到匈奴。那時的西漢在東北已經滅了貉貊、朝鮮，並且在當地設立玄菟、樂浪二郡，在西邊設置酒泉郡（今甘肅省酒泉市），以隔開匈奴跟西羌。在西域更與大夏、月氏結好，又以公主嫁烏孫昆莫，使匈奴在左、右兩邊都失去了助力，對西漢而言，可說是形勢一片大好。

楊信在這種客觀有利情況下，再加上他個人性情剛烈而倔強，到了匈奴之後，自然不肯去節黥面，所以進不了單于穹廬，單于只肯在帳幕外接見楊信。楊信說：「要和親可以，先送質子到長安。」烏維單于則說：「以往和親的成例並沒有送質子這一項，反而是漢廷經常以翁主嫁單于，並給很多繒絮食物，當和親完成後，匈奴也不騷擾漢的邊境。現在漢廷違反自古已有的成例，要我送太子作人質，這是不可能的。」楊信只得無功而返。

西漢於是再度派王烏爲使，烏維單于見到他又是另一副嘴臉，說：「我要親自到長安跟天子見面，相約爲兄弟。」王烏把口信帶回，漢廷信以爲眞，爲迎接烏維單于的到來，還在長安蓋了富麗堂皇的行館。可是烏維又放話說：「沒有漢廷貴人來，我是不會說眞話的。」

不久，烏維單于派匈奴貴人到長安，不幸這個貴人生病了，漢廷請醫生診治，沒想到藥石罔效，這個匈奴貴人竟在長安病逝。爲愼重其事，漢廷特別派了二千石俸祿（是一級高官）的路充國佩帶二千石印綬爲使，護送匈奴貴人靈柩返回匈奴，並在匈奴給予厚葬。然而烏維單于卻認爲是漢廷殺了匈奴貴人，所以就把路充國給扣留下來，之後好幾次發兵侵犯西

中國陝西省興平茂陵的著名石刻，馬踏匈奴。

漢邊境。西漢不得已，以郭昌爲校胡將軍，並派浞野侯趙破奴屯朔方，以防備匈奴。

烏維單于即位十年後駕崩，時爲漢武帝元封六年（西元前一〇五年），匈奴單于位由烏維單于之子烏師廬嗣立，因爲年紀小，所以稱兒單于。兒單于力量不足，愈發向北遷徙，而且才嗣立一年，就顯現出他好殺的本性，在匈奴內部製造不少不安情緒，適逢天降大雪，凍死了許多牲畜。

這時匈奴左大都尉私下派使者對漢廷說：「我想暗殺單于，然後降漢，只是相距太遠，請派兵來接應我。」這是漢武帝太初元年（兒單于二年，西元前一〇四年）的事，漢武帝於是派因杅將軍公孫敖在塞外築受降城（居延北，今內蒙古自治區巴彥淖爾盟烏拉特中旗東），可是匈奴左大都尉認爲還是太遠，所以沒有前來投降。

隔年，匈奴左大都尉又與西漢謀議，約漢兵到武威（今甘肅省武威市）以北的浚稽山（約今蒙古土拉河與鄂爾渾河之間）相會。漢廷就派浞野侯趙破奴率二萬騎出朔方，奔向浚稽山，但是左大都尉將起事時，被兒單于發現，把左大都尉殺了。之後，兒單于就以八萬騎圍攻趙破奴，晚上趙破奴出外找水，竟然被匈奴給活活捉去。匈奴趁漢軍群龍無首之際，以優勢兵力大勝漢軍，士兵除了被殺死外，都被匈奴所俘了。這次戰役，對沉寂了多年的匈奴而言是一次大勝利，兒單于且趁勝進攻受降城，後因猛攻不下，才收兵北返。

到了武帝太初三年（兒單于四年，西元前一〇二年），兒單于又率兵攻受降城，還是打不下。沒多久，兒單于就駕崩了。

兒單于卒後，由叔父，即烏維單于的弟弟右賢王呴犁湖繼位爲單于。西漢趁匈奴新單于初立，派光祿大夫徐自爲率兵出五原塞好幾百里，修築長城、亭障，並以游擊將軍韓說、長平侯衛伉率軍駐守，又派強弩都尉路博德在居延澤築城堡，以震懾匈奴。同年秋天，匈奴又大舉入定襄、雲中，殺數千人，破壞徐自爲所修築的長城、亭障。又使右賢王入侵酒泉、張掖（今甘肅省張掖市），掠奪了幾千人準備北返時，遇到西漢軍正（職官名）任文率軍來救，把這些被掠的

西漢的青玉角杯，高十八公分，重四五六克。

人又搶了回來。

這年冬天，呴犁湖單于忽然駕崩，在位僅一年。之後，由其弟左大都尉且鞮（音「低」）侯嗣立。

且鞮侯初立，或許是內部還不夠穩定，怕西漢來襲，爲了向漢廷示好，就把兒單于時所抓到的漢軍，其中不願意投降匈奴的人放回西漢，路充國、趙破奴等人都因此回到中原。且鞮侯單于還說：「我是兒子輩，豈敢跟漢天子作對。漢天子是我岳父啊！」以這種低姿態換取西漢的好感。

西漢果然就以蘇武爲使，將之前所留置的匈奴使者送了回去，並且送給且鞮侯許多禮物，希望雙方能和睦相處。不料且鞮侯單于可能在內部已經坐穩單于的寶座，一見蘇武送來那麼多金銀珠寶，判斷是因爲西漢懼怕匈奴的強大，所以接見蘇武時態度傲慢，出言不遜，舉止無禮，使得蘇武大失所望。

西漢自漢武帝元光二年馬邑之圍開始，決心討伐匈奴。到匈奴且鞮侯單于之立的太初四年（西元前一〇一年），之間三十多年，與匈奴幾乎時時都處於戰爭狀態。二、三十年的戰爭，縱然是打了勝仗，相信也必然是民窮財盡，因此西漢在漢武帝後，國力由盛而衰。地廣人眾、土地肥沃、農業發達的西漢尚且如此，在北亞草原立國的匈奴，無論氣候、物產都比中原惡劣、貧乏，怎麼可能經得起二、三十年的征戰？當匈奴百姓吃不飽、穿不暖的時候，自然會對領導者的能力產生懷疑，所以且鞮侯單于在位時，匈奴內部已經有了不滿的聲浪，但是由於自冒頓單于之後的老上單于、軍臣單于及伊穉斜單于皆爲匈奴帝國打下很好的基礎，一方面從西漢得到許多物資；另一方面征服西域，掌握東西交通的孔道，得到許多商業上的利益，所以內部縱有不滿，還不會在國內構成太大威脅，也因此匈奴對西漢仍然充滿了自信、自大的口氣。

且鞮侯單于於武帝太始元年（西元前九十六年）去世，由長子繼立，是爲狐鹿姑單于（西元前九十六～前八十五年在位）。在就單于位的第七年（漢武帝征和三年，西元前九十年），狐鹿姑曾捎給西漢一封「國書」，說：「南有大漢，北有強胡。胡者，天之驕子也。不爲小禮以自煩，今欲與漢闓（同開）大關，娶漢女爲妻，歲給遺我藥酒萬石、稷米五千斛，雜繒萬匹，它如故約，則邊不相盜矣！」（出自《漢書》）

這封信饒富趣味，開頭就表示漢與匈奴，一南一北，各自命王稱帝。而且對匈奴自稱爲胡，再進一步解釋所謂胡，就是天之驕子，「天驕」這個詞就出於此。除了自我標榜之外，匈奴又向西漢索要妻子、酒、糧食跟紡織品。從這封信中，似乎可以看到匈奴社會對漢地物資的需求已經很殷切了。漢武帝並沒有答應和親跟贈送物資的請求，使匈奴社會更爲貧困。

匈奴的內訌

起初狐鹿姑單于立他的兒子爲左賢王，而左賢王在匈奴傳統上是單于的繼承人，但是這個兒子年紀尚小，狐鹿姑這個作法在匈奴內部貴族間引起許多怨懟。狐鹿姑有個異母弟爲左大都尉，爲人既賢且有才能，倍受匈奴人民愛戴，狐鹿姑的閼氏怕狐鹿姑不傳位給兒子左賢王，而傳給左大都尉，於是就派人暗殺了左大都尉。左大都尉被殺之後，他的同母兄長心中有恨，從此不到單于庭集會，也就此

匈奴相邦印，現藏於上海市博物館的中國歷代印章館。

西漢金印「滇王之印」，高一・八公分、邊長二・三公分，重八九・五克。出土於雲南晉甯縣石寨山滇王墓，為中國國家博物館藏品。

埋下了匈奴內部貴族權力鬥爭的種子。這件事情發生在漢武帝後元二年（狐鹿姑單于十年，西元前八十七年）左右。

到了漢昭帝始元元年（狐鹿姑單于十二年，西元前八十五年），狐鹿姑單于生病，自感來日無多，便在臨終時對貴族說：「我兒子左賢王年紀太小了，不能治理國家，立我的弟弟右谷蠡王爲單于。」

不久，狐鹿姑單于駕崩，西漢降臣衛律跟狐鹿姑的閼氏設謀，隱匿狐鹿姑單于的死訊，並假傳狐鹿姑單于的遺命，說狐鹿姑單于早跟貴族立下盟約，要立閼氏的兒子左谷蠡王爲單于，左谷蠡王即位後爲壺衍鞮單于。

壺衍鞮單于就位之後，原來被狐鹿姑指定爲繼承人的右谷蠡王，以及狐鹿姑的兒子左賢王當然是滿腹怨恨，一氣之下就準備率領自己的部眾南下投降西漢，又怕無法南下，於是脅迫匈奴盧屠王，藉口要向西投奔烏孫。盧屠王不願降烏孫，就向壺衍鞮單于告密，壺衍鞮單于質問右谷蠡王，右谷蠡王當然不肯承認，反而誣告要降烏孫的是盧屠王，這下眞假莫辨，而且從此右谷蠡王、盧屠王都只肯在自己的牧地駐牧，再也不肯到王庭集會。按匈奴傳統，各部落部族領袖每年正月要到單于王庭集會，五月再大會於龍城一次，集會時共同拜祭祖先、天地及鬼神。從上述事情來看，匈奴貴族間已經開始有分裂傾向了。

壺衍鞮單于既立，面對的是一個民生凋弊、貴族失和的國家，實在沒有本錢再跟南方的西漢對峙，於是又想跟西漢和親，希望藉此緩和南北緊張局勢，且獲得物資紓解內部的需求。只是西漢並沒有答應。

壺衍鞮單于要求落空後，就在漢昭帝始元四年（壺衍鞮單于元年，西元前八十三年）發兵入侵代郡，殺了西漢都尉。這次西漢沒有加以反擊，其中原因可能是昭帝初立，既不想示好匈奴，也不想跟匈奴對立，因而採取消極的不作爲。

這時早先投降匈奴的衛律，就爲壺衍鞮單于出謀劃策，建議單于築一個城開鑿水井，儲糧其中，讓秦代投降匈奴的秦人子孫來守這座城，這樣縱然漢軍來襲，有糧有水，漢軍又能奈我何？壺衍鞮單于接受這個建議，於是命人在適當地點開鑿了幾百口井，準備築城。但是也有人反對，說匈奴是逐水草而居的游牧民族，不慣於守城，如果築城儲糧，漢軍一奪下此城，無異替漢軍準備了後勤糧米。衛律想想也有道理，於是放棄築城。

但緊接著，衛律又向壺衍鞮單于建議，爲了向西漢示好，不如把以前扣留的西漢使節蘇武、馬宏等送回

西漢銅鋪首，出土於北京豐台區太葆台遺址，現藏於北京首都博物館。

去，壺衍鞮單于採納了這個建議，所以蘇武牧羊的故事才流傳了下來。

五單于分立

匈奴在壺衍鞮單于初立時，內部已經不太穩定了，只是百足之蟲，死而不僵。所以在他即位後的第四年（漢昭帝元鳳元年，西元前八十年），匈奴發左、右兩部大約二萬騎，分爲四隊，進犯西漢邊境。漢軍反擊，結果匈奴大敗，被漢軍殺死九千多人，甌脫王也被漢軍抓走。匈奴見甌脫王被抓，唯恐漢軍以甌脫王爲嚮導，深入追擊匈奴，立即把人民、牲畜向西北遷移，只是愈往西北愈貧瘠，匈奴的困境也就日甚一日了。

所謂「甌脫」，是匈奴話，原來是無人居住、或不能住人的地方，往往是位在邊界。另外還有一種說法，就是與鄰國或鄰部之間爲了避免爭執，劃出一塊雙方都不住人的地方。因爲是邊界淨空的地方，爲了防止對方人馬進駐，所以特設甌脫王率領人馬以爲警戒。這個甌脫王是有實力的王，跟丁零王只是名義上的王並不相同。

隔年，壺衍鞮單于爲防止漢軍來襲，特別派了九千騎兵屯受降城，以備漢軍。從冒頓單于、老上單于、軍臣單于曾令西漢獻粟和親、納貢稱臣以來，不過半個世紀多，情勢逆轉。這時衛律已死，左谷蠡王主張延續衛律跟西漢和親的政策，認爲只有跟西漢和親，才能避免兵連禍結，且得到物資，而且還可以進行邊境貿易，以有易無，對匈奴社會經濟有極大的助益。可惜這個主張還沒來得及向西漢提出，左谷蠡王就過世了，和親之事自然停議，匈奴的困境也就日甚一日。之後好幾年，匈奴雖有小規模侵犯西漢邊境，但是都沒有多大斬獲。

到了漢宣帝本始二年（壺衍鞮單于十三年，西元前七十二年），西漢決定發大軍討伐匈奴，總共出動十六萬騎兵，分五路以擊匈奴。這五路大軍的統帥跟兵力部署如下：御史大夫田廣明爲祁連將軍，將四萬騎出西河。後將軍趙充國爲蒲類將軍，將三萬騎，出酒泉。度遼將軍范明友將三萬騎，出張掖。前將軍韓增將三萬騎，出雲中。雲中太守田順爲虎牙將軍，將三萬騎，出五原塞。

此外，又以常惠爲校尉，持節護

烏孫，這時率烏孫兵五萬餘騎，自西向東以共擊匈奴。

這次可以說是自漢武帝伐匈奴以來，規模最大的一次漢匈戰役。

漢軍此次伐匈奴，仍然打了勝戰，而且幾乎每路都有斬獲，其中尤其以常惠所率的烏孫軍，攻進匈奴右谷蠡王庭，俘獲壺衍鞮單于的父執輩、嫂子、居次（是女孩之意）、名王、犁汗都尉、千長及將以下三萬九千多人，並獲得馬、牛、羊、驢、駱駝等七十多萬頭，可以算是一次大捷。

匈奴經過這次打擊後，更形衰弱，人民或死傷或被俘，加以牲口的損失，在在都使得匈奴內部更加不穩。就這樣，壺衍鞮單于治下的匈奴又苟延殘喘地過了三年。

漢宣帝地節二年（壺衍鞮單于十七年，西元前六十八年），壺衍鞮單于駕崩，由異母弟弟左賢王繼位，是為虛閭權渠單于。虛閭權渠單于既立，依照匈奴烝報婚的習俗，再娶壺衍鞮單于所寵愛的顓渠閼氏，但兩人之間並沒有感情。顓渠閼氏的父親左大且渠眼看女兒不但不像以前那樣受寵，反而備受冷落，心裡自然有一股怨氣，於是設法破壞虛閭權渠單于有意跟西漢和親的計畫。不但如此，他還建議匈奴在趁派遣使者到西漢

《蘇李泣別圖》

明朝陳洪綬繪於明崇禎八年（一六三五年）。描繪西漢名將李陵被匈奴首領單于派往北海，勸降蘇武，蘇武不為所動，李陵只好與之泣別的故事。史載，漢武帝時，中郎將蘇武奉命出使匈奴，藉故被扣留，匈奴單于數次誘降蘇武不成，將其發配至北海牧羊。

時，以軍隊尾隨其後，意欲偷襲西漢。結果因爲消息走漏被西漢所察而事跡敗露，匈奴也就不敢南下了。恰好這一年又逢乾旱，造成饑荒，人口、牲畜又死了許多，匈奴更加疲弱。

到了漢宣帝神爵元年（虛閭權渠單于九年，西元前六十一年），虛閭權渠單于駕崩。顓渠閼氏跟右賢王屠耆堂私通，大亂匈奴朝政，讓屠耆堂當上了單于，是爲握衍朐鞮單于。但眾人不服，從此匈奴大

蘇武牧羊圖，描繪蘇武在塞外牧羊的情形。

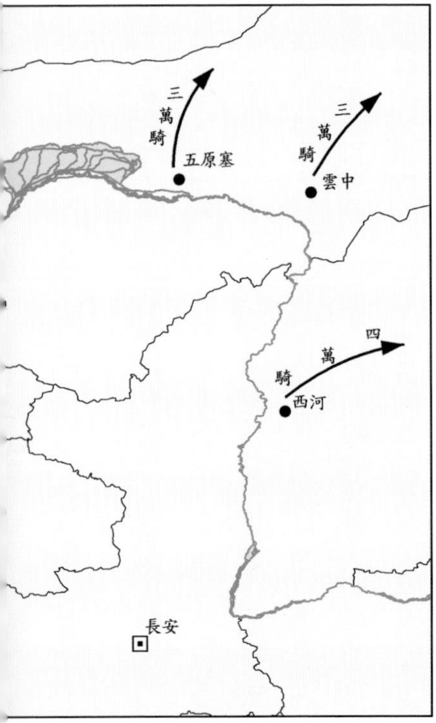

亂，許多冒頓單于的後代紛紛擁衆自立爲單于，一時之間，匈奴有了五個單于。

西漢玉鋪首，出土於江蘇省徐州火山劉和墓。現藏於江蘇省徐州博物館。

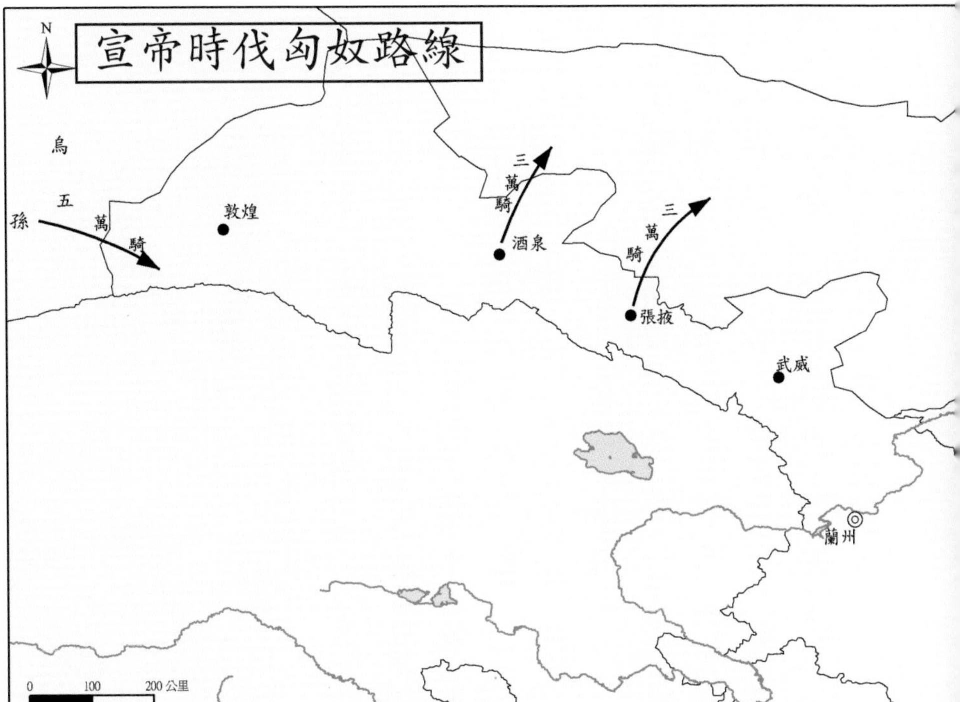

第八章 匈奴的分裂

呼韓邪單于附漢

匈奴五單于分立後，內部大亂，冒頓單于嫡系中的稽侯珊也被立為單于，稱為呼韓邪單于，可是諸單于分立時，他的力量並不是很大，在爭奪過程中，經常處於下風，其他幾個單于也是彼此爭鬥不斷。

呼韓邪單于有個哥哥流落民間，名叫呼屠吾斯，呼韓邪起兵時把這個哥哥給找了回來，封他為左谷蠡王，可是一旦呼屠吾斯手上握有力量，實力坐大後，不但不知感恩圖報，反而擁兵造反，占據了東方廣大地區，自稱郅支骨都侯單于，跟呼韓邪單于互爭雄長。

與此同時，在西方的閏振單于引兵向東，跟郅支骨都侯單于交戰，郅支骨都侯單于兵多將廣，自己也是驍勇善戰，很快就消滅了閏振單于的勢力，並且收編他的兵馬，力量一下增加了不少，於是揮兵西向，攻擊一手提拔自己的弟弟呼韓邪單于。呼韓邪單于在沒有防備的情況下，自是大敗，連單于庭都守不住，只能帶著一部分大臣和人民落荒而逃。

這時的呼韓邪單于活像是喪家之犬孤苦無依，北有實力強大的郅支骨都侯單于；南方則是近一百年來的世仇西漢，前途茫茫，不知何去何從。

漢陶車馬俑陣，出土於江蘇省徐州市北洞山楚王墓。現藏於江蘇省徐州博物館。

他的親信左伊秩訾王深知郅支骨都侯單于生性凶殘，向北只有死路一條。而南方的西漢雖是世仇，但這個仇往往是匈奴爲了掠奪物資所挑起的，左伊訾王似乎對中原國家的傳統思維也有相當了解，知道中原國家只要四周民族表面上服從中原皇帝的領導，奉行中原的正朔，每年進貢些許土產，中原國家就會心滿意足，不但不會強行在周遭民族地區實行郡縣制，進行實質上的統治，而且還會給予大量的賞賜，這些賞賜往往高過所進貢物品價值的數十百倍，甚至於千萬倍。換言之，四周民族只要對中原皇帝俯首稱臣，就可以獲得無數的物資。

左伊秩訾王本於這個認知，就向呼韓邪單于建議，在目前這種走投無路的情況下，不如南下向西漢稱臣，以便得到西漢的保護，而且也可以得到物資，以紓解眼下的困境，先度過目前的難關，等待休養生息後，再向郅支骨都侯單于奪回失去的草場跟人民。在當時的情況下，左伊秩訾王的這個建議的確是相當理性。

呼韓邪單于聽罷左伊秩訾王的建議後，雖然心裡也認爲相當不錯，可是覺得茲事體大，不敢獨斷獨行，於是就召集各部大人共同研商。

自古以來，北方草原游牧民族就有一個習慣，儘管貴爲單于，遇到重大事情時，還是要召集各部落大人共同商量，以便求得一致的行動。只是力量強大的單于，其意見往往會受到各部落大人的尊重。這種習慣一直在北方各游牧民族間流傳，像後來的鮮卑、柔然、突厥等，乃至蒙古都是如此，在蒙古成吉思汗鐵木眞時，這種各部落大人的集會叫做「庫利爾台」。縱然在二十一世紀的今天，蒙古國的國會仍然叫做大小呼拉爾（即庫利爾台的今日蒙語音譯）。

西漢的鎏金青銅承弓器，出土於山東省濟南市長清雙乳山漢墓。

　　呼韓邪單于召集各部大人商討左伊秩訾王的附漢建議，有許多匈奴貴族反對，認爲：「匈奴自古以來就是『馬上戰鬥爲國』，男兒以戰死沙場爲勇，何況目前只是兄弟鬩牆，無論誰勝誰敗，匈奴這個國家還是在匈奴人手裡。如果向西漢俯首稱臣，我們將失去自己的國家，這將是百年來的奇恥大辱。」這一番說辭以匈奴民族的尊嚴、匈奴國家命脈的延續與否作訴求，也算是義正詞嚴，有相當的說服力。

　　可是左伊秩訾王也另有看法，他認爲：「早期我們匈奴固然稱強於大漠南北，更令漢人畏懼害怕。可是自西漢武帝之後，威服西域，令烏孫等西域強國都對西漢俯首稱臣，如妻妾般侍奉西漢。我們匈奴自且鞮侯單于以來，國勢日蹙，失地日廣，人民生計日益艱困，而且還時時擔心敵人來襲。在目前情勢下，唯有附漢才能繼續生存，否則只有死亡一途。」這一番論點從現實面切入，也有相當的說服力。

　　兩種意見就像實力相當的兩組人馬在拔河，旗鼓相當，難分勝負。最後，呼韓邪單于在形勢比人強的考量下，採納了左伊秩訾王附漢的建議。這時是呼韓邪單于六年（西漢宣帝甘露元年，西元前五十三年）的事。

　　既然大原則已定，於是呼韓邪單

于就率領部眾向南移動，並且派兒子右賢王銖婁渠堂入侍西漢，表示願意歸附西漢。這個消息傳到漠北後，郅支骨都侯單于一見呼韓邪向西漢示好，也立刻派兒子右大將駒于利受入侍於西漢。想想幾十年前匈奴鐵騎曾令西漢頭痛不已，不但要以宗室女冒充公主跟匈奴和親，還要年年送布帛、米酒以換取匈奴不「南下牧馬」的承諾，而今兩個匈奴單于竟爭相派遣兒子入侍於漢，兩相對比，變化何其大，也可看出匈奴聲勢已經今非昔比了。

次年，呼韓邪單于到達五原塞，派使者到西漢表示願獻匈奴國寶，並且親自到長安朝賀來年元旦（即甘露三年），這就等於是要「奉正朔」的意思。對西漢而言，這可是頭等大事，而且是歷史上前所未有的，接待時既要能彰顯大漢威儀，又要維護呼韓邪單于的尊嚴，這之間的分寸如何拿捏，煞費周章，於是漢宣帝就交由大臣討論。

丞相、御史都說：「依照中國的傳統，京師最尊貴，而後是諸夏，諸夏之後，才是夷狄，所以呼韓邪來朝，他的位階應該相當於諸侯王，而且座位應在諸侯王之下。」

但是太子太傅蕭望之則認為：「匈奴單于本來就不是華夏文化所涵育出來的國家，向來不尊奉正朔，跟我們是對立的國家，所以不能用對待臣子的禮節約束他，因此他來時，座位應該排在諸侯之上。四周夷狄之國既然肯俯首稱藩於中國，我們中國也就要禮遇他們，不該把他們視為臣子，這是羈縻四夷的合理作法，這樣四夷受到尊重，就能跟中國

西漢時的虎印，現藏於上海市博物館的中國歷代印章館。

西漢甘泉宮遺址上的石羊，位於陝西省咸陽市淳化縣甘泉山。

共享太平。《書經》上說『戎狄荒服』，是指夷狄反覆無常，如果以後匈奴子孫不長進，以致不能和我們共享安居樂業的話，也不致於成爲叛亂的力量，這才是爲後代子孫謀畫的良策啊！」

蕭望之這一番話眞是高瞻遠矚的金玉良言，漢宣帝最後採納他的建議，頒下詔書說：「匈奴單于稱北藩，朝正朔，朕之不逮，德不能弘覆，其以客禮待之，令單于位在諸侯王上，贊謁稱臣而不名。」漢宣帝不失爲一代明君，能不被一時的虛榮蒙蔽，以客禮待呼韓邪單于，換得呼韓邪的心悅誠服，也算是相當難得了。

呼韓邪單于既然決定要在甘露三年元旦朝賀西漢，漢宣帝就派車騎都尉韓昌，陪同七郡二千騎，列陣道上，以迎接呼韓邪單于。漢宣帝本人則在甘泉宮接見呼韓邪單于，並賜呼韓邪冠帶、衣裳、黃金璽、盭綬（綠色綬帶）、玉具劍、佩刀、弓一張、矢四發、棨戟十、安車一乘、鞍勒一具、馬十五匹、黃金二十斤、錢二十萬、衣被七十七襲、錦繡綺縠雜帛八千匹、絮六千斤。行禮畢，使者引導呼韓邪單于先到距長安二十多公里的長平宮歇息，漢宣帝則宿於其北的池陽宮。

司馬光的看法

對於漢宣帝處理呼韓邪單于入漢的作法，北宋史家司馬光在他所著的《資治通鑑》中，認為漢宣帝這種作法為「非禮」：

> 荀悅論曰：《春秋》之義，王者無外，欲一于天下也。戎狄道里遼遠，人跡介絕，故正朔不及，禮教不加，非尊之也，其勢然也。《詩》云：「自彼氐、羌，莫敢不來王。」故要、荒之君必奉王貢，若不供職，則有辭讓號令加焉，非敵國之謂也。望之欲待以不臣之禮，加之王公之上，僭度失序，以亂天常，非禮也！
> （《資治通鑑・漢紀・二十七》）

北宋時，北方強鄰如契丹的遼、党項羌的夏，以及後來女真的金，都帶給北宋莫大威脅，北宋只得不停地用歲貢來換取和平。但不管情勢如何嚴峻，北宋就是不願以公主下嫁的「和親」方式和外族來往，由此可看出北宋朝政和士大夫的氣節觀念。

身處在這種時代氣氛下，司馬光自然認為四周夷狄之國必須服從中國，如果不服從，則有必要加以責罵懲罰（則有辭讓號令加焉），且中國有「教化」外族的權利，因此，他才會認為漢宣帝的舉動是不合禮節的。

隔天，漢宣帝登長平宮北的長平阪，宣呼韓邪單于的母親來謁見，並且同意隨同前來的左、右當戶觀禮，這時各蠻夷君長、王、侯幾千甚至上萬人都很整齊的列隊在咸陽橋，高呼萬歲，迎接漢宣帝跟呼韓邪單于走過咸陽橋，這一幕歷史鏡頭是漢匈關係史上彌足珍貴的一頁。

呼韓邪單于在長安住了一個月，這期間，漢宣帝曾在建章宮設宴款待。到了宣帝甘露三年（呼韓邪單于八年，西元前五十一年）二月，呼韓邪單于才回到自己的國家。呼韓邪單于請求讓他和人民住牧在漠南光祿塞下，並說一旦有警，可以為西漢保守受降城。漢宣帝就命長樂衛尉、高昌侯董忠、車騎都尉韓昌率一萬六千騎，又徵發邊郡士兵、馬匹數以千計，送呼韓邪單于一行出朔方郡雞鹿塞（今內蒙古自治區磴口縣西北），並命董忠率軍留下屯住以保衛呼韓邪單于和他的人民，同時又運來米糧三萬四千斛（漢制一斛為十斗，一斗有十升，一升有十合，每合約當二十毫升），於是呼韓邪及其所部就在漠南雞鹿塞外駐牧。

呼韓邪這一部匈奴在歷史上就稱爲「南匈奴」；而郅支骨都侯單于所統率在漠北駐牧的，就叫做北匈奴，這是匈奴第一次分裂。

郅支骨都侯單于

漢宣帝甘露四年（呼韓邪單于九年，西元前五十年），南匈奴呼韓邪單于跟北匈奴郅支骨都侯單于都派使節朝西漢，並且也各有貢獻，只是西漢認爲去年呼韓邪單于曾親自到長安朝拜宣帝，所以對南匈奴呼韓邪使者的賞賜，比北匈奴郅支骨都侯的使者要厚重些。

漢宣帝黃龍元年（呼韓邪單于十年，西元前四十九年），呼韓邪單于又親到長安賀元旦，漢宣帝除照前年所賞賜禮物外，又增加了衣服一百一十套、錦帛九千匹、絮八千斤。之後，呼韓邪在長安停留一個月，才返回漠南駐牧地。

郅支骨都侯單于眼看呼韓邪單于一再朝漢，顯示力量單薄，希望能得到西漢的保護，應該無力重返漠北，所以就大膽把兵力調往西域發展，因爲西域各綠洲國家都相當富裕，只要征服西域，就可以獲得相當的物資。

起初握衍朐鞮單于的小弟本來臣屬於呼韓邪單于，呼韓邪兵敗時，他逃往西域（當時稱爲匈奴右地），聚集了兩個兄長的餘眾，擁兵數千人，就在西域自立爲伊利目單于。這時遇到郅支骨都侯單于往西發展，兩邊人馬一經接觸，伊利目單于就被郅支骨都侯單于殺了，所有部眾也被郅支骨都侯所吞併，這下郅支骨都侯單于有了五萬多部眾。後來，郅支骨都侯單于聽說西漢派兵護衛呼韓邪單于跟南匈奴部眾，又以大量糧食援助南匈奴，自己短時間內似乎奈何不了呼韓邪，所以乾脆就在右地屯住了下來。

郅支骨都侯單于又想到既然一時無力恢復匈奴故地，不如再向西域發展，於是派遣使者到駐牧於今天新疆北境伊犁河一帶的烏孫，希望能跟烏孫合作，征服廣大的西域，也就是今天的中亞。其實郅支骨都侯單于對當時國際情勢了解不深，烏孫早在西漢武帝爲斷匈奴右臂而先後將細君、解憂兩公主嫁烏孫昆莫時，就倒向西漢這邊了，因此郅支骨都侯單于派到烏孫的使者不但沒能完成任務，而且還被當時的烏孫昆莫烏就屠給殺了。

烏就屠殺了郅支骨都侯的使者後，知道郅支骨都侯單于不會善罷甘休，所以立刻備兵八千，以防郅支骨都侯單于。沒想到郅支骨都侯單于在烏孫有所防備的情況下，仍然擊破烏孫，並趁勝北擊烏揭、堅昆、丁零，滅了這三個游牧部落。一時之間，又壯大了匈奴的力量，但是郅支骨都侯單于還是怕南匈奴跟西漢，所以不敢回漢北的單于庭，就在堅昆這地方建立起自己的單于庭。

郅支骨都侯單于向西北遷徙，可以視爲後來第二波北匈奴的先聲，在歷史上具有相當的意義。郅支骨都侯單于認爲向西北遷移，離原來的單于庭有七千里之遠，離西漢也就更遠了，不過北匈奴偶爾還是跟西漢有使者來往。

漢元帝初元元年（呼韓邪單于十一年，西元前四十八年），漢南鬧饑荒，呼韓邪單于向西漢求救，西漢送了兩萬斛糧食援助南匈奴，這個消息傳到北匈奴耳裡，郅支骨都侯單于心生不滿。

初元五年（呼韓邪單于十五年，西元前四十四年）時，西漢派使者江乃始等人出使北匈奴，郅支骨都侯單于居然對漢使加以辱罵，並且要西漢送回前此派到西漢入侍的質子駒于利受。見郅支骨都侯單于如此要求，元帝決定遣衛司馬谷吉送駒于利受

西漢鎏金騎馬俑，出土於廣西省西林縣。

西返，但御史大夫貢禹、博士東海匡衡卻認爲郅支骨都侯單于接受漢化程度不深，駐牧處又那麼遠，只要派使者將質子送到邊境塞上就可以了，不必送到郅支骨都侯駐牧之處。

可是谷吉卻認爲：「中國對夷狄總是設法羈縻以維持彼此關係，現在既然養了這個質子十年，可說是情濃恩重。只因爲郅支骨都侯單于住得遠而不送，只送到邊塞，爲德不卒，這會使郅支骨都侯單于無從感受西漢的德惠，不但不感激西漢養育質子十年的恩情，更會結下新怨。只送到邊境，實是不可行的決策。之前派江乃始爲使，可能是他應對無方，所以才會被郅支骨都侯單于所羞辱。如果能派我爲使，一定會讓郅支骨都侯單于懷德畏威，不敢狡猾。如果郅支骨都侯單于膽敢存有貳心，對我有所不利，那他必然會認爲犯了大罪，絕對不敢靠近邊境。只是死了一個使者，而能讓百姓安居，這應該是有利於國家的，我願意前往。請讓我送駒于利受到郅支骨都侯單于那兒去吧！」漢元帝見谷吉說得頗有道理，就答應谷吉爲使護送駒于利受。

但想不到，谷吉一行到北匈奴單于庭後，郅支骨都侯單于居然殺了谷吉。而且也確如谷吉所料，郅支骨都侯單于在殺了谷吉之後，怕西漢報復，又覺得南匈奴在西漢援助下日漸強大，深恐呼韓邪單于總有一天會領兵來襲，於是準備向更西方遷徙。

說來也巧，這時中亞的康居國常被烏孫所侵擾，康居王就召集所屬五個翕侯共商對策，結果認爲：「匈奴是大國，烏孫向來因懼怕而服屬於匈奴，現在匈奴郅支骨都侯單于流落在外，可以迎接他到我們東邊來，和他合作擊滅烏孫，這樣我們就再也不會有困擾了。」於是，康居國就派使者到堅昆，跟郅支骨都侯單于表明想迎北匈奴西來共擊烏孫之事。

這對郅支骨都侯單于而言正中下懷，所以兩邊一拍即合，立刻召集兵馬人民向西移動。可是恰逢寒冬，匈奴人民因此在西遷過程中凍死了不少人，據《資治通鑑》記載，到康居時只剩下三千多人，不過這個數字不太可靠，也有可能是三萬多人。到了康居之後，康居王爲了攏絡北匈奴，就把女兒嫁給郅支骨都侯單于，郅支骨都侯也投桃報李，把女兒嫁給康居王，彼此互爲翁婿，意在親上加親，鞏固雙方的合作關係。

郅支骨都侯單于到康居後，康居王對他相當尊敬，並憑藉北匈奴的威望，想脅迫中亞各綠洲國家服從康居，而且還多次借郅支骨都侯單于的兵攻打烏孫，深入烏孫國都赤谷（今吉爾吉思伊塞克湖附近），殺了許多烏孫人民，順帶也掠奪許多財物、牲口。烏孫懾於北匈奴的威望，不敢追擊，連烏孫的西境五千里內都不敢讓烏孫人民放牧，以免被北匈奴、康居殺掠。這片兩國間的空地，就是前面所說過的「甌脫」。從康居王借兵攻打烏孫這件事情，可以證明郅支骨都侯單于到康居時，絕對不只三千人。

郅支骨都侯單于的一再向西北遷徙，在歷史上具有兩方面意義。其一，按匈奴民族的傳統，男兒要戰死沙場，才稱得上勇敢；老病而死，不配稱爲勇士，如果投降，更會被視爲懦夫。郅支骨都侯單于雖然實力比不上受西漢支援的呼韓邪單于，當然更無法跟地大、人眾、物博的西漢比，但是他不氣餒、不投降，堅持匈奴民族傳統價值，這在民族史上，具有一定的意義。

其次，廣義的西域，也就是今天的中亞五國，或者還包括阿富汗、伊朗，在北匈奴進入前全是高加索種，也就是白種人的聚居地區，蒙古利亞種也就是黃種人，從未分布其間。郅支骨都侯單于帶著匈奴人入居康居，首開黃種人定居中亞的歷史，這在世界人種史上，

西漢玉器：蟠龍環，出土於安徽省巢湖市放王崗。

更是別開生面。

西漢滅北匈奴

以上這兩方面的歷史意義，德國漢學家夏特（Friedrich Hirth，一八四五～一九二七年）就曾在他所撰的《窩瓦河的匈人與匈奴》（*Über Wolga-Hunnen und Hiung-nu*）一書中指出：「郅支單于、北單于以及阿提拉，都能算實踐『以馬上戰鬥爲國，故有威名於百蠻，戰死，壯士所有也……雖死猶有令名』之言論，他們之西遷，第一次是強者西走（指郅支骨都侯單于），弱者降漢（指呼韓邪單于）。第二次是強者西走，弱者留建悅般國。他們最後侵入西歐，也一定是由一隊精悍善戰之匈奴人作領導，驅逐其他民族，集合成一種堅固之戰鬥團體。……」

此外，美國史家麥高文（W. M. McGovern）在所撰的《中亞古國史》（*The Early Empires of Central Asia*）一書中指稱：「這一發展（指郅支骨都侯單于西遷康居），對於世界歷史實具極大的意義。在此時以前，土耳其（指廣義的西域，也就是今天的中亞）幾乎全屬伊蘭族人（高加索種之一支）之勢力範圍，而土蘭尼安族人（蒙古利亞種之一支）的勢力即限於蒙古利亞（中國西北）和滿洲利亞（中國東北）。自郅支骨都侯單于建立新國家於土耳其境內，不啻使土蘭尼安人在土耳其獲得一確定之根據地，後來伊蘭族人被逐出土耳其，而由土蘭尼安族之突厥人取而代之。此一運動，實開始於此時。而且此時土蘭尼安人已漸進而接近後世所稱爲俄羅斯之邊境，質言之，亦即爲土蘭尼安族亞洲人之侵歐洲，開其先路。」

可見郅支單于的西徙，從中國史的角度來看，只是南北匈奴間的的兄弟鬩牆，縱然擴大些看，也只是匈、漢之間的爭執；但是從民族史、人種史上來看，卻具有重要的歷史意義。

北匈奴在康居停留數年後，屢次擊破烏孫，威名大震西域，就自以爲已經是大國，漸漸不把康居王看在眼裡，更進而殺了嫁給他的康居公主，以及好幾個康居貴族，乃至好幾百個康居人民，更驅使康居人民爲他築郅支城。此外，更派遣使者到奄蔡（地處鹹海西北，裡海北部）、大宛等綠洲國家，要他們稱臣納貢。郅支骨都侯單于到康居原是應康居王之邀合擊烏孫，有作客或者傭兵性質，沒想到一旦坐大，就反客爲主。這時是郅支骨都侯單干二十一年（西漢元帝建昭三年，西元前三十六年）。

當郅支骨都侯單于西徙康居後，西漢曾三度遣使郅支骨都侯單于，要求送回谷吉屍骨，但郅支骨都侯單于自恃康居距離西漢遙遠，諒西漢也奈何不了他，而置之不埋，不但如此，更多次扣留漢使，還故意回西漢說：「遠居西方困苦無比，願意歸順西漢，也願派遣兒子入侍西漢。」這擺明要令西漢難堪。但是從另一角度看，也說明了郅支單于的黠慧狡猾，而這時西漢也確實無力再攘外了。

這時，西漢西域副校尉陳湯、西域都護騎都尉甘延壽都覺得郅支骨都侯單于行爲太過分了，於是兩人商量要發兵攻打北匈奴。陳湯認爲：「西域那些夷狄民族的天性是順從強族，西域本來就服屬匈奴，現在郅支骨都侯單于威名遠播，經常侵凌烏孫、大宛，並時常爲康居出謀劃策，想要併吞康居。如果讓郅支骨都侯單于降服併吞了康居、烏孫這兩個國家，整個西域綠洲國家都將岌岌可危了，何況郅支骨都侯單于其人剽悍且善戰，最近又打了幾場勝仗，再這樣下去，北匈奴勢必

西漢　騎馬武士俑

武帝以來，衛青、霍去病所創立的騎兵，屢破匈奴大軍，開創中國騎兵戰新紀元。

成爲西域的大患。

不過，雖然所處位置偏遠，但是北匈奴沒有堅固的城池、強大的弓弩爲憑藉，如果我們發動屯田的士兵，再加上烏孫的兵馬，直接攻向郅支骨都侯單于城下，他將無所遁逃，如想負隅頑抗，又無險可守。這正是我們建立千世難逢功業的良機！」

甘延壽完全同意這個說法，並且認爲事不宜遲，應該立刻奏請朝廷，依計進行。但是陳湯爲人沉穩，而且考慮的也比較周詳，認爲如果奏報朝廷，經過公卿討論，必然會認爲太冒險而不可行。甘延壽則認爲不報請朝廷核准而冒然行事，大大不可。他們在猶豫討論時，恰好甘延壽大病一場，陳湯就趁機矯發號令，徵召西域各國發兵，動員在車師（今新疆維吾爾自治區內）屯田的士卒。甘延壽聽到消息，從病床上一驚而起，想要阻止陳湯矯詔行事。但是陳湯已經是箭在弦上不得不發了，於是拔出劍怒指甘延壽說：「大軍已經準備出發了，你要是敢阻止，就先殺了你祭旗。」甘延壽無奈之下只得屈服。陳湯點召胡漢兵馬共有四萬多人，一方面向西行軍，一方面備妥文書向朝廷自劾先斬後奏的罪行。

陳湯把四萬多兵士分爲六隊，其中三隊交甘延壽率領，預計從溫宿（今新疆維吾爾自治區阿克蘇地區溫宿縣）出發，經北道入赤谷，過烏孫，進入康居。另三隊由陳湯統領，從南道越過蔥領，經大宛，進擊郅支骨都侯單于。

甘延壽在靠近赤谷時，正遇上康居副王抱闐領了幾千個騎兵到赤谷掠奪，殺烏孫部族一千多人，搶掠許多牲畜，又緊跟在漢軍後面，奪走漢軍輜重。之後，抱闐和陳湯兩軍交陣，結果抱闐大敗，四百六十多名部眾被殺，陳湯並因此得到被抱闐掠去的烏孫部眾，陳湯把這些俘兵歸還給烏孫，而奪來的牛、馬、羊正好作爲軍隊的糧食，此外還抓到抱闐所屬的貴人伊奴毒。

西漢軍隊接著就進入康居境界，陳湯命部隊遵守紀律，不得擾民，又密招康居貴族屠墨前來相見，告訴他大漢天威，志在消滅北匈奴，命康居不可反抗，更與屠墨盟誓，然後讓屠墨返回康居。

大軍繼續西進，到離郅支骨都侯單于庭處六十里才停下紮營，這時又抓到康居貴族具色，及屠墨的同母弟之子開牟。不論屠墨、具色還是開牟，對郅支骨都侯單于的專橫拔扈都早已心存不滿，所以開牟願意作陳湯的嚮導，並且把郅支骨都侯單于的實力都分析給陳湯。於是陳湯又向前行進了三十里。

這時郅支骨都侯單于也已得知漢軍幾乎就要兵臨城下了，於是遣使問漢軍何以發兵前來？漢軍妙答：「你之前不是說久困西方絕域，想要歸附大漢天子嗎？天子憐憫你身處絕域，所以派都護將軍前來迎接，又怕驚擾了你，所以沒有直接兵臨城下。」

雙方使者數度往返傳話，甘延壽、陳湯有些不耐煩了，就責備郅支骨都侯單于：「我們因爲單于一心想歸漢，所以不辭萬里遠道而來，但到目前還未見到匈奴名王、大王前來見我們都護將軍，單于何以如此大意，有失待客之道。我們率軍遠道而來，人馬都已經疲憊不堪了，而且糧草也快沒了，難以安全返回。請單于跟大臣快想想辦法。」這套說辭蘊含高度陷阱，可見陳湯老謀深算，讓郅支骨都侯單于無法猜透漢軍的虛實。

西漢的楊家灣漢墓兵馬俑，出土於陝西省咸陽市楊家灣長陵。

隔天，漢軍又前進到位於今中亞哈薩克（Kazakhstan）境內的郅支城，一直逼近到離城三里才紮營布陣。漢軍望見郅支城上五彩旗幟，有幾百個穿著鎧甲的士兵守著城，又派出百來個士兵在城下來回巡邏，另有百來個步兵夾著城門布下進攻的魚鱗陣，城上的北匈奴士兵更挑釁地說：「來打吧！」更有百多名騎兵奔向漢營。結果漢軍士兵人人拉滿了弓，一待敵人接近，隨時射箭，匈奴騎兵一看討不到便宜，便退回城中。

甘延壽、陳湯順勢下令擊鼓，士兵就攻向城下，把整座城四面團團圍住，拿盾牌的在前，持弓箭的在後，向上射殺城上的敵人。這時城上人見漢軍向上射箭，就下到城下，在土城外另有一層木城，北匈奴兵從木城中射殺漢軍，有些漢軍被射中受傷了。於是漢軍改變戰法，找來許多木柴堆在木城外，放火燒木柴，連帶也燒了木城。到夜晚，火光沖天，城中幾百個北匈奴騎兵向外衝，漢軍以逸待勞彎弓射殺這些向外衝的北匈奴騎兵，北匈奴兵只好守在城內。這一波攻擊漢軍占了上風。

郅支骨都侯單于一開始聽說漢軍前來時，原想棄城他走，可是又怕康居人懷怨做漢軍的內應，再加上打聽到烏孫等國都派兵加入漢軍了。眼見已經無處可逃的郅支骨都侯單于，乃決定堅守郅支城，他判斷漢軍遠道而來，不可能有很多糧草，也就不可能打持久戰，只要能堅守一段時間，漢軍必然就會自行撤走，所以他親自披掛上陣登城樓督戰，並且命幾個閼氏、大人都拿上弓箭，加入戰鬥行列。這時漢軍一箭射中郅支骨都侯單于的鼻梁，同時也有好幾個閼氏中箭受傷，單于受傷下了城樓。此時火燒中的木城已經被攻破，北匈奴兵退回土城，高聲呼叫。又有康居兵一萬多人前來救援。一時間，木城火光沖天，照亮了夜晚的天空，而士兵的呼喊，直衝雲霄，更顯殺氣騰騰。康居兵曾經好幾次想進攻漢營，都失敗了，只好撤退。

到了次日清晨，火光仍在燃燒。漢軍擊鉦敲鼓，並且大聲吼叫，康居兵早就撤走了，漢兵於是攻進土城，郅支骨都侯單于領了男女百多人躲到單于內室，漢軍縱火想把單于逼出來。不久後，漢軍侯假丞杜勛砍下了郅支骨都侯單于的頭，又放出之前西漢所派來的使節二名，以及谷吉帶來的帛書，並奪得許多財物，都獎賞給查獲的士兵。

這次甘延壽、陳湯發動戰役，共計斬殺閼氏、太子、名王以下一千五百一十八人，生擒一百四十五人，自動投降的一千多人。最後把郅支骨都侯單于首級送回長安，堅持匈奴民族自尊的郅支骨都侯共在位二十一年，他的崩殂也象徵這一波北匈奴的消失。

反彈琵琶圖

此壁畫作者不明。見於莫高窟一一二窟的《伎樂圖》，為該窟《西方淨土變》的一部分。伎樂天伴隨著仙樂翩翩起舞，舉足旋身，使出了「反彈琵琶」絕技時的美妙舞姿。

昭君出塞

再回頭來看南匈奴呼韓邪。南匈奴原來附漢並且駐守漠南，雖然郅支骨都侯單于之後西徙，但還是帶給西漢不少壓力，所以西漢扶植、支援呼韓邪單于，確實含有「以夷制夷」的用意。現在北匈奴勢力已經徹底消失了，呼韓邪單于深恐自己的價值也隨之不復存在，而自己的實力始終無法壯大，既然無法跟西漢分庭抗禮，就只好更進一步結好西漢。於是漢元帝建昭五年（呼韓邪單于二十五年，西元前三十四年），呼韓邪單于上書西漢，表示想入朝觀見皇帝。

漢元帝以呼韓邪願爲西漢保塞，使邊境安寧，所以次年改元竟寧。竟寧元年（呼韓邪單于二十六年，西元前三十三年），呼韓邪單于又來朝漢，並且表示願娶漢女，成爲漢家女婿，永爲西漢守護邊疆。漢元帝允許了，以宮女王嬙爲昭君公主，嫁呼韓邪單于，史稱明妃。於是有名的昭君和番、昭君出塞等故事，就在中國歷史上流傳了二千多年。

王嬙，一說字昭君；一說是在出嫁呼韓邪單于時，才被元帝賜以昭君公主。關於她的傳說非常多，最普遍的說法是她是今湖北省宜昌市秭歸人，因爲不肯賄賂宮廷畫師毛延壽，所以在入宮時被畫得很醜，而不被元帝所喜，所以入宮多年，始終沒有被皇帝選中。這一點《後漢書》是這麼記載的：「入宮數歲，不得見御，積悲怨。」

這時呼韓邪單于來請婚，王昭君左思右想，與其終老深宮，不如嫁給南匈奴單于，總也是個閼氏，這正應了中國傳統思維裡「寧爲雞首，莫爲牛後」的想法，所以自告奮勇願意嫁給呼韓邪單于。據史傳所載她是「請掖庭令求行」，可見她是自願的。傳說中王昭君辭別漢元帝時，元帝這才親眼見到王昭君的美貌，一時心中不免後悔，但君無戲言，只好忍痛讓王昭君出塞，於是許多傳奇故事就這樣衍生開來。

另外，只要提到昭君出塞，似乎昭君必得抱把琵琶，邊彈撥琵琶，邊細訴自己的不幸，最後元帝雖然看到她麗質天生，豔光照人，可惜已無法挽回。琵琶因此成爲王昭君離不開的配備。

唐朝詩聖杜甫也是這麼認爲，他

的〈詠懷古跡〉一詩中就提到王昭君跟琵琶：

> 群山萬壑赴荊門，生長明妃尚有村，
> 一去紫臺連朔漠，獨留青塚向黃昏。
> 畫圖省識春風面，環珮空歸月夜魂。
> 千載琵琶作胡語，分明怨恨曲中論。

就杜甫這首詩來看，王昭君似乎琵琶彈定了。但是事實似乎不是如此。首先要先了解什麼是琵琶，一般文獻所說的琵琶，大致是指半梨形的音箱，以薄桐木板蒙面，琴頸略向後彎曲，一般是四根弦。演奏的方式最初是橫抱，後來改爲豎抱，無論橫抱或豎抱，總是抱在胸前，彈奏時也由早先的撥子，後來改爲直接用手指彈撥。

這種形狀的琵琶，東漢劉熙在《釋名・釋樂器》中明白指出：「批把本出於胡中，馬上所鼓也。推手前曰批，引手卻曰把，象其鼓時，因以爲名也。」

這裡的批把，或作枇杷，都是琵琶，顯然是胡族語言的音譯。劉熙對琵琶的解釋爲「推手前曰批，引手卻曰把」，但在漢語中，無論「批」或「把」都沒有「推」或「引」的含

明代仇英（約一五〇五至約一五五二年）所繪的「琵琶行」。描繪唐代詩人白居易與琵琶女相逢故事。

義，所以這應該只是他的曲解和揣測。不過，劉熙的確是告訴後人，這種樂器出於胡中。

再進一步看北宋《太平御覽・卷五六七・樂部・樂志》，有下面這麼一段記載：「龜茲樂者，起自呂光滅龜茲國，得其樂，樂器有……琵琶……」

呂光是諸胡列國時代人，他在東晉太元十一年（西元三八六年）自立爲涼王，史稱後涼。上距王昭君嫁呼韓邪單于的漢元帝竟寧元年（西元前三十三年），已經四百多年，請問王昭君在出塞「和番」時，怎麼可能抱上四百多年後才出現於中原的琵琶？

琵琶雖然由呂光從西域帶回中原，但要讓琵琶流行，總要有一段時間。中國最盛行琵琶的時代應該是唐代，唐朝李嶠有一首〈琵琶〉也明白指出琵琶本出自胡族，這首詩是：

朱絲聞岱谷，鑠質本多端。
半月分弦出，叢花拂面安。
將軍曾制曲，司馬屢陪襯。
本是胡中樂，希君馬上彈。

至於唐詩詠琵琶的，可以說多到不可勝數，白居易的〈琵琶行〉更是膾炙人口，傳誦千古。這些雖是題外話，但是如果不提到還眞會以爲王昭君從長安出發到內蒙古草原時，一路上都彈著琵琶，唱著〈昭君怨〉呢！

呼韓邪單于娶得王昭君後，認爲跟西漢的關係又親密了一些，於是稱她爲寧胡閼氏。這時呼韓邪單于已經在位二十六年了，假設呼韓邪是二十五歲自立爲單于，這時已經是五十一、二歲的國君了，但王昭君可能只有二十歲出頭。

王昭君嫁呼韓邪單于後不久，生了一個兒子叫伊屠智牙師，封爲右日逐王。呼韓邪單于駕崩後，依照北方草原游牧民族傳統婚俗，王昭君又嫁給呼韓邪單于跟另一個閼氏所生的兒子，繼單于位的復株累若鞮單于，復株累若鞮的年齡可能比王昭君還大。不久，王昭君先後又生了兩個女兒，一個後來嫁給貴族須卜氏；另一個嫁給當于氏，所以在文獻記載的是須卜居次跟當于居次。所謂「居次」，原義是匈奴話女孩的意思，一直到今天，「居次」這個詞還保留在說突厥回紇話的各民族裡。

王昭君嫁到南匈奴後，生活如

何，是快樂還是哀怨？由於正史裡都沒有記載，不好揣測，不過歷來許多稗官野史、文人騷客，往往以想當然耳的心態，認爲王昭君必然哀怨非常，很可能漢元帝送別她的那一陣秋波令她懷念不已，所以終日以淚洗面。歷來作這種描述的文學作品不少，如宋代王安石的〈明妃曲〉，便是古代文人以己之心度她心最好的例子。

王昭君最後歿於南匈奴，她的墳墓在今內蒙古自治區首府呼和浩特舊城南二十餘里，相傳「地多白草，此塚獨青」，所以叫做「青塚」。但是張遐民所著《綏遠省志書概述》一書認爲：「殊非盡然，墓近黃河濱，遠望如山丘，黑河色青，兩岸泥濘。墓基周圍五百餘步，高二十丈，旁有步道，可拾級而上。上面寬平，面積有五丈餘。墓前及兩側多立碑碣，……塞外雖然黃沙遍地，但山林村舍，仍然黛綠橫空。立墓巔向北遙望，則爲橫亙紫塞之大青山。青山黑河相互掩映，煙霧濛濛，數十里隱約可見，因而稱爲『青塚』。」

「青塚」這個辭彙最晚唐代已經出現，因爲杜甫〈詠懷古跡〉一詩中已經有「獨留青塚向黃昏」這一句，可見「青塚」是流傳已久的辭彙。在七、八月間，青塚本身固然草色青翠，可是四周並非黃沙遍野，還是以《綏遠省志書概述》所描述的貼近實情，因爲這本書的作者本身就是研究綏遠的博學碩儒。不過文學的描述雖然有時偏離了史實或與地理實況脫節，但卻展現了哀怨淒美的情境。

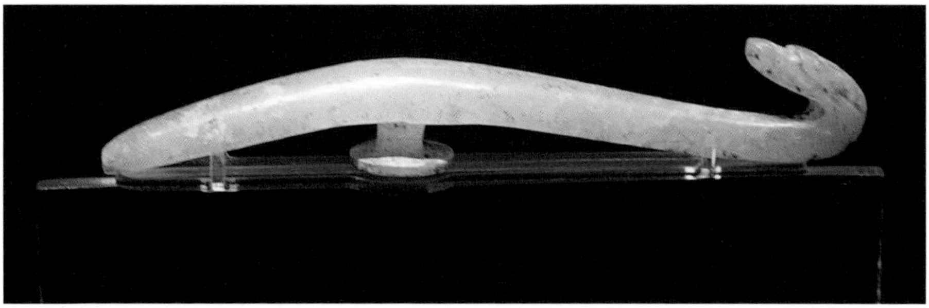

西漢玉器：龍首帶鉤

現藏於上海市博物館中國古代玉器館。

今內蒙古自治區呼和浩特的昭君墓，現為昭君博物館。

斗地之議

呼韓邪單于娶了王昭君之後，自認爲已經是西漢的女婿了，既然是女婿，就有義務爲丈人看守邊境，所以曾上書朝廷表示願意保護自上谷到敦煌一帶的西漢北方邊塞，而且世世代代都會這麼做，朝廷可以撤去北方邊塞的守軍，以節省兵力，與民休息。漢元帝認爲茲事體大，便交付有關官員研議，最後認爲國防無論平時或戰時都要做好，放棄北方邊防之議斷不可行。漢元帝把這個決定派使者告訴了呼韓邪單于，呼韓邪也承認自己的想法過於天眞。

呼韓邪單于過世後，由兒子雕陶莫皋即復株累若鞮單于繼位。據史傳所載「若鞮」在匈奴話裡是「孝」的意思，這是因爲呼韓邪單于見西漢歷代皇帝的諡號中都有「孝」字，所以自雕陶莫皋之後，南匈奴單于的稱號中都有「若鞮」這個詞。復株累若鞮單于六年（西漢成帝河平三年，西元前二十六年），他上書朝廷，表示明年要入朝賀漢成帝河平四年元旦，成帝當然應允，除了比照元帝竟寧年間賞賜呼韓邪單于的往例外，更加賞錦繡繒帛二萬匹，絮二萬斤。

復株累若鞮單于在位十二年，崩於漢成帝鴻嘉元年（西元前二十年），之後由他弟弟且麋胥嗣立，稱搜諧若鞮單于，在位九年。在第九年時，原預計要入塞（指長城）朝見漢天子，但還沒入塞就駕崩了，這時是漢成帝元延元年（西元前十二年）。

總計自呼韓邪單于決定附漢的漢宣帝甘露二年（西元前五十二年），到搜諧若鞮單于卒的成帝元延元年（西元前十二年），前後四十一年，南匈奴和西漢可以說是沒有任何戰事，再加上漠南地區水草豐美，南匈奴人民得以休養生息，牲口也大量繁殖，大大提升了南匈奴的國力，隱隱然又成爲塞外強國。

搜諧若鞮單于卒後，由弟弟且莫

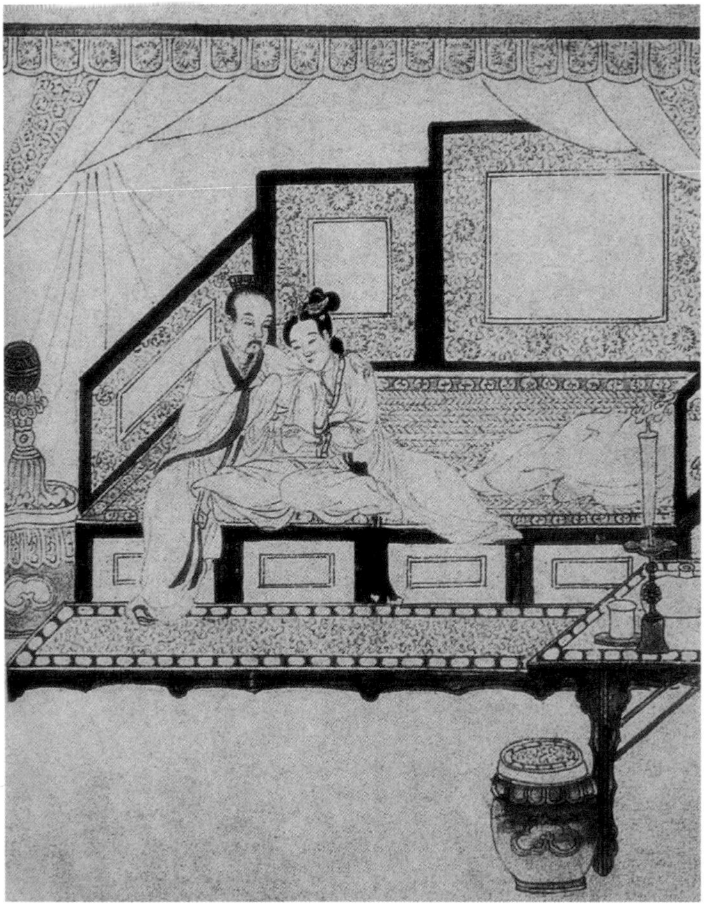

《漢宮春曉圖》

明代尤求繪。描繪西漢歌舞伎趙飛燕被漢成帝寵幸的情景。趙飛燕原名宜主，是漢成帝的皇后和漢哀帝時的皇太后，身姿輕盈舞藝高超，和唐代的楊貴妃並稱為「燕瘦環肥」。

車嗣立，稱車牙若鞮單于，車牙若鞮派遣兒子右於涂仇撣王烏夷當入侍西漢。五年後，車牙若鞮單于崩，時爲西漢成帝綏和元年（西元前八年），單于位也由他弟弟囊知牙斯嗣立，稱烏珠留若鞮單于，匈漢仍然處於和平相處狀況。這時的西漢，朝中大權已漸由王莽把持，也就在這一年，西漢派中郎將夏侯藩、副校尉韓容出使南匈奴。

原來漢、匈之間的邊界線並不是一條直線，有一塊屬於南匈奴但是卻伸入漢地，當時稱爲「斗地」，在張掖郡。斗地生長一種木材，可以製成箭桿。當時有人爲了討好當權的王莽家族大家長，也就是漢成帝的舅舅大司馬驃騎將軍王根，就向王根建議如果能得到這塊斗地，對國家有很大的助益，也可以凸顯驃騎將軍的豐功偉業。王根不學無術，好大喜功，認爲這是一個彰顯自己重要性的好機會，便向漢成帝稟告此事。成帝也認爲這個斗地對西漢的「軍事能力」有益，也想向烏珠留若鞮單于索要這塊地，可是又擔心如果南匈奴不答應，在面子上豈不是很難看。

結果漢廷還在猶豫之間，王根就自作主張交代要出使南匈奴的夏侯藩向南匈奴單于索取這塊地。

匈奴人都知道，當初冒頓單于捨得把寶馬、美人送給東胡，可是對於沒人居住的甌脫則絕對不肯割讓，所以對烏珠留若鞮單于來說，土地當然是國家的根本，不過當時西漢的國勢仍然比較強大，烏珠留若鞮單于不好一口回絕，只是迂迴反問說這是皇帝的意思呢？還是使者你的意思呢？夏侯藩回答：「皇帝也有這個意思，但我是爲單于你著想，也是爲你好，所以才提出，如果你能主動提出獻地，皇帝必有極大的回報。」單于只好說：「這塊地是溫偶餘王跟他的人民居住，詳細地理位置都不清楚，待我派人實地了解後，再作決定。」烏珠留若鞮單于處事相當穩重。夏侯藩、韓容的請求不得要領，只好先行回去。

不久這兩個人又到南匈奴境內，而且這次一開口就直接要地。話既然說白了，單于也就直截了當地說：「我父子兄弟傳了五代，西漢都不曾向我們匈奴要這塊地，到我作單于時，卻向我要地，這是什麼原因呢？而且我問過溫偶餘王，他說我們匈奴西邊各王跟他們人民建帳幕，做車子，都依靠這塊地上的木材。況且土地乃是祖先留下來的，不敢失去啊！」夏侯藩得不到斗地，只好怏怏而回。

烏珠留若鞮單于也立刻派遣使者，向漢成帝說明夏侯藩索要土地的經過情形。漢成帝見事情似乎鬧大了，只好致書單于說：「夏侯藩擅自矯詔向單于要那塊斗地，依法應當處死的，恰好遇到國家二次大赦，現在已經把他貶到濟南（今山東省省會）作太守，不再讓他處理任何有關匈奴的事務。」

這件事情最後就在漢成帝致書南匈奴單于下結束，表面上看來似乎風平浪靜，但事實上已在漢、匈友好和睦的關係中，蒙上了一層陰影。

哀帝建平四年（烏珠留若鞮單于六年，西元前三年），烏珠留若鞮單于上書想要到長安來朝賀建平五年元

上林苑馴獸圖（局部）

西漢晚期磚質彩繪壁畫，縱三七．五公分，橫二四〇．公分，一九二五年發現於河南省洛陽市。圖中三人，右邊一人右手執斧，左手握鞭，正在馴獸；左邊穿白衣者似馴獸表演的小丑；著紅衣的官吏側首看著前方。

旦，這時正好漢哀帝生病，朝廷大臣稟報說：「匈奴從北方南下，從五行陰陽上看，像是從上壓下。何況從宣帝黃龍年間、元帝竟寧年間，匈奴單于來朝漢天子，我們西漢都會發生重大事故。」漢哀帝一聽就怕了，詢問眾公卿大臣的意思。這些公卿大臣認爲南匈奴單于每次來朝，漢廷都要賞賜許多物品，實在是有點浪費公帑，因此可以拒絕單于來朝賀明年元旦，最後西漢就把拒絕單于來朝的意思回覆給南匈奴使者。

在南匈奴使者即將北返前，黃門郎楊（或作「揚」）雄上了一篇很長的諫書，認爲萬萬不可拒絕單于來朝。楊雄說的道理讓人心悅誠服，於是漢廷又追回南匈奴使者，請使者轉告單于，同意他來年元旦至長安朝賀。結果當年卻因烏珠留若鞮單于生病，無法成行，又遣使至漢，表示將延後一年再來朝賀。

隔年（哀帝元壽二年，西元前一年）烏珠留若鞮單于朝漢，朝廷以當年恰逢太歲，怕有不利而挽拒，但是單于人已經來了，結果不知道是誰出的主意，竟將烏珠留若鞮單于安置在供皇帝打獵遊樂的上林苑蒲陶宮。然後又畫蛇添足地派人告訴烏珠留若鞮單于，說會這樣安排是因爲特別敬重他。烏珠留若鞮單于眼見有異於以往成例，心想必有原因，心裡自是不悅。

南匈奴此次來朝，西漢除依往例賞賜外，再加送衣三百七十件、錦繡繒帛三萬匹、絮三萬斤。但自呼韓邪單于附漢以來，匈漢之間幾十年的和睦關係即將毀於一旦，而南匈奴在這沒有戰爭的幾十年間，國力大增，漢匈之間已經埋下了不安定的隱憂。

楊雄詔書引錄

臣聞《六經》之治，貴於未亂；兵家之勝，貴於未戰。二者皆微，然而大事之本，不可不察也。今單于上書求朝，國家不許而辭之，臣愚以為漢與匈奴從此隙矣。本北地之狄，五帝所不能臣，三王所不能制，其不可使隙甚明。臣不敢遠稱，請引秦以來明之。

以秦始皇之強，蒙恬之威，帶甲四十餘萬，然不敢窺西河，乃築長城以界之。會漢初興，以高祖之威靈，三十萬眾困於平城，士或七日不食。時奇譎之士石畫之臣甚眾，卒其所以脱者，世莫得而言也。又高皇后嘗忿匈奴，群臣庭議，樊噲請以十萬眾橫行匈奴中，季布曰：「噲可斬也，妄阿順指！」於是大臣權書遺之，然後匈奴之結解，中國之憂平。及孝文時，匈奴侵暴北邊，候騎至雍甘泉，京師大駭，發三將軍屯細柳、棘門、霸上以備之，數月乃罷。孝武即位，設馬邑之權，欲誘匈奴，使韓安國將三十萬眾徼於便地，匈奴覺之而去，徒費財勞師，一虜不可得見，況單于之面乎！其後深惟社稷之計，規恢萬載之策，乃大興師數十萬，使衛青、霍去病操兵，前後十餘年。於是浮西河，絕大幕，破寘顏，襲王庭，窮極其地，追奔逐北，封狼居胥山，禪於姑衍，以臨瀚海，虜名王貴人以百數。自是之後，匈奴震怖，益求和親，然而未肯稱臣也。

且夫前世豈樂傾無量之費，役無罪之人，快心於狼望之北哉？以為不一勞者不久佚，不暫費者不永寧，是以忍百萬之師以摧餓虎之喙，運府庫之財填盧山之壑而不悔也。至本始之初，匈奴有桀心，欲掠烏孫，侵公主，乃發五將之師十五萬騎獵其南，而長羅侯以烏孫五萬騎震其西，皆至質而還。時鮮有所獲，徒奮揚威武，明漢兵若雷風耳。雖空行空反，尚誅兩將軍。故北狄不服，中國未得高枕安寢也。逮至元康、神爵之間，大化神明，鴻恩溥洽，而匈奴內亂，五單于爭立，日逐、呼韓邪攜國歸化，扶伏稱臣，然尚羈縻之，計不顓制。自此之後，欲朝者不距，不欲者不強。何者？外國天性忿鷙，形容魁健，負力怙氣，難化以善，易隸以惡，其強難詘，其和難得。故未服之時，勞師遠攻，傾國殫貨，伏屍流血，破堅拔敵，如彼之難也；既服之後，尉薦撫循，交接賂遺，威儀俯仰，如此之備也。往時嘗屠大宛之城，蹈烏桓之壘，探姑繒之壁，藉蕩姐之場，艾朝鮮之旃，拔兩越之旗，近不過旬月之役，遠不離二時之勞，固已犁其庭，掃其閭，郡縣而置之，雲徹席捲，後無餘災。唯北狄為不然，真中國之堅敵也。三垂比之懸矣，前世重之慈甚，未易可輕也。

今單于歸義，懷款誠之心，欲離其庭，陳見於前，此乃上世之遺策，神靈之所想望，國家雖費，不得已者也。奈何距以來厭之辭，疏以無日之期，消往昔之恩，開將來之隙！夫款而隙之，使有恨心，負前言，緣往辭，歸怨於漢，因以自絕，終無北面之心，威之不可，諭之不能，焉得不為大憂乎！夫明者視於無形，聰者聽於無聲，誠先於未然，即蒙恬、樊噲不復施，棘門、細柳不復備，馬邑之策安所設，衛、霍之功何得用，五將之威安所震？不然，一有隙之後，雖智者勞心於內，辯者轂擊於外，猶不若未然之時也。且往者圖西域，制車師，置城郭都護三十六國，費歲以大萬計者，豈為康居、烏孫能逾白龍堆而寇西邊哉？乃以制匈奴也。夫百年勞之，一日失之，費十而愛一，臣竊為國不安也。唯陛下少留意於未亂未戰，以遏邊萌之禍。

第九章 東漢與匈奴

新莽的匈奴政策

西漢自成帝後，大權漸落入外戚王莽手中。王莽熟讀經史，但卻迂腐不堪，而且善於做作，爲人極其虛僞，在沒有得到絕對權力時，總是謙虛待人，尤其是對讀書人更是如此。王莽在一開始獲得權力，把持朝政時，仍然禮賢下士，加上他本人又飽讀經史，所以當時的知識分子對他都是佩服得五體投地。有一回王莽辭官回家，就有三萬太學生齊聚宮闕，高呼：「如莽不出，奈天下蒼生何？」可見王莽篡漢前，在民間擁有極高的聲望。

漢哀帝初繼位時（約西元前七年），王莽曾矯飾避位，後來是因爲太學生的呼籲，他才在哀帝元壽元年（西元前二年）復出，爲大司馬且領尚書事，總攬朝政。漢平帝元始二年（烏珠留若鞮單于十年，西元二年）時，西漢朝中已無人可和王莽的力量抗衡。王莽傳話給匈奴烏珠留若鞮單于，要王昭君的女兒須卜居次入侍太后，當時王莽聲望正隆，單于只好照辦，須卜居次到長安後，朝廷也給了她許多賞賜。不過如果從年齡上推測，這時須卜居次應該已經是二十幾歲了，從姓氏上更可知，她已經嫁給姓須卜的人，也就是說，她應該是有兒有女了，但在王莽的一聲令下，須卜居次這個已有家小的匈奴公主，也只能千里迢迢到長安入侍西漢太后。

同樣也是在漢平帝元始二年，漢戊己校尉徐普計畫開闢一條新道路，直通玉門關（今甘肅省敦煌市西北），但此路會影響到西域車師後王國（漢宣帝元康四年，即西元前六十二年，車師分裂爲前、後王國，前王國親匈；後王國親漢。）的疆域，車師後王認爲這條路若只供西漢使用，對自己的國家而言將會大不利。徐普於是召來車師後王姑句，以劃分兩國疆界，然後上報朝廷，可是姑句認爲劃界乃是大事，豈可如此草率，所以沒有答應，徐普竟然想扣留姑句。姑句的妻子股紫陬對姑句說：「之前車師前王被漢都護司馬所殺，現在又想扣留你，口子一久，一定也會被殺，不如投奔匈奴以求自保。」於是車師後王就率騎過高昌壁（今新疆維吾爾自治區吐魯番東）投奔南匈奴。

另外，西域的婼羌國（今新疆維吾爾自治區巴音

東漢時期的墓壁畫，主題為祝壽升仙圖，出土於遼寧省。

王莽像（西元前四十五年至西元二十三年），西元八年建立短命的新朝。

郭楞蒙古自治州若羌縣）常跟另一游牧民族赤水羌作戰，婼羌國經常戰敗，國王唐兜曾多次向西漢西域都護但欽告急，但欽卻都按兵不動，並未加以援救。唐兜被圍困急了，想向東入玉門關，玉門關守將也拒不開門，唐兜只好帶領妻子、人民一千多人投奔南匈奴。

車師和婼羌投奔至南匈奴後，烏珠留若鞮單于也都收留，並且把這兩批人馬配屬左右蠡王，同時也把經過情形向西漢朝廷報告。

西漢接到南匈奴單于的報告後，就派中郎將韓隆、王昌、副校尉甄阜、侍中謁者帛敞、長水校尉王歙等人爲使到南匈奴，責備南匈奴說：「西域已經歸附西漢，匈奴不該接受他們的投靠，現在就將他們放回去。」

烏珠留若鞮單于也不示弱，他回說：「漢宣帝、元帝時，爲了體恤南匈奴，特別規定自長城以南歸天子所有；長城以北則屬南匈奴管轄，雙方互不侵犯，如果有越界前來投降，都不能接受。我的父親呼韓邪單于蒙大漢重恩，臨終遺言交代：『如果有人從中國來降，不能接受，要把來降者送到長城關卡，以報西漢恩德。』現在西域人來投降，這是外圍，不在前述規定之內，是可以接受的。」

這段話說得鏗鏘有力，漢使幾乎無法反駁，只好以西漢有恩於呼韓邪單于來壓南匈奴。漢使說：「當年匈奴五單于分立，骨肉相殘，幾乎亡國滅種，端賴中國伸出援手，你們才得以繼續生存。你們應該知恩圖報

車馬出行圖
河南省洛陽市出土的西漢古墓壁畫，原發掘於洛陽城西北，後移至王城公園內復原保存，為西漢中期產物。

啊！」

漢使以挾恩求報的方式，多少有失厚道，可是烏珠留若鞮單于畢竟是草原游牧民族，比較豪邁直爽，結果還是把姑句、唐兜這兩個人交給漢使。從這件事來看，當時南匈奴似乎還不知道西漢已經是金玉其外，敗絮其中了。

烏珠留若鞮單于遣使者送韓隆等人返回中原，並上書請西漢赦免他收留西域人姑句、唐兜的罪，這原是給西漢做面子的。睿智的當權者應該赦免單于的過失，還應該嘉勉他把姑句、唐兜交給漢使帶回。對於姑句、唐兜這兩個西域小國的王，如果朝廷實力還夠，多半會派兵護送他們回國，協助他們把敵人趕走；如果朝廷實力不夠，或者不想多事，就會把這兩位西域小國王留在長安，給予官位，讓他們倚靠俸祿過日子，以顯示中原王朝的氣度。

可是王莽卻不是這麼做，他將姑句、唐兜兩人帶到中國和西域交界之處後，召集西域各綠洲國家國王至此，然後在眾多軍隊之前，當眾斬首了這兩個人，用以警戒各西域國家。王莽這種作法不僅使西域各國離心離德，也讓南匈奴面子盡失。

更有甚者，王莽還進一步規定以下四種情形，匈奴都不得接受：一、中國人逃入南匈奴者；二、烏孫人逃入南匈奴者；三、西域各綠洲國家已歸順中國，而中國也頒給印信者；四、烏桓人。

王莽頒了這四項限制，還覺得不夠，又派中郎將王駿、王昌、副校尉甄阜、王尋等出使南匈奴，除了頒發上面所規定的四項限制外，還要求取回漢宣帝時，西漢給呼韓邪單于那封「長城之南天子有之，長城之北單于有之……」近似協定的函件。擺明要推翻漢宣帝時跟南匈奴的協議。

另外，異想天開的王莽認爲當時中國人都是單名，不許有兩個字的名字，於是又傳話給烏珠留若鞮單于，如果單于仰慕中國的習俗，應改爲單名，一定有重賞。但匈奴的語言基本上是複音節，不會有「單名」這種名字。但或許是看在重賞的分上，烏珠留若鞮單于並不在意，他上書給西漢說：「有幸成爲西漢的藩屬，當然願意跟西漢共享太平盛世，我本來名叫囊知牙斯，現在爲了仰慕中國文化，改名爲知。」這下王莽大悅，果然給了南匈奴許多賞賜。其實單于只有在給西漢上書時，才用「知」這個名，在匈奴國內仍然以囊知牙斯爲名。

西漢頒了四項規定後，又讓烏桓使者告訴烏桓人民，自今之後可以不必向南匈奴繳皮布稅，但南匈奴認爲這是行之有年的慣例，所以仍然派使者到烏桓收取皮布稅，也有許多南匈奴婦女追隨使者想交換物品，可是烏桓酋長告訴匈奴使者說：「奉了漢天

新朝貨幣

左為布幣，面上鑄有「新朝」字樣；右為「一刀平五千」的錯金刀幣。這類貨幣是王莽建立新朝後統一度量衡的產物。

子詔條，不必再向匈奴納稅了。」南匈奴使者大怒，就把烏桓酋長抓起來捆縛倒吊在樹上。酋長兄弟見狀也怒不可遏，糾集許多烏桓人把南匈奴使者及隨行官員全殺了，並且將隨同前來的南匈奴婦女、牛羊牲畜都抓了回去。

消息傳回南匈奴後，烏珠留若鞮單于當然無法忍受，於是就發動左賢王的兵馬殺向烏桓。烏桓人民不敵，或逃向山上，或向東逃到長城。南匈奴俘虜了許多烏桓人後，通知烏桓人想讓這些人回家，就拿皮布來贖。這次烏桓跟南匈奴的糾紛，又是王莽無事生非惹出來的，而且加深南匈奴和西漢的裂痕，只要有適當的機會，南匈奴必然會反彈。

西漢的辟疆印，現藏於上海市博物館的中國歷代印章館。

西漢孺子嬰初始元年（烏珠留若鞮單于十七年，西元九年），王莽篡西漢，改國號爲新，建元爲始建國。王莽既食古不化，卻又要標新立異，他當皇帝後，不願再延續以往西漢對南匈奴的措施，因而進一步破壞了雙方之間的和睦關係。

原來呼韓邪單于歸附西漢時，西漢曾頒一枚印章給呼韓邪單于，印章刻的是「匈奴單于璽」。在中國文化裡，對於印章是很講究的，「璽」是帝王專用的印章；「印」是指政府正式官員或政府機關所用的印章，一般非正式的機關用的稱「關防」；百姓所用的叫「私章」或「戳記」，在古代宗法社會裡這是很重要的一種規定，絕不容許出錯。西漢頒給呼韓邪單于的印章稱璽，證明西漢承認單于是南匈奴的皇帝。因此這一顆「匈奴單于璽」就從呼韓邪單于一路傳到烏珠留若鞮單于，已經傳了四個單于。

可是王莽當了皇帝之後，於始建國二年（烏珠留若鞮單于十八年，西元十年），派五威將王駿率甄阜、王颯、陳饒、帛敞及丁業等六人爲使，送給烏珠留若鞮單于許多金帛，告訴單于，中原王朝已由王莽取代了西漢王朝，所以要更換給單于的金印，新

從瓦當中「單于天降」一詞，可看出匈奴人對天的崇拜。

的印文是「新匈奴單于章」。使者把新的印頒給單于，同時要單于交回舊印。烏珠留若鞮單于正準備交出舊印時，南匈奴左姑夕侯蘇在旁提醒，沒有看到新印前，請單于暫緩交出舊印，這下烏珠留若鞮單于警覺了，沒有交出舊印，而是請使者在帳蓬中飲酒。不久後，五威將王駿又催促單于將舊印交出，左姑夕侯蘇仍然提醒單于，在沒見到新印文前，且慢交出舊印。但烏珠留若鞮單于認爲印文不會變更，於是就把舊印給了王駿。

王駿當時並沒有解開包裹新印的布綬，只是繼續跟單于喝酒，一直到深夜才回到住處。這時陳饒說：「剛才南匈奴左姑夕侯蘇懷疑新印的印文，幾乎不肯把舊印交出。現在他們一定在查看新印，發現印文不對，肯定會來討回舊印，那時我將何辭以對。如果將舊印還他，那是有辱使命。不如現在把舊印砍掉一角，以絕禍根。」其他幾位使者還在猶豫時，陳饒這個燕（今河北省）人，勇猛而果決，當下就拿出斧頭把舊印璽給砍壞了。

隔天，烏珠留若鞮單于果然派右骨都侯來問五威將王駿，說：「西漢時所頒的稱璽不稱印，而且又沒有漢字；據漢人習慣，王侯以下印上有『漢』字，而且稱『章』，現在新頒的印沒有『璽』字，而用『章』字，這麼一來簡直把我們匈奴視同臣子，還是把舊的印還給我們吧！」漢使就把已被砍破的舊印拿出來，並且說：「新王朝應天而立，單于應該順天受命，接受新朝的任命跟制度。」右骨都侯返回覆命，單于到這時也無可奈何了，且見漢使又帶來大量金帛，也只好接受了，於是就命弟弟右賢王輿帶了些牛、馬，隨五威將王駿等人到長安向王莽致謝。

從這件事可以看到王莽食古不化而又妄自尊大，原來西漢所頒的「匈奴單于璽」，並沒有「漢」字，卻能維持漢人、南匈奴民族幾十年的和睦相處，雙方都得到極大的好處。即使改朝換代由「漢」到「新」，原來的印還是可以用的，縱然爲了宣示「新」朝的來臨，大可另刻一顆同樣印文的金印就成了，何必硬要在印文上加一「新」字，又把「璽」字改爲「章」字，這兩個字所彰顯的不過是虛榮罷了，難道這一點虛榮心會比兩個民族的和平更重要嗎？

新朝使者王駿等一行人在返回長安，途經南匈奴左犁汗王所駐牧的地區時，看到之前南匈奴所俘虜來的一些烏桓人，就問這些烏桓人怎麼來的，左犁汗王老實地把來龍去脈說了出來。王駿則認爲新頒的四條規定已載明不得接受烏桓人來降，應該立刻把他們放了，左犁汗王不敢決定，要呈報單于。直到這個時候，南匈奴單于對中原王朝還是相當恭順，同意放人，雙方幾經商量，就在左賢王轄地把烏桓人放了。

自主派與親漢派

從王莽當權以來，對南匈奴的許多措施都不太恰當，這一連串的不恰當，南匈奴烏珠留若鞮單于幾乎都很恭順的接受了，其中除了沒有把斗地割讓之外，都順從了西漢或新朝的意願。但是並非所有南匈奴貴族都是這麼恭順，因爲南匈奴內部也有親漢派跟自主派在角力，只是這段時間親漢派占了上風而已。

說到匈奴內部親漢派，不能不提到王昭君。王昭君再嫁給復株累若鞮單于之後，又生了兩個女兒，

銅卡尺

此為新朝建立後，王莽變法改制時製作的銅卡尺，長十四．二二公分，分固定尺和活動尺兩部分，尺的正面刻有寸、分等刻度，背面刻「始建國元年」（西元九年）等銘文，是迄今世界上發現最早的游標卡尺，比西方科學家製成的游標卡尺早一千七百多年。

其中一個叫雲，後來嫁給匈奴貴族須卜當，官拜匈奴右骨都侯，所以在漢文史料中記載這個女兒爲須卜居次或者爲須卜居次雲。右骨都侯須卜當是親漢的，雖然王莽之前一連串不妥當的措施，但在須卜當的勸解下，烏珠留若鞮單于都接受繼續跟西漢或新朝維持和平友好關係。但是在南匈奴內部自然有一些貴族認爲維持匈奴民族的自主性跟尊嚴更重要，反對過度向中原漢人輸誠。在兩派角力中，起初由於西漢的大方贈送物資，以及尊重匈奴單于的地位（如頒發「匈奴單于璽」，視單于如皇帝），所以親漢派占了上風，但是由於王莽當權後一連串不適當措施，讓自主派有了反擊的機會。

就在這時，烏珠留若鞮單于駕崩（新王莽始建國五年，西元十三年），由跟須卜氏關係良好的右犁汗王咸繼立爲烏累若鞮單于，須卜當還力勸他跟王莽和親，希望透過跟新朝的和親，維持匈、漢人民的和平。這次和親雖然成功了，但是王莽後續一連串錯誤措施，使親漢派失去了著力點，而讓自主派有了抬頭的機會。

王莽總認爲中原王朝的威嚴，要絕對凌駕四周民族之上，所以在篡漢後，爲了立威，曾經募兵三十萬，派遣了

農耕圖壁畫

西漢末年的黃河和長江流域農業發達區，牛耕技術出現更大的改革，發展出二牛一人式耕作方法，一直沿用到現代。

十二員大將，計畫徹底擊潰南匈奴，然後將南匈奴分爲十五部，更預備將稽侯珊呼韓邪單于的十五個子孫都立爲單于，以分散匈奴的力量。於是王莽派人到雲中（今內蒙古自治區呼和浩特市托克托縣）塞下，有意把匈奴右犁汗王咸父子騙到塞內，然後以威脅利誘的手段，強封右犁汗王咸爲孝單于，他的兒子助也強封之爲順單于，助過世後，又以另一個兒子登爲單于。

王莽如此這般倒行逆施，不論是南匈奴單于或南匈奴人民，都感到不滿。當時的南匈奴單于可能覺得自己力量還太薄弱，勉強忍了下來，可是心中的不滿顯然是愈累積愈多。沒想到王莽爲了滿足自己的虛榮心，居然又把「匈奴」改爲「恭奴」；把「單于」改爲「善于」。更糟的是，王莽居然以武力把須卜當夫妻強架到長安，然後也脅迫須卜當作單于，並且預計派大兵護送須卜當回匈奴就單于位。試問在這種情況下，匈漢間還有和平可言嗎？

南匈奴懷著滿腔怨憤，尋找適當時機發作。之前提到，南匈奴曾俘獲三千多個烏桓人，五威將王駿要匈奴放了這些烏桓人，幾經商量後，南匈奴決定在塞外釋放。南匈奴單于因此派右大且渠蒲呼盧訾等將兵萬騎，以護送烏桓人爲名，勒兵朔方（今內蒙古自治區伊克昭盟北境）塞下，朔方太守立刻奏報朝廷。王莽就以廣新公甄豐爲右伯率大軍出西域，可能是想從西邊包抄南匈奴，只是大軍需要經過車師後王國。車師後王國國王須置離得到消息，擔心車師後王國沒辦法供應大軍過境所需要的糧草，就準備逃入南匈奴。當時新朝派駐西域都護的但欽得知這消息，就召須置離見面，並且把他殺了，須置離的兄長輔國侯狐蘭支聞訊後，就率領車師後王國的二千兵馬投降南匈奴。

這時西域各綠洲國家都已經不滿新朝的作爲，新朝所派西域戊己校尉刁護病還是忠於職守，但是他的文書官（時稱之爲史）陳良、終帶，以及校尉司馬的屬員（時稱爲丞）韓玄、右曲候任商等人密謀，認爲西域各國大都想要叛離中原王朝，如果南匈奴大舉來伐，就只有死路一條，不如殺了校尉刁護病，然後率領人馬投降南匈奴。謀定而後動，這些人就把刁護病父子、兄弟跟有關人員都殺死了，帶了二千多人投降了南匈奴。南匈奴也不虧待這些來降的漢人，封陳良、終帶等人爲烏賁都尉（《漢書》作烏桓都將軍，今從《資治通鑑》），留在單于庭。並把韓玄、任商留在南匈奴南將軍所，他們帶來的人馬則分配到零吾水（今不詳）一帶務農。

王莽的倒行逆施已經令新朝開始嘗到苦果了，從此南匈奴又經常侵入中國北邊。這時王莽還不自我檢討，竟然運了大批穀帛到北方邊疆，準備派軍出擊匈奴。當時不只北方邊疆不安寧，中原內地也到處都有人民起兵反抗新莽，結果攻打南匈奴的大軍尚未出發，王莽自己就被反抗軍殺死了，這時是地皇四年（西元二十三年）。

自呼韓邪單于附漢以來，匈、漢雙方維持了五十幾年的和平，經過王莽攪局之後，又走向戰爭，使匈漢民族融合向後推遲了好幾百年。

以夷制夷

新朝末年，天下大亂，盜賊四處割地稱雄，後來由劉玄初步統一了天下，號稱更始。更始二年（西元二十四年），劉玄遣使南匈奴，頒給南匈奴單于西漢舊制的印璽，另頒單于以下王侯印綬，並且把客死長安的須卜當、須卜居次雲的骸骨、親屬、隨從等送回匈奴，希望這些帶有善意的措施能彌補王莽所造成匈漢間的裂痕，恢復之前雙方和睦友好的關係。

然而南匈奴此時的單于呼都而尸道皋若鞮，藉口漢人反抗王莽統治的過程中，南匈奴也曾出兵攻擊王莽，在推翻王莽這件大事上，南匈奴也有出力，所以要劉玄尊重南匈奴。南匈奴單于對更始所派的使者陳尊、劉颯說：「匈奴跟西漢本爲兄弟之邦，後來匈奴內亂，五單于分立，漢宣帝輔助呼韓邪單于，所以匈奴向漢稱臣。現在漢地也大亂，被王莽所篡，匈奴也曾出兵攻擊王莽，終於擊敗王莽，復興漢室。在推翻王莽的過程中，我匈奴也曾出力，所以你們要尊重我（匈奴）。」這一番話說得並非沒有道理，只是誇大了些，因此雙方關係並沒有獲得改善。

之後中原由劉秀統一，是爲光武帝，他仍以漢爲國號，史稱東漢。東漢初建，忙於整頓內部，當然無力處理邊疆地區的問題，而匈奴自呼韓邪單于附漢之後，五十多年沒有戰爭，無論人民、牲畜都大為增加，國力增強許多。

在此消彼長的情況下，匈奴眼見東漢正忙於安內，根本無力攘外，於是又開始騷擾漢地，掠奪物資及人口，對東漢造成極大壓力。

東漢光武帝建武五年（呼都而尸道皋若鞮單于十二年，西元二十九年），東漢派郭伋為漁陽太守，郭伋深知國家承離亂之餘，應該以養民訓練兵丁為務，建立威信，肅清盜賊，只要境內安定，外患南匈奴也就不敢近邊騷擾。果然在郭伋五年的太守任內，匈奴都不敢進入漁陽，漁陽人口因而倍增。

只是隔年，南匈奴跟安定郡三水縣（今寧夏回族自治區固原縣）地方割據勢力盧芳勾結，並封盧芳為「漢帝」。在南匈奴支持下，盧芳控制了五原（今內蒙古自治區包頭市西南）、朔方、雲中、定襄及雁門等五郡，具有一定的聲勢。原來只有漢人善於玩「以夷制夷」的把戲，沒想到現在匈奴也玩起了「以漢制漢」的把戲，而且玩得甚為出色。

盧芳冒稱劉文伯，在淮陽王更始後期結合三水羌人，自稱上將軍、西平王，並派使與南匈奴、西羌和親，更表示願依附南匈奴。所以呼都而尸道皋若鞮單于以為：「漢朝王室中絕

漢光武帝劉秀（西元前六年至西元五十七年），字文叔，南陽蔡陽（今湖北省棗陽）人，為東漢王朝的開國皇帝，在位三十三年，廟號世祖，諡光武帝。

了，現在劉文伯來歸附我匈奴，我將跟早年西漢輔立呼韓邪那樣擁立他，我要他尊敬我。」於是南匈奴和盧芳不時侵入東漢北境，從事掠奪，東漢卻拿他們毫無辦法。

雖然如此，東漢跟南匈奴在這種情形下，還是有使者往返，只是南匈奴單于態度相當傲慢，吃定了東漢奈何不了他。然而東漢光武帝仍一如往常以禮對待匈奴使者，這是「國際」形勢使然。但也唯有如此，才迫使東漢光武帝加緊腳步整頓國內事務。

東漢光武帝建武十五年（呼都而尸道皋若鞮單于二十二年，西元三十九年），南匈奴又南下掠奪東漢邊境。邊郡官吏無力抵擋，光武帝於是派吳漢率馬成、馬武等人，大軍北擊匈奴，可見東漢已經開始從消極的防禦轉向積極的攻擊了。

同年冬，「漢帝」盧芳又在南匈奴支持下入侵高柳（今山西省陽高縣西北），東漢派揚武將軍馬成修繕各處關塞，十里一候，以防備南匈奴。馬成派騎都尉張堪率兵在高柳擊敗了南匈奴，於是東漢以張堪爲漁陽太守。張堪整軍經武固守漁陽，八年之間匈奴不敢犯塞。

東漢朝廷也知道南匈奴手裡抓了一個「漢帝」盧芳，對沿邊各郡漢人多少還是會有些作用，爲了釜底抽薪，於是以高官厚祿爲餌招降盧芳。匈奴呼都而尸道皋若鞮單于原想只要盧芳假意降漢，南匈奴可照領東漢賞賜。只是盧芳覺得在南匈奴卵翼下的「兒皇帝」並不好當，既然東漢朝廷許以高官厚祿，儘管單于只想他假降，他卻假戲眞做，眞心降了東漢。東漢封他爲代王，並以他的手下閔堪爲代相。盧芳既是眞降漢，原來許諾賞給南匈奴的禮物自然就免了。這下呼都而尸道皋若鞮單于賠了夫人又折兵，心裡自是悔恨不已，於是大肆入侵。時爲建武十七年（呼都而尸道皋若鞮單于二十四年，西元四十一年）。

盧芳雖然眞心降漢，但內心恐懼朝廷對他有所猜忌，自古降臣降將都會有這種矛盾的心理。建武十八年（呼都而尸道皋若鞮單于二十五年，西元四十二年），盧芳又反東漢，可是部下閔堪不同意他這樣出爾反爾，兩個人兵戎相見，打殺了幾個月還是難分勝負。南匈奴得知消息，就派兵來迎盧芳，盧芳又回到南匈奴，十幾年後在南匈奴過世。

此後南匈奴一直騷擾沿邊各郡。後來馬援自告奮勇想出擊南匈奴，東漢就讓他在襄國（今河北省刑台市邢台縣西南）屯田，以備匈奴。

建武二十一年（呼都而尸道皋若鞮單于二十八年，西元四十五年），匈奴跟烏桓、鮮卑聯兵寇東漢邊郡，馬援雖率軍抵抗，但是無功而還。同年冬，南匈奴又寇上谷、中山（今河北省西北部），東漢無力抵抗，只能任憑南匈奴飽掠而去。

隔年，呼都而尸道皋若鞮單于駕崩，總計在位二十九年。之後的單于位由兒子左賢王烏達鞮侯嗣立。但烏達鞮侯不久即過世，單于位由他的弟弟左賢王蒲奴嗣立。

單于蒲奴嗣立之年（建武二十二年，西元四十六年），氣候反常，旱災以及蝗害頻傳，原來就缺少農作物的草原更是赤地千里，牛羊沒草可吃，多半飢餓而死；人沒有牛羊可吃，死傷也達過半。蒲奴單于這下慌了，又怕東漢趁機來襲，於是就派使者到東漢請和親，東漢也派使者中郎將李茂出使南匈奴。但有沒有答應和親，史傳沒有記載。

南北匈奴再度分裂

單于浦奴嗣立的同一年，烏桓見

持戟衛士畫像石，一九七八年出土。此為淺浮雕，圖中一人持戟，面右，戴圓頂冠，著長袍。畫面只安排一人，這在畫像石中不多見。

東漢石辟邪

高一九〇公分，長二九七公分，重達八噸多，屬漢代的青石雕刻，為中國目前最大的石辟邪（傳說中的神獸，似獅而帶翼），現存河南市洛陽博物館藏。

南匈奴遭到旱蝗兩災，人畜死傷過半，認爲是天賜良機，於是興兵攻打南匈奴，南匈奴只好退到漠北。一時間漠南空虛，對東漢而言，正好可以休養生息，同時以財物招降烏桓。

呼都而尸道皋若鞮單于初立時，依順序應當以王昭君的兒子，右谷蠡王伊屠智牙師爲左賢王，依照匈奴傳統習俗，左賢王是單于的繼承人，但是呼都而尸道皋若鞮單于有私心，想傳位給自己的兒子，於是殺了伊屠智牙師。烏珠留若鞮單于的兒子右薁鞬日逐王比，擁有南邊八部，見伊屠智牙師被殺，認爲不妥，心中有怨說：「以兄終弟及的方式來說，右谷蠡王伊屠智牙師應當立爲左賢王，如果以父子相傳的方式看，我是前單于的長子，應當立我爲左賢王。」可見匈奴內部爲了爭奪單于的繼承權，已經再次埋下了內訌的種子。右薁鞬日逐王從此不願參加每年於單于庭固定舉辦的聚會。

呼都而尸道皋若鞮單于也懷疑日逐王有貳心，於是從他開始，就派兩個骨都侯監領日逐王的軍隊。日逐王當然更是怨恨，祕密令自己手下漢人拿著南匈奴地圖往見東漢西河（今河北省保定和山西省太原、大同一帶）太守，表示願意內附。這件事被兩個監視他的骨都侯察覺，此時正好是五月匈奴各部首領到單于庭集會的時間，於是這兩個骨都侯就勸蒲奴單于殺了日逐王。日逐王的弟弟漸將王當時人在單于帳下，於是立刻把消息告訴日逐王，日逐王因此召集八部的兵四、五萬人，要等那兩個骨都侯回來後殺了他們，再向南附東漢。

消息傳到這兩個骨都侯耳裡，他們馬上逃走，而蒲奴單于也派了一萬名騎兵要攻打日逐王，只是眼見日逐王已經動員四、五萬兵馬，在寡不敵眾的形勢下，只得撤軍回單于庭。這時是蒲奴單于二年（建武二十三年，西元四十七年），南匈奴內部已經出現分裂情形。另一方面，東漢的情勢則是趨於穩定。

次年，匈奴八部大人共立右薁鞬王日逐王爲單于，他們認爲日逐王的祖父稽侯珊呼韓邪單于因歸附西漢，使南匈奴轉危爲安，延續南匈奴民族命脈，所以也稱日逐王爲呼韓邪單于。呼韓邪單于並致書東漢朝廷，表示願意稱藩於東漢，並爲東漢守北方屏障，以抵擋蒲奴單于。光武帝命群臣討論，眾人意見不一，但光武帝最

東漢低溫綠釉大馬及紅陶牽馬陶俑，馬高一三〇公分、長一二七公分，灰陶棚車一〇二公分、長二三〇公分，輪距八十七公分，四川省綿陽出土。現藏於四川成都文殊坊漢陶博物館。

終同意呼韓邪單于歸附。

此後，南匈奴再分兩部，呼韓邪單于所部就是史傳上所指的「南匈奴」；蒲奴單于則成爲「北匈奴」。這次分裂出來的南匈奴在二百多年後，成爲第一個北方胡族建立漢魏式政權，也是掀開諸胡列國的序幕者。而北匈奴則在三百年後，威震歐洲，首領阿提拉更被歐洲人稱爲「上帝之鞭」，令歐洲人膽寒不已。

建武二十五年（蒲奴單于四年，西元四十九年），東漢遼東（今遼寧省境內）太守祭彤以財物招降鮮卑大都護偏何，要他攻擊北匈奴蒲奴單于以立功領賞，偏何果然率軍擊北匈奴，斬首二千多名士兵，提著北匈奴的人頭向遼東郡領賞，祭彤並沒有食言。此後鮮卑經常北擊北匈奴，一有斬獲，就到遼東郡領賞，北匈奴受此打擊，逐漸衰微。

同年，南匈奴呼韓邪單于比的弟弟左賢王莫，將兵萬餘人，攻打北匈奴蒲奴單于的弟弟薁鞬左賢王，不但大勝，而且活捉薁鞬左賢王。這下北匈奴嚇壞了，馬上向北撤退了一千多里，可是北匈奴的薁鞬骨都侯跟右骨都侯卻率領了三萬多人投奔南匈奴。也是在這年，南匈奴呼韓邪單于遣使到東漢國都洛陽，請朝廷派遣使者到南匈奴監護，並遣子入侍，一切比照他祖父呼韓邪單于往例辦理。

次年，東漢遣中郎將段彬、副校尉王郁出使南匈奴，在五原西八十里立單于庭，使者要單于跪拜接書，呼韓邪單于考慮了一會，還是跪下接了東漢皇帝的詔書。之後，單于要口譯人告訴東漢使者說：「單于新立，還沒有完全威服左右，希望使者不要在群眾中過分讓單于受到屈辱。」這確實是人之常情。

光武帝在詔書中准許南匈奴可以到雲中放牧，並在此時設立「使匈奴中郎將」這個官，以配置軍隊，保護南匈奴。

就在這一年夏天，原來從蒲奴單于那裡捕捉到的薁鞬左賢王，除了他所統領的人民，加上他所煽動的南匈奴韓氏骨都侯、當于骨都侯、呼延骨都侯、郎氏骨都侯以及粟藉骨都侯共五個骨都侯，一共三萬多人投奔北匈奴。走到離北匈奴還有三百里地方時，這些匈奴部眾停了下來，想要自成一部，並且要自行產生單于，可能爲了爭奪單于的位置彼此內訌，互相殘殺，結果薁鞬左賢王自殺，五個骨都侯也都死了。五骨都侯的部下又各自推舉首領稱骨都侯，各擁兵自守，成爲南北匈奴間又一股匈奴部族，不過人數不多，力量也不大，到了這年冬天，眼看日子快熬不下去了，只好再度南來回歸呼韓邪單于。

南匈奴既已歸附東漢，而且也遣子入侍，東漢光武帝於是下詔贈送呼韓邪單于冠帶、璽綬、車馬、金帛、甲兵、什器，又從河東運米糧二萬五千斛、牛羊三萬六千頭給南匈奴，東漢對南匈奴也算是相當寬厚。當然除了賞賜厚贈之外，東漢對南匈奴也作了些具有從屬意義的政治措施。例如，東漢朝廷命中郎將率領五十個犯有輕罪的漢人，跟著單于駐牧所在，既協助單于處理訴訟事務，也連帶監

漢光武帝陵寢，位於河南省孟津縣漢光武帝陵。

視單于的行動舉止。單于每年都送兒子到朝廷入侍，同時換回上一年的侍子，而東漢也每年派謁者送回上一個侍子，同時帶去朝廷賞賜給單于、閼氏、左右賢王以次各級匈奴貴族的禮物，這些禮物大部分是繒（即絲織品）綵，總數量大約每年都在一萬匹左右，每年都是如此，成為慣例。

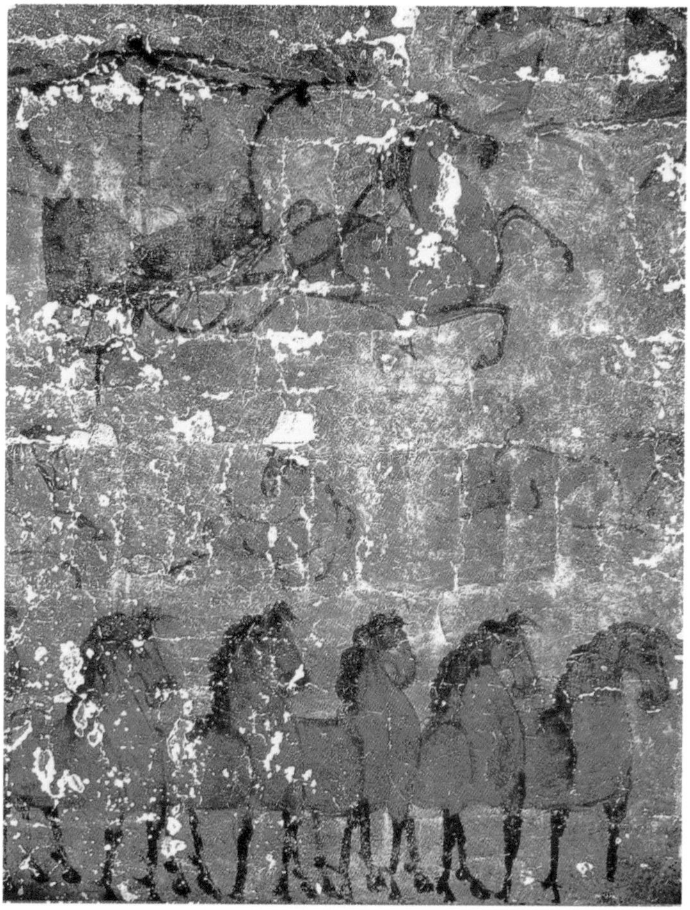

東漢時的墓壁畫，此圖可見駿馬和馬車。

原來由於南匈奴的侵犯，沿邊雲中、五原、朔方、北地、定襄、雁門、上谷及代八郡的人民，都遷到塞內，現在南匈奴既已附漢，北方無戰事，這八郡漢人便回到原來的地方重建舊家園，沿長城一線又呈現和平的景象。

漢化的南匈奴

而跟著薁鞬左賢王北走的韓氏等五個骨都侯餘眾，又向南回歸南匈奴時，北匈奴蒲奴單于派兵追截這五個骨都侯人馬，南匈奴呼韓邪單于也立刻領兵攔阻北匈奴，一戰之下，南匈奴不敵。這時東漢光武帝下詔把南匈奴遷到西河美稷（約今內蒙古自治區東勝市一帶），避開跟北匈奴正面衝突，這也可能是當時東漢還沒有實力跟北匈奴作戰，所以採取守勢作法，不過還是派了段彬、王郁率兵留在西河以保護南匈奴，原來任命的使匈奴中郎將也隨著遷到西河美稷，從此南匈奴的政局逐漸穩定。

南匈奴跟東漢的關係，也始終保持著和平、友善，南匈奴每年都會派侍子到東漢國都洛陽祝賀元旦，參拜祭祀陵廟，而東漢朝廷也照例賞賜許多禮物；每當南匈奴單于崩殂時，朝廷也都會派使者前往弔唁慰賜。東漢用於賞賜南匈奴的禮物，費用相當龐大，據《後漢書‧袁安傳》所載，每年的花費高達一億九十餘萬（非今日幣值，但數目不詳）。不過如果跟戰爭相比，可能就不算多了，何況戰爭還要賠上人命呢！

南匈奴的內附，可說是北方草原游牧民族跟南方農業民族合作，不是歷史的偶然；如果從人類歷史發展、地理資源分布這種宏觀角度看，就會知道如果想共存共榮，就是歷史的必然。

工業革命之前，所謂資源指的多是地面上的動植物，那時長城以南確實是比長城以北富裕得多，所以北方草原游牧民族經常「南下牧馬」以掠奪物資，因而經常發生戰爭，在戰爭中雙方犧牲的生命、物資，其實遠遠超過其所掠奪的物資。工業革命之後，對地下礦產需求（包括煤、石油）日益增多，地下礦產才成爲物資的重心，這時草原地區的物資顯然多於農業地區，而且自近代以來，武器的發展日益進步，其殺傷力遠非古代刀、槍、箭或戟所能比擬於萬分之一，所以合作、依附就成爲必然的選擇，訴諸武力的結果大多兩敗俱傷。

南匈奴呼韓邪單于和東漢光武帝合作後，匈奴、漢人交界的北地、定襄及朔方等郡，也就是大約今天甘肅、內蒙古河套地區、沿舊長城山西、河北北部一帶的匈奴、漢人都能各安其居，各樂其業，讓雙方人民自然交流，互相融合，新的、充滿活力的族群就會出現。這個新族群既帶有草原游牧豪邁、朗爽、進取的性格；又蘊涵著溫文儒雅的個性，極富文化色彩。歷史上的恩怨，只是史書上的一段文字，新的族群只知把握著當下，展望著未來。

當北匈奴蒲奴單于率兵追截五個骨都侯時，南匈奴呼韓邪單于也領兵北上迎接，兩軍一戰，南匈奴不敵，這時東漢的軍隊前來接應，北匈奴蒲奴單于一見苗頭不對，立刻撤走，帶著北匈奴部眾向北撤了一千多里。南匈奴既已附漢，又往西徙到西河美稷一帶，距大興安嶺東邊的遼東也遠了，這對分布在大興安嶺東端的烏桓、鮮卑而言，等於擺脫了二、三百年匈奴的壓迫，得以喘息和發展。

匈奴冒頓單于殺父奪得單于寶座之後，東胡部落聯盟認爲冒頓得位不正，所以向冒頓討要寶馬、美人，冒頓單于都給了，東胡食髓知味，竟然向冒頓要起甌脫之地，而冒頓認爲土地是國家的根本，一尺一寸都不可以喪失，於是發動大軍撲向東胡，而東胡還沉醉在「寶馬、美人都給了，無人居的甌脫，豈會不給的喜悅中」，才會在毫無準備的情況下，被匈奴打得落花流水，部落聯盟也因此瓦解。最大的兩支部族，一支退保大興安嶺北段的一座鮮卑山，後來就稱爲鮮卑族；另一支退保大興安嶺中、南段的一座烏桓山，後來就稱爲烏桓族。可是還是經常受到匈奴的騷擾，在力不如人的情況下，只好向匈奴繳納皮布稅。

到了東漢時，南匈奴歸附中原，北匈奴又向西北遷徙。烏桓少了匈奴的剝削，人口牲畜也就有了增加，東漢適時加以爭取，當時散居在遼西（今遼寧省錦州市西，東漢時稱陽樂）的烏桓大人（烏桓部落首領稱謂）郝旦率領了九百多人向東漢歸順，他本人還到洛陽朝獻。光武帝當然大感高興，東漢的君臣認爲如果有大量的烏桓人歸順，可以讓他們抵擋匈奴，於是大方給予封賞，看來降人數多寡，分封各大人爲王、侯、君長，一時之間封了八十多人，可見來降的烏桓人相當多。東漢讓這些烏桓人入居塞內，分布沿邊各郡，並要他們招徠同族，由朝廷供給衣食，爲朝廷擔任偵察、警備北匈奴的任務，收以夷制夷之效。

這時是建武二十五年（西元四十九年），也就在這時，鮮卑也開始跟中原有所接觸，鮮卑都護偏何曾於這一年，助東漢抗擊北匈奴，後來鮮卑都護於仇賁、滿頭等更率眾到京師洛陽請求內屬，東漢也封他們爲王、侯。

南匈奴附漢之初，只有四、五萬人，經過了四十年左右，到了漢和帝永元二年（西元九十年）時，據相

和林格爾東漢墓壁畫，一九七一年在內蒙古自治區和林格爾縣發現，從此東漢墓室壁畫內容及榜題可知墓主即東漢烏桓校尉。在此組壁畫中，出現了不少烏桓、鮮卑人物。

關文獻記載，連同北匈奴陸續南來投降的匈奴，以及從零星戰爭掠來的俘虜全都計算在內，這時南匈奴已經有三萬四千戶，二十三萬七千三百多人，可動員的青壯戰士也有五萬人左右。只四十年人口就增加四、五倍之多，可見和平跟安居樂業，是人口增加的主要因素。

南匈奴多分布在沿長城一線，跟沿邊各郡漢人雜居，據《晉書．北狄傳》所稱，南匈奴五萬餘落，初居朔方各郡，跟漢人雜處。這裡所說的落，就是帳篷，每一落一般是以五個人計算，也就是一戶五人，但是也有以一落十個人計算。

南匈奴既然跟漢人雜居，免不了在生活習慣上彼此互相影響，胡漢文化也就漸漸交融，許多南匈奴貴族子弟也多跟漢人書香世家一樣，熟讀經史，這些在後來諸胡列國時代都一一呈現出來，至於一般匈奴人民也有許多人從游牧而開始從事畜牧和農耕了。

第十章 南匈奴的列國時代

東漢的南匈奴政策

南匈奴自歸附東漢後，生活安定，於是恢復匈奴舊有制度，分置左右賢王、左右谷蠡王、左右日逐王等職官，並確實協助東漢捍衛北邊朔方、北地、五原、雲中、定襄、雁門及代郡等地，使東漢沒有北顧之憂。這幾個北方邊郡當然以漢人居多，當時漢人口中或文獻上的「胡」，基本上是專指匈奴而言。在這些北方各郡裡，胡漢雜居，慢慢使得南匈奴染習了些許漢文化，當然這些邊郡的漢人在生活上也引進一些胡人的習俗，胡漢的融合在默默的進行中。因此在東漢的一百多年（西元二十五～二二〇年）裡，南匈奴大致上可以說是跟東漢和睦相處，使東漢無北顧之憂。

為了便於敘述南匈奴內部的情形，且把呼韓邪單于比算是南匈奴第一任單于，他在漢文文獻中叫呼韓邪單于，可是在匈奴社會裡叫醯落尸逐鞮單于（西元四十八～五十六年在位），之後傳位給弟弟莫，號丘浮尤鞮單于（西元五十六～五十七年在位）。再傳位莫弟汗，號伊伐於慮鞮單于（西元五十七～五十九年在位）。汗崩殂後，又傳回呼韓邪的兒子適，號醯僮尸逐侯鞮單于，也就是第四任單于（西元五十九～

六十三年在位）。之後再傳回給丘浮尤鞮單于莫的兒子蘇，號丘除車林鞮單于（西元六十三年在位）。之後傳給第四任單于酉兮皿僮尸逐侯鞮單于適的弟弟長，號胡邪尸逐侯鞮單于（西元六十三～八十五年在位）。之後再傳回給伊伐於慮鞮單于的兒子宣，號伊屠於閭鞮單于（西元八十五～八十八年在位）。

之後傳給胡邪尸逐侯鞮單于長的弟弟屯屠何，號休蘭尸逐侯鞮單于（西元八十八～九十三年在位），是南匈奴第八任單于。就位後，任命第七任伊屠於閭鞮單于宣的弟弟安國爲左賢王，左賢王向來是單于的繼承人，只是安國這個人在匈奴社會不得人望。那時在匈奴社會最有人望的是第四任單于酉兮皿僮尸逐侯鞮的兒子師子，師子勇而有謀，之前單于宣及現任的單于屯屠何都非常器重他，曾經多次派他領兵出擊北匈奴，師子也往往能得勝凱旋，獲得單于的獎賞，東漢和帝也認爲他是不可多得的人才，所以南匈奴國中普遍尊敬師子，都想歸附他。

休蘭尸逐侯鞮單于屯屠何駕崩後，單位自然由安國嗣立。安國單于也知師子聲望極高，怕自己坐不穩單于的位子，就想殺了師子，以絕後患。而師子在討伐北匈奴以及跟其他民族作戰時，間或俘虜一些人口，這些被師子俘虜來的人，對師子當然心存怨恨，安國單于正苦沒人好用，這下就運用這些俘虜，希望透過俘虜殺了師子。師子得知這個計畫後，就率領自己的部屬到五原一帶駐牧，每逢

北方游牧民族農耕生活的壁畫，出土於中國內蒙古自治區和林格爾縣東漢墓。

東漢陶吹笛俑、陶撫琴俑，現藏於上海博物館。

單于庭集會時，便稱病不參加。東漢度遼將軍皇甫稜知道了這種情況，也對師子加以保護，不讓他參加單于庭集會。單于安國既奈何不了師子，只得懷恨在心。

次年，東漢和帝永元六年（九十四年），東漢以執金吾朱徽替代皇甫稜爲度遼將軍。這時的安國單于跟東漢所派使匈奴中郎將杜崇不和，安國單于就上書東漢朝廷。這事被杜崇知道了，就要西河太守派人把安國單于的送信使加以扣留，使安國單于的意見無法上達到東漢。

另外，杜崇又跟新任度遼將軍朱徽商量，向朝廷上書說：「南匈奴安國單于疏遠自己的人民，而親近俘虜來的北匈奴，又想殺極具人望的左賢王師子及左臺且渠劉利（可知此時的匈奴已經有以劉爲姓的貴族了）等人。此外，在右部新俘獲的匈奴群眾，謀畫脅迫單于安國起兵背叛朝廷，請朝廷對西河、上郡、安定各郡加強戒備。」

東漢和帝接到奏章後，要公卿大臣研議。大部分群臣認爲：「蠻夷邊族反覆無常，很難捉摸他們的動向，只要我們聚集大軍，他們就絕對不敢叛離。當前應該派遣有謀略的使者到單于庭，跟杜崇、朱徽及西河太守共同謀求對策，靜觀安國單于的動靜。

如果沒有異象，就要杜崇等人和安國單于及其左右大臣集會，責備安國部下爲非作歹者，該懲處就加以懲處。如果安國單于敢不聽命，就由杜崇等就當時情況作適當的處置，等事件平息之後，再行論功行賞。如此一來，也足以爲其他四周地方政權作爲一個範例。」

於是朱徽、杜崇等人就率軍北上，安國單于一聽漢軍將到，連夜棄帳而逃，並領兵攻打左賢王師子。師子早存戒心，得知安國單于率兵前來，立刻將所部人民牲口都引到曼柏城（今內蒙古自治區境內），安國趕到城下，師子閉門不開，而安國又攻不進去。這時朱徽派屬下長史告誡安國單于不可造次，可是安國單于不聽，曼柏城又攻不下，只好把部隊帶到五原屯駐。朱徽不肯任安國單于就此消遙，引兵追趕而來，安國單于部眾大驚，深恐東漢大軍一到，不免身首異處。這時安國的舅舅骨都侯喜爲等人，爲免大家遭殃，就殺了安國單于，擁立師子就位單于，號亭獨尸逐侯鞮單于，他是南匈奴第十任單于，南匈奴這一場政治爭奪至此才算是落幕了。

師子既立爲新單于，南匈奴境內新降的諸種胡人中大約五、六百人，心多不服，居然趁夜襲擊單于庭。這時東漢使匈奴中郎將所屬安集掾王恬率士兵跟這五、六百個叛胡作戰而大勝，不過卻讓新降胡十五部，大約有二十萬人，都心懷畏懼，以爲王恬要殺盡新降的胡人，因此一下子全都叛變了，脅迫第八任單于屯屠何的兒子薁鞬日逐王逢侯爲單于，開始掠奪斬殺人民官吏，焚燒郵亭廬帳，這批叛亂隊伍一路向北方前進，想越過大漠投靠北匈奴。

這年九月，東漢以光祿勛鄧鴻行車騎將軍事，與越騎校尉馮柱、行度遼將軍朱徽將左右羽林、北軍五校士及郡國迹射、緣邊兵，另烏桓校尉任尚也率烏桓、鮮卑兵四萬人，來討伐這支叛軍。當時南匈奴師子單于及中郎將杜崇屯駐牧師城（今不詳），薁鞬日逐王逢侯將一萬多名騎兵圍攻牧師城。

十一月，鄧鴻等大軍到達牧師城附近的美稷，逢侯一看苗頭不對，才解了牧師城之圍，轉向滿夷谷（今內蒙古自治區固陽縣）而去。這時南匈奴師子單于率萬餘騎兵，杜崇率四千騎，會合鄧鴻等大軍追擊逢侯，殺了逢侯所部四千多人。東漢人任尙也率鮮卑都護蘇拔廆、烏桓大人勿柯等共八千騎，邀擊逢侯，在滿夷谷大破逢侯之眾，殺了七千多人。這時逢侯率殘兵敗將向北落荒而逃，東漢的軍隊可能因爲後勤補給不足，沒有再向北追。到永元七年（西元九十五年）正月，東漢軍南返。從這次事件暴露出南匈奴吸納過多的北匈奴人眾，對南匈奴而言未必是福，很可能就是因此埋下暴亂的種子。

自這次事件之後，東漢派越騎校尉馮柱統率虎牙營留屯五原，以保衛南匈奴。這次所動員的鮮卑、烏桓以及羌胡兵都解散了，各自遣返原居地，以免另成事端，但是鮮卑都護蘇拔廆因爲從征作戰有功，而被東漢封爲率眾王，又賜以金帛。不過光祿勛車騎將軍鄧鴻卻因爲有所逗留，以致部分戰爭失利，下獄而死。不久之後，東漢又察知度遼將軍朱徽與使匈奴中郎將杜崇失和，而且要囚禁安國單于，逼安國單于反叛，因此都被下令處死，另以雁門太守龐奮行度遼將軍。這次事件使東漢喪失三員大將，由此也可以知道處理邊疆少數民族事務，既有其特殊性，又特具敏感性，稍不小心，就會釀成大禍。

至於向北逃亡的薁鞬日逐王逢侯跑到漠北後，把人馬分爲左、右兩部，自領右部屯駐涿邪山（今蒙古滿達勒戈壁附近）下，左部在朔方西北，兩部相距幾百里。到了永元八年（西元九十六年），這左右兩部互相猜疑，左部又回到朔方來，東漢度遼將軍龐奮大喜，接納他們，並加以慰勉，這時還有身強力壯的騎兵四千人，老弱婦孺一萬多，統統向龐奮投降，龐奮將他們分散安置在沿邊各郡。後來逢侯部眾又被鮮卑所偷襲，窮困不堪，紛紛逃入塞內求生。

就在這一年，南匈奴亭獨尸逐侯鞮單于師子，認爲右溫禺犢王烏居戰，當初曾跟安國單于同謀要殺自己，這時亂事已平定，就要捉拿烏居戰來問個明白，烏居戰害怕了，就帶了幾千兵逃出塞外。到了秋天，度遼將軍龐奮、越騎校尉馮柱率兵追擊，大破烏居戰，於是又把右溫禺犢王所屬人眾及投降的胡人二萬多人，分散在安定、北地兩郡，這兩郡胡、漢混融從這時候開始了。

南匈奴第十任師子單于在位五年

（西元九十四～九十八年），過世後由前單于胡邪尸逐侯鞮單于的兒子檀嗣立，號萬氏尸逐鞮單于。這時南匈奴力量已經逐漸衰微，相對的，鮮卑、羌、氐等族卻逐漸壯大，東漢朝廷於是將注意力放在對付鮮卑等族，對南匈奴的控制也就相對的減少了。

和帝以後，東漢由盛轉弱。安帝永初三年（萬氏尸逐鞮單于十二年，西元一〇九年），有個叫韓琮的漢人，隨南匈奴單于到洛陽朝安帝。回程時，韓琮對南匈奴單于說：「東漢關東地區遭逢水災，那裡的漢人幾乎都死光了，正可趁機襲擊東漢。」南匈奴單于相信了韓琮的話，於是發兵想要襲擊東漢。

就在這年九月，南匈奴會合了烏桓率眾王無何允，與鮮卑都護丘倫等

御車圖

繪者不詳。洛陽朱村東漢墓壁畫，這是墓室壁畫出行圖中的第一乘導車。紅棕色的馬奮蹄首，張口翹尾，呈疾進之勢。後面轅車之上坐三人，中駕車；手拉轡繩，左右各坐一位武士，持戈前望。

人，共聚集了七千多人來寇五原，跟東漢太守在高渠谷（今不詳）大戰。這一戰東漢大敗，南匈奴單于趁勝率兵圍東漢所派使匈奴中郎將耿种於美稷。東漢朝廷聞訊，在隆冬裡遣行車騎將軍何熙、副中郎將龐雄率五營及邊郡兵二萬多人，之外又詔令遼東太守耿夔率鮮卑及諸郡兵，反擊南匈奴單于。

戰事延續到第二年，東漢還沒有將亂事平定，而南匈奴單于又遣千餘騎寇東漢常山（今河北省石家莊市正定縣一帶）、中山，東漢以西域校尉梁慬行度遼將軍，與耿夔會合，終於擊破南匈奴。這時南匈奴眼見東漢數路大軍並進，心裡害怕，問始作俑者韓琮：「你說漢人都死光了，那現在這些大軍又是什麼？」漢軍如潮水般源源不絕而來，南匈奴再怎麼頑強抵抗，也只有死路一條，爲了活命，只好遣使向東漢乞降，東漢准許了。爲了表示眞心投降，單于還脫了帽子跟靴子，對龐雄等漢將下跪請罪，東漢赦免了他的罪，待之如初。而南匈奴也將之前所擄掠的漢人男女全都送了回來。

南匈奴的衰微

自這件事情之後十多年，南匈奴與東漢之間並沒有什麼大事，而東漢也逐漸衰微，鮮卑、烏桓、羌、南蠻等少數民族則漸漸坐大，使東漢窮於應付。

到了東漢安帝延光二年（萬氏尸逐鞮單于二十六年，西元一二三年），鮮卑首領其至鞬率一萬多騎攻擊南匈奴於曼柏，南匈奴薁鞬日逐王戰死，南匈奴被殺了一千多人，可見南匈奴也已逐漸勢微了。

次年，萬氏尸逐鞮單于駕崩，由弟弟拔嗣立爲南匈奴第十二任單于，號烏稽侯尸逐鞮單于。

這時由於鮮卑的日益強大，使東漢備感威脅，東漢度遼將軍耿夔就跟南匈奴溫禺犢王呼尤徽合作，連年出兵討伐鮮卑，而他們所統領的兵，多半是剛投降不久的各少數民族，由於連年征戰，苦不堪言。其中某部大人名爲阿族，因不堪其苦而想叛逃，於是就脅迫南匈奴溫禺犢王呼尤徽一起叛逃。呼尤徽說：「不行，我已經老了，深受漢家恩惠，就是死也不能跟你們一起造反。」阿族等人大怒，幾乎快殺了呼尤徽，所幸有人出手相救，呼尤徽才免於被殺。阿族等一群人也逃走了，可是東漢中郎將馬翼率兵追擊，大破之，幾乎把叛逃的那些人都殺光。

自從南匈奴附東漢之後，漢匈間基本上沒有戰爭，原來的長城塞口、烽燧的功能也沒有發揮，再加上東漢中葉以後朝綱不振，國力日衰，也沒有能力修繕長城的障塞烽燧。南匈奴固然不會或沒有能力入侵，但東北地區的烏桓、鮮卑則日見壯大，時常侵擾南匈奴。

東漢順帝永建元年（烏稽侯尸逐鞮單于三年，西元一二六年），南匈奴單于眼見長城多處廢壞，鮮卑趁虛而入，不勝其擾，就上書東漢朝廷請修長城的障塞，以保衛南匈奴的安全。說來歷史是很詭譎的，試想當初

戰國時韓、趙、魏、燕、秦各國修築方城，爲的就是防止北方匈奴的入侵，後來秦統一了天下，將各國的方城連接起來，再向東、西延伸，就成了後世所謂的萬里長城，其目的也是爲了阻止匈奴「南下牧馬」。西漢時更是大力修繕長城，設立烽燧，東漢初期也是如此，同樣爲了防禦匈奴。

東漢的武士出征銅雕，現藏於雲南省博物館。

可是如今提出修繕長城的居然是匈奴，這不是很弔詭嗎？

南匈奴提出修繕長城的意見時，東漢順帝也頗以爲然，於是令沿邊各郡駐軍著手修繕，並且讓他們屯列塞下，經常教習戰射。其目的是在耀武揚威，使那些前來窺伺的鮮卑、烏桓不敢輕舉妄動，而這也凸顯出此時南匈奴的國力已是何等的衰弱。

之後二年，東漢順帝永建三年（西元一二八年），烏稽侯尸逐鞮單于崩殂，由他的弟弟休利嗣立，是爲去特若尸逐就單于。這個單于就位後的第六年（順帝陽嘉二年，西元一三三年）三月，東漢使匈奴中郎將趙稠以他所屬將領率領南匈奴兵出塞攻擊鮮卑，結果大勝。

到了東漢順帝永和五年（去特若尸逐就單于十三年，西元一四〇年），南匈奴句龍王吾斯、車紐等人叛亂，入侵東漢西河，並且誘煽南匈奴右賢王合兵圍美稷，殺了東漢朔方、代郡長史。東漢度遼將軍馬續跟中郎將梁並等人率兵，並聯合邊郡以及羌、胡兵二萬多人予以反擊，雖然解了美稷之圍，但句龍王吾斯等又糾眾掠奪其他城鎮。

東漢順帝以梁並爲使，前去指責南匈奴單于，這件事南匈奴單于事前並不知情，但是他還是脫下帽子，離開單于的帳篷，親自向梁並謝罪。這時恰好梁並生病，不久梁並可能因病離職，朝廷改派五原太守陳龜代爲使匈奴中郎將。陳龜認爲這次事件是由於南匈奴單于不能好好管理部下，於是逼迫南匈奴單于跟他弟弟左賢王自殺，還想把單于的近親遷到內地，以便就近看管，這麼一來當然引起南匈奴人心惶惶。陳龜這種作法完全不合乎處理民族事務的原則，後來東漢朝廷知道了，立刻免了陳龜的職，改以張耽出任。可是南匈奴右賢王部抑鞮等一萬多人已經叛離東漢。

當時東漢大將軍梁商曾經上書朝廷，詳細剖析漢、匈的情勢及彼此的所長所短，認爲處理南匈奴事務，要以東漢之所長，抗南匈奴之所短，也就是構築堅固的城塞，避免長途遠征，以免三軍疲弊，後勤補給所耗既大，運輸也難。同時對待南匈奴等少數民族要講究恩信，才能招降他們。他又盛贊度遼將軍馬續，就具備這種識見，建議朝廷用馬續來招降南匈奴叛離之人，朝廷採納。而馬續憑著他的威望跟恩信，果然讓已經叛離的南匈奴右賢王部抑鞮等一萬三千多口，都向馬續投降。

後來句龍王吾斯立車紐爲單于，向東邊招來烏桓，向西引來羌、胡等一共好幾萬人，居然攻破虎牙營（在長安內），殺上郡都尉及軍司馬，進而寇掠并、涼、幽、冀四州。東漢於是把西河郡遷到離石（今山西省西北部）；上郡遷治夏陽（今陝西省韓城市）；朔方徙治五原，由此可見句龍王吾斯的聲勢之大。

同年（順帝永和五年，西元一四〇年）十二月，東漢遣使匈奴中郎將張耽率幽州、烏桓諸郡兵，出擊車紐，雙方在馬邑這個地方遇上了，一陣廝殺後，車紐所部被斬殺了三千多人，不少士兵皆被張耽活捉，車紐所

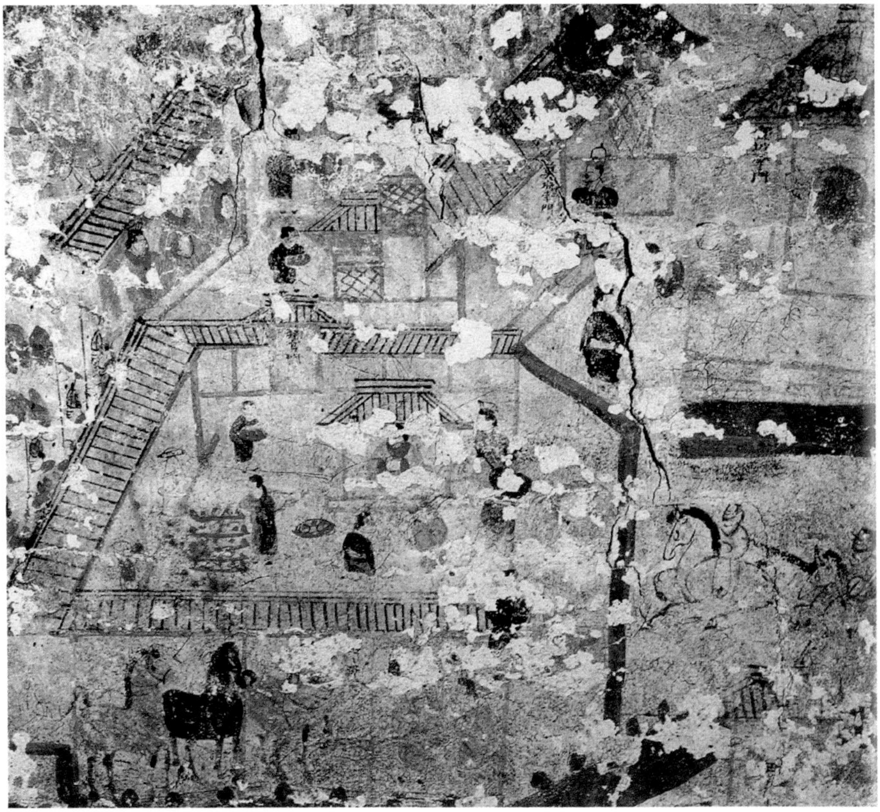

寧城圖

今內蒙古自治區和林格爾縣東漢烏桓校尉墓葬出土的城市壁畫。圖中的「寧城」用牆圍築成四方形，即為寧城與外地貿易的「胡市」，也就是城中的商業區。市與民居用牆垣隔開的建築布局，是最早反映中國古代城市結構特點的珍貴資料。

部豪帥之一骨都侯投降。而句龍王吾斯還繼續領著所部跟烏桓之眾，寇掠東漢各郡。次年，張耽、馬續再率軍擊句龍王吾斯之部眾，這次打了勝仗，可是吾斯還是逃了。再一年，吾斯聚集左薁鞬臺耆、且渠伯德等，以流寇方式，寇掠沿邊各郡，東漢也拿他沒辦法。

　　而南匈奴自去特若尸逐就單于被陳龜逼令自殺後，就一直沒有推出新單于。到了東漢順帝漢安二年（西元一四三年），才推出原入侍東漢的南匈奴守義王兜樓儲爲單于，號呼蘭若尸逐就單于。呼蘭若尸逐於是離開東漢京城洛陽返回南匈奴就任單于，東漢順帝並親自頒給他南匈奴單于印璽，引他上殿，賜以車馬、器服、金帛，並詔令太常（掌管宗廟祭祀、禮樂及文化教育的官員）、大鴻臚（掌四周邊疆民族及外國事務的官）與諸國侍子在廣陽門設宴款待，在這場盛大的餐會中，有音樂演奏、摔跤以及各種雜耍。呼蘭若尸逐原來的身分是侍子，在洛陽住了一段時間，必然熟習漢人的文化習俗，很可能也會說漢語，這種情形在匈奴史上應該是空前的。或許也因爲這樣，漢順帝才以盛大的宴會歡送他返國出任單于，其目的當然是希望他擔任單于之後，能致力於維護匈、漢間的和平。

　　但呼蘭若尸逐就單于在位五年（西元一四三～一四七年）就崩殂了，由居車兒嗣立，號伊陵尸逐就單于。伊陵尸逐就的身分不詳，不過依照南匈奴的習俗，要繼承單于的人必須是冒頓單于的後代，否則不會得到匈奴人民的認可。這種只重血統的認知，一直被北方草原游牧民族奉行不渝，蒙古也是依循成吉思汗鐵木眞之規定：凡是繼承蒙古大汗的必須是成吉思汗的子孫，成吉思汗這一系就稱之爲「黃金氏族」，所以稱霸中亞的帖木兒大帝，始終不敢稱蒙古大汗。後來準噶爾的噶爾丹也曾經威震中亞，統治天山南北，還一度占據漠北喀爾喀蒙古，同樣的也不敢稱蒙古大汗。像這種唯血統論的繼承法則，是由匈奴奠定下來的，所以稱匈奴是行國（指逐水草而居的游牧生活）的始祖，是很確切的。

　　伊陵尸逐就單于九年（桓帝永壽元年，西元一五五年），左薁鞬臺耆、且渠伯德等起兵造反，入寇美稷，這時另一游牧民族東羌也起兵響

今中國甘肅省嘉峪關關城及漢長城遺址。

應。東漢安定屬國都尉張奐才剛到任，手中可用的兵只有二百多人。張奐見南匈奴左薁鞬臺耆、且渠伯德等起兵入寇，便勇敢召集這二百多個士兵，準備應戰，他身旁的人都以人數太少爲由，極力勸阻，可是張奐不聽，就率領了這少許的兵屯守長城。張奐派手下將領王衛招誘東羌，東羌諸豪酋經王衛曉以大義後，態度軟化了，張奐就進駐龜茲（今新疆阿克蘇地區和巴音郭楞蒙古自治州部分地區），阻絕了東羌跟南匈奴的交通。東羌豪酋一看已經無法跟南匈奴聯絡，反過來就跟張奐合作，共同攻擊南匈奴左薁鞬臺耆，張奐大勝，且渠伯德這一部聽說左薁鞬大敗，也向張奐投降。

到了伊陵尸逐就單于十二年（桓帝延熹元年，西元一五八年），南匈奴各部又叛變，而且聯合了烏桓、鮮卑，分別入侵東漢沿邊九郡，東漢的京兆尹陳龜爲度遼將軍，又拜張奐爲北中郎將，一起討伐南匈奴、烏桓、鮮卑。這時南匈奴及烏桓等兵多勢眾，竟然一度火燒度遼將軍轅門，一時間煙火相望，東漢兵眾心慌了，竟想逃走，可是張奐一派大將模樣，依然安坐帷幄之中，指揮若定，士兵見主帥如此鎮定，顯然胸有成竹，勝券在握，於是軍心安定了下來。張奐暗中派人誘降烏桓，並跟烏桓建立兩個協定，採取各個擊破方式，終於擊破叛亂的南匈奴。

張奐認爲伊陵尸逐就單于沒有能力領導南匈奴，就拘留了伊陵尸逐就單于，另立左谷蠡王爲單于，可是東漢桓帝卻下詔以《春秋》大義，認爲伊陵尸逐就單于一心向化，部下叛亂，與他何關，於是又將伊陵尸逐就單于放回去了，讓他依然做單于。

伊陵尸逐就單于二十年（桓帝延熹九年，西元一六六年），東漢任張奐爲大司農。鮮卑見能征善戰而又有謀略的張奐將要離開邊疆，認爲機會來了，就聯絡南匈奴、烏桓一起入寇東漢武威、張掖一帶，侵擾河西地區。逼得東漢以張奐爲護匈奴中郎將，加九卿的榮銜，來對付這次的亂事，南匈奴、烏桓等一聽張奐又回來了，心裡害怕，又向張奐投降，一共有二十多萬口。張奐只殺了爲首的幾個豪酋，又平定了這一波亂事。

伊陵尸逐就單于二十六年（靈帝熹平元年，西元一七二年），伊陵尸逐就駕崩，之後的單于位由他兒子嗣立，號屠特若尸逐就單于，東漢這時也已經進入尾聲，國勢衰微，雙方都沒有什麼大事。

屠特若尸逐就單于在位七年後崩殂（西元一七二～一七八年），由兒子呼徵嗣立，只在位二年（西元一七八～一七九年），就因爲與東漢中郎將張修不和，而被張修所殺，改立右賢王羌渠出任單于。

羌渠在位十年（西元一七九～一八八年），也被部下所殺，由他兒子於扶羅嗣立，號持至尸逐侯單于。這時南匈奴內部不服而叛變，另行擁立骨都侯爲單于。於扶羅想到東漢朝廷申訴，正好遇上東漢靈帝駕崩，天下大亂，於扶羅不得要領，就率領幾千名騎兵，跟內地盜賊打家劫舍，可是也沒搶到什麼東西；想回南匈奴，南匈奴人又不接受他，最後只好停留在河東。

〈徙戎論〉

東漢獻帝興平二年（西元一九五年），於扶羅逝世，於扶羅之弟呼廚泉嗣立爲單于，呼廚泉自認匈奴祖先多次娶漢室公主爲閼氏，是漢朝的子孫，而漢王朝姓劉，所以他也改姓劉氏。從他以後，南匈奴世系就不明了。不久之後，曹操又將匈奴分爲五部，跟漢人一樣，視同編戶。

中原方面，東漢滅亡後（西元二二〇年），很快進入三國時代，彼此攻伐不已，根本無力處理南匈奴問題，而南匈奴內部也是一團亂。曹操讓南匈奴進入長城，編組爲五部，分別是左、右、南、北、中，各設一個都尉，大約在今山西省北部跟陝西省中東部，總人口約有三萬落。每落有的文獻認爲是五人，也有的文獻說是十人，所以三萬落則有十五萬到三十萬之多，這個數字在當時看，已經相當可觀，依據北京商務印書館出版，魏勵所編的《中國文史簡表匯編·中國歷代人口簡表》所列，東漢桓帝時的全國人口只有五千六百四十八萬人，所以三十萬人在山西一地，已經占相當比例了。

後來司馬炎統一天下，建立西晉（西元二六六年），塞外匈奴二萬餘落來降，西晉讓他們住在河西宜陽城下，跟漢人雜居，於是平陽（今山西省臨汾市一帶）、西河（今陝西省東部黃河西岸地區）、太原、新興（今山西忻州市）及上黨（今山西省長子縣）諸郡，都有匈奴人分布其間。

十五年後，晉武帝太康五年（西元二八一年），又有匈奴二萬九千三百人來降。太康七年（西元二八三年）又有匈奴十萬人到雍州（今陝西、山西南部一帶）來降，次年有南匈奴都督率一萬一千五百名匈奴人來降，西晉都讓他們散居塞內。

當時西晉總人口還不到一千萬，而上

晉武帝司馬炎

《歷代帝王圖》局部，卷軸，絹本，設色，縱五一·三公分，橫五三一公分，由唐代畫家閻立本（六〇一至六七三年）所繪，現藏於美國波士頓博物館。

匈奴五部都尉位置略圖

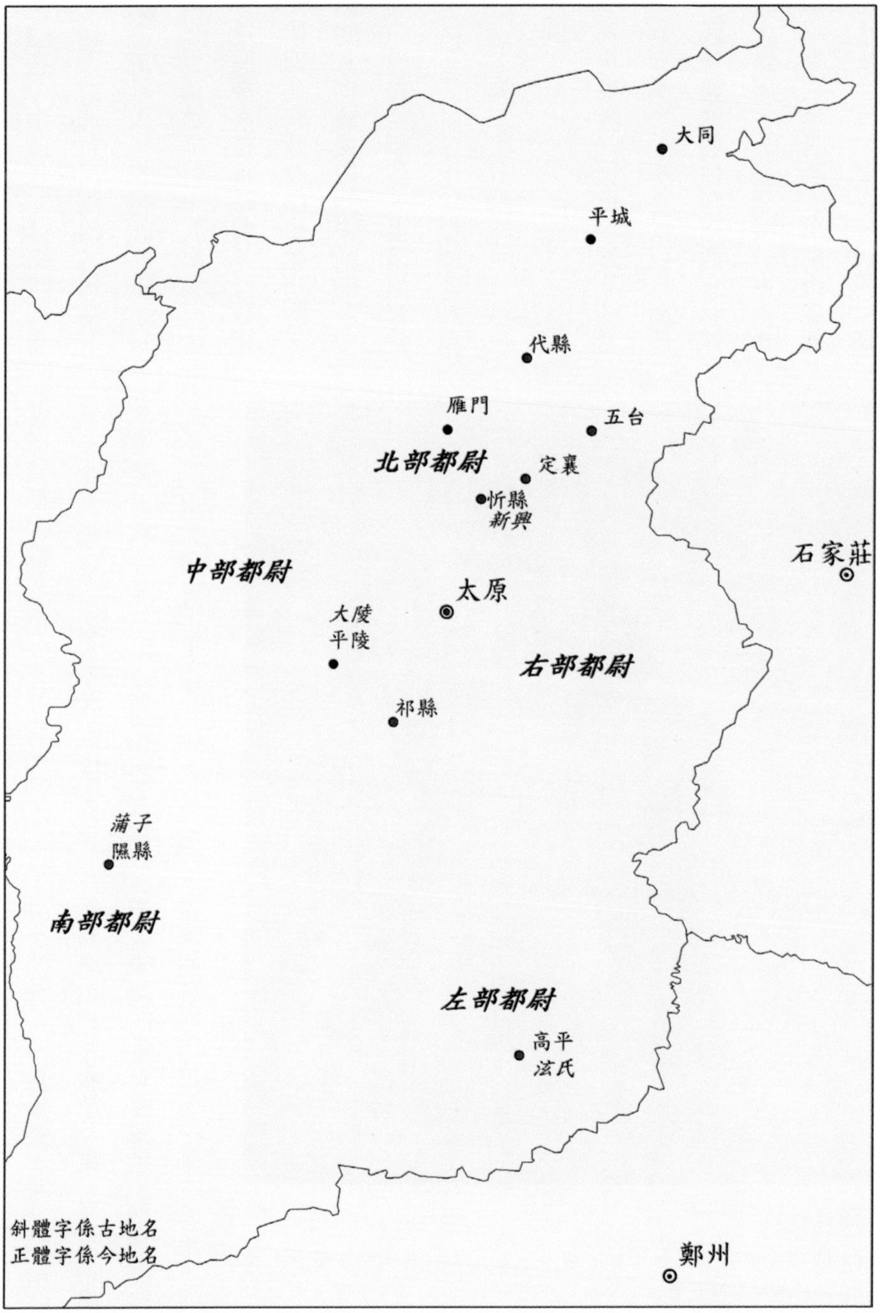
大同
平城
代縣
雁門
五台
北部都尉
定襄
忻縣
新興
石家莊
中部都尉
太原
大陵
平陵
右部都尉
祁縣
蒲子
隰縣
南部都尉
左部都尉
高平
泫氏
斜體字係古地名
正體字係今地名
鄭州

面所說的匈奴已經近六十萬人，這時長江流域及其以南的人口已經比北方多了，故這六十幾萬匈奴人在山西、陝西所占比例就非常之大。除了匈奴，還有鮮卑、氐、羌，屬於廣義匈奴的羯及已經被列爲「雜胡」的烏桓，此外還有盧水胡（以往也被視爲匈奴）。總之，西晉時，華北內蒙一帶，胡漢雜居的情況已經很普遍了。

西晉人江統曾經估計「關中之人，百餘萬口，率其多少，戎狄居半」（《晉書·江統傳》），所以認爲問題已經很嚴重，因此上書朝廷，建議要把戎狄遷到塞外，這就是有名的〈徙戎論〉。然而西晉並沒有處理，事實上也無法處理，試想世上有哪一個民族帶著土地來的？什麼律法規定黃河流域必須是漢人的，更何況什麼是漢人？任誰都無法給出一個標準而正確的答案。如果要深入探討這個問題，可能要令唯漢族主義者洩了氣。所謂「漢人」或「漢子」一詞，最早出現在諸胡列國時代，也就是一般所習稱的五胡十六國或五胡亂華時代。北方胡族所建的國家，統治階層當然是胡人，對被統治而人數眾多的魏晉之人，認爲是次等人，是賤民，所以稱之爲漢人或漢子，帶有輕視的意味，所以要把戎狄遷出塞外，是不可行也行不通的。

西晉青瓷騎俑一九五八年出土於湖南省長沙市金盆嶺。

前面說過南匈奴被曹操分爲五部，南匈奴單于於扶羅的兒子劉豹，後來爲匈奴左部帥，其子劉淵，字元海，西晉時以「侍子」的身分到洛陽。劉淵輕財好施，善交權貴，再加上他熟讀經史，所以很快地便在西晉朝野上下獲得很高的社會地位和評價。晉武帝召見他後，就曾加以誇讚說：「劉元海容儀機鑑，雖金日磾無以加也。」可見他不只是有美姿容，而且有眞才實學。

當時三國的孫吳依然在江東稱王，朝廷一度有意要劉淵領兵前去平定孫吳。可是卻有一些大臣質疑他是匈奴人，可能擁兵自重靠不住，如孔恂、楊珧等人就向朝廷上書說：「臣觀元海之才，當今懼無其比，陛下若輕其眾，不足以成事，若假之威權，平吳之後，恐其不復北渡也。非我族類，其心必異。任之以本部，臣竊爲陛下寒心。若舉天阻之固以資之，無乃不可乎？」（《晉書・劉元海載記》）

劉淵之有才華，絕非浪得虛名，晉武帝居然接納了孔恂、楊珧的建議。後來西北有羌族叛亂，晉武帝又想到劉淵似乎可以完成平叛的任務，可是仍然以同樣的理由給否決了。不過，雖然劉淵沒能爲西晉立下戰功，但他的才華都得到各方的肯定。

劉淵建漢趙

西晉統一天下後，沒有重視對待南匈奴的政策。匈奴原是游牧民族，是部落組織，也就是說社會結構仍然停留在以血緣爲基礎的氏族型態。自曹魏、西晉以來，把南匈奴視同漢人一樣，以地方組織爲社會結構的基礎，破壞了匈奴原有氏族結構，引起了南匈奴五部極大反感。但是晉武帝在世時，畢竟是開國之君，武力還強，可是到晉惠帝（西元二九〇～三〇六年在位）時情況就不一樣了。晉惠帝天性癡愚，幾乎沒有治理國家的能力，因此在他任內，引起司馬氏宗室八王之亂，南匈奴五部認這是上天賜給匈奴的機會，可是南匈奴五部共同認可的領袖人物劉淵卻還像人質一樣待在洛陽，於是南匈奴派人潛入洛陽，告訴劉淵，五部願推舉他爲匈奴大單于，只等他脫身回來就可以起事了。這時八王兵戎相向，成都王司馬穎實力稍遜，落於下風。劉淵趁機告訴司馬穎，如果讓他回到自己的部

鎖諫圖

唐閻立本所繪。此圖描述諸胡列國時代漢趙的廷尉陳元達，為皇帝劉聰替寵妃建造宮殿一事向皇帝冒死進諫，後因貴妃的勸諫才免死的情景。現藏於美國弗利爾美術館。

落，可以動員南匈奴兵，以助司馬穎一臂之力，司馬穎正苦於自己兵力不足，一聽劉淵可以帶來「外援」，當然非常高興。

有司馬穎的協助，劉淵回到了南匈奴聚居地，被南匈奴五部推舉爲大單于。他發表了一篇十分精彩的文告：「夫帝王豈有常哉，大禹出於西戎，文王生於東夷，顧惟德所授耳。今見眾十餘萬，皆一當晉十，鼓行而摧亂晉，猶拉枯耳。上可成漢高之業，下不失爲魏氏。雖然，晉人未必同我。漢有天下世長，恩德結於人心，是以昭烈崎嶇於一州之地，而能抗衡於天下。吾又漢氏之甥，約爲兄弟，兄亡弟紹，不亦可乎？且可稱漢，追尊後主，以懷人望。」（《晉書・劉元海載記》）

東山報捷圖

前秦苻堅建元十九年（東晉孝武帝太元八年，西元三八三年），前秦君主苻堅，不顧謀臣王猛的勸阻，執意要在統一北方後，南下攻東晉，意圖統一全中國。苻堅以號稱能「投鞭斷流」的近八十萬大軍，進攻只有八萬軍隊的東晉。但在吏部尚書謝安的帶領下，東晉舉國大團結，力抗強敵，擊退前秦。此役後，前秦失去北方領導地位，讓北方再度陷入割據局面；南方則相對穩定，得以發展經濟，為日後南北朝對立局面奠定基礎。

此圖即描繪冷靜且神色自若的謝安在東山松樹下下棋，等候淝水之戰捷報的情形，由清人蘇六朋繪。

這一篇說詞表明劉淵認爲：第一，因爲和親的關係，匈奴單于的子孫等於漢帝室的外甥。其次，早期漢匈之間曾互爲兄弟，而兄終弟及也是三代時的常規。第三，基於以上兩項理由，他並不自外於中國，而認爲他的政權是西漢、東漢跟三國蜀漢的繼承者，所以定國號爲漢，表示對中國的認同。第四，他將追尊蜀漢後主劉禪。

於是劉淵在西晉惠帝永興元年（西元三〇四年）自稱漢王，建元元熙。胡人建立起純中原式的政權，以匈奴族的劉淵開其先河。四年後（永嘉二年，西元三〇八年）劉淵即皇帝位，改元永鳳，從此掀起胡人建立中原式政權的序幕，在歷史上當然有其特殊意義。

劉淵稱帝之後以蒲子（今山西省臨汾地區隰縣東北）爲都，一時之間勢如破竹，幾乎擁有整個華北及今日部分內蒙古地區。在這個疆界之中，當然是漢人居多，可是統治階層是匈奴人，此外還有許多其他的胡人，所以在政府體制上採取了雙軌的政治制度，也就是說以漢魏傳統的制度治理漢人，對於包括匈奴在內的各個胡人，以草原部落組織加以管理。

這一套雙軌政治制度在中國歷史上是空前的創舉，之後諸胡列國，乃至契丹的遼、女眞的金、蒙古的元及女眞的清，都採用了這種雙軌的政治制度。這套雙軌政制對處理多元民族問題，具有正面的功能，這是匈奴在中國歷史的諸多貢獻之一。

劉淵所建立的「漢」政權，歷經劉和、劉聰及劉粲之後，被劉淵的姪子劉曜所篡，改國號爲趙。幾乎所有的歷史文獻都把劉淵所建的政權稱爲「前趙」，這是爲了區隔稍後羯族石勒所建的後趙政權。其實把劉氏稱前趙是不合適的，劉淵在稱帝的文告中明白說明他所建的政權是「漢」，後來劉曜才改爲趙，可是政權的本質並沒有改變，所以正確名稱應該稱之爲「漢趙」，才算名實相副。漢趙政權後來被羯族的石勒所滅，一共傳了四主，享祚二十六年（西元三〇四～三二九年），既是諸胡列國的第一個，也是胡族所建漢魏式王朝的第一個政權。

赫連勃勃建夏

第二個由匈奴族所建的漢魏式政

權，是劉勃勃建立的夏，劉勃勃的遠祖也是冒頓單于。劉勃勃字屈孑，據史傳所載他身高八尺五寸，當時一尺約等於今日的二十四・五公分，所以大約等於今天二公尺，比普通人高出許多。他不但身材高，而且「美姿儀」，可以說是「其人頎長，相貌堂堂」。

東晉孝武帝太元八年（前秦建元十九年，西元三八三年），前秦苻堅敗於淝水之後，北方各民族紛紛脫離前秦控制。這時劉勃勃的父親劉衛辰占有朔方一帶，而且有控弦之士三萬八千多人，在當時也算是一股不小的力量。那時鮮卑族的拓跋珪已經建立北魏，勢力正如旭日初升，銳不可當，劉衛辰竟自不量力與北魏爭鋒，結果被殺。劉勃勃因此逃奔叱干部（鮮卑的一族），這時各胡族部落都降服於北魏，故叱干部的首領他斗伏本來也要把劉勃勃送到北魏，儘管他斗伏的姪子阿利認為劉勃勃家破人亡前來投奔，把他抓了送去北魏，不是仁者所該做的事。但他斗伏怕北魏責怪，最後還是把劉勃勃送到北魏。當時北魏都於平城（今山西省大同

北魏騎馬武士陶俑（裝甲騎兵陶俑），高三八・五公分、馬長三四・五公分，一九五三年在陝西省西安草場坡出土。現藏於中國國家博物館。

市），結果在途中，阿利竟然派人救出劉勃勃，然後把他送到羌族姚興（建立後秦）的部屬高平公沒奕于（或作沒奕干）處。沒奕于見劉勃勃儀表堂堂，英氣逼人，就把女兒嫁給他，原來像喪家之犬的劉勃勃，這下有了安身之地。

後來後秦姚興見到劉勃勃，也欣賞他的儀表、談吐，對他禮敬有加，拜爲驍騎將軍，加奉車都尉（皇帝參乘的侍從官，是接近皇帝的武官），後來更任命爲安遠將軍，並且封爲陽川侯，讓他協助岳父沒奕于鎮守高平（今山西省晉城市內），還把朔方一帶的各族胡人及劉衛辰原來的部屬人民三萬多人，都配屬給劉勃勃。

這下原本就富有野心的劉勃勃有了部眾，如虎添翼。而姚興的弟弟姚邕以及羌族勛貴都力勸姚興：「劉勃勃對長上無禮，對部屬殘忍，不念舊情，只知利害，過分寵信，終將成爲後患。」姚興仔細回想，劉勃勃確實有這些缺點，這才稍微對劉勃勃疏遠，不過仍然封他爲持節安北將軍、五原公，再賜給他三交（今陝西省榆林市西）的五部鮮卑及雜胡二萬餘落，劉勃勃一下子有了二十幾萬部屬，形成一股很可觀的力量。這時是東晉安帝義熙二年（後秦姚興弘始六年，西元四〇六年）。

與此同時，北魏的力量急速發展，後秦眼看無法與之抗爭，便不得不與北魏通和。這下惹怒了劉勃勃，因爲他父親劉衛辰就是被北魏所殺，於是劉勃勃就先殺了岳父高平公沒奕于，之後正式叛離後秦，在東晉義熙三年（後秦弘始七年，西元四〇七年），自稱天王、大單于。劉勃勃自認匈奴是夏禹的後代，所以定國號爲

劉勃勃改姓詔

朕之皇祖，自北遷幽、朔，姓改姒氏（夏禹姓姒，劉勃勃自認是夏禹之後），音殊中國，故從母氏為劉。子而從母之姓，非禮也，古人氏族無常，或以因生為氏，或以王父之名。朕將以義易之。帝王者，系天為子，是為徽赫，實與天連，今改姓曰赫連氏，庶協皇天之意，永享無疆大慶。

（《晉書·赫連勃勃載記》）

夏，建元龍升，完全仿照漢魏制度，設置機構，任命文武百官。就這樣，又一個匈奴族所建的漢魏式王朝成立了。

劉勃勃建立政權之後，認爲他的劉姓是由於匈奴跟漢朝和親，所以從母姓，這是不合於中國傳統禮俗，從此也可看出他雖然是匈奴人，可是總以中國人自居。既然從母姓不妥，所以要改姓，從此稱赫連勃勃。

而他所建立的政權也都以赫連夏稱之。以往一般人都以爲「赫連」是匈奴話的音譯，但從他的改姓詔書來看，「赫連」這個姓還是漢姓，就像祖先曾經被封「公」這種爵位的人，他的後代就可以以「公孫」爲姓一樣，是有意義的複姓，絕對不是匈奴姓的音譯。

赫連勃勃爲人殘酷，但也極其聰明，當他起兵叛離後秦不久，就侵入姚興的三城（約今陝西省延安市東南）以北各地。那時他的手下力勸守高平，並以之爲都，然後再圖發展。可是赫連勃勃卻認爲：「國家初建，根基未固，姚興也是一時之選，關中一帶（今陝西中部到甘肅東南）他人根本就別想染指，而且後秦各鎭將士都很認眞防守，如果固守一地，後秦一定全力攻我，我們恐非其敵，很快就會被他們所滅。所以我以游擊方式，他如果守東，我們就攻其西；他如守前，我們就擊其後，讓他們防不勝防而疲於奔命，我們則優游自在，掌握主動，相信不出十年，嶺北、河東都將爲我所有。」他這一番話充滿戰略上的智慧，跟近代許多戰略專家所提出的游擊戰不謀而合。不只如此，赫連勃勃還認定只要姚興一死，他的王位傳至兒子姚泓這個不成材的傢伙，到時長安就垂手可得了。

姚興過世後，部屬就勸赫連勃勃趁機拿下長安，但是他了解當時「國際」情勢，南渡後的東晉有一股北伐的氣氛，其中尤以權臣太尉劉裕爲了厚植自己的實力，更是不遺餘力主張北伐，而且身體力行，在東晉義熙六年（西元四一〇年）親自率兵北伐，滅了由鮮卑慕容德所建的南燕（今山東西部），生擒南燕皇帝慕容超，帶回東晉都城建康（今江蘇省南京市）殺之，所以後秦姚興一過世，劉裕必然還會北伐。而且赫連勃勃深信劉裕絕不甘心只做個中興名臣，遲早會篡奪東晉皇帝寶座，但是要篡位就必得建曠世奇功，這個曠世奇功莫過於滅了後秦，奪回長安古都。所以劉裕必伐後秦，而且以他的決心跟兵力，姚泓絕對不是對手。等劉裕奪下長安後，一定會趕回東晉都城建康謀奪皇位，只會留下兒子劉義眞鎭守，劉義眞爲人難堪重任，所以赫連勃勃到時再出兵奪取長安，就易如反掌了。而後來的一切發展就如赫連勃勃所預料，凸顯出赫連勃勃的過人聰明才智。

赫連勃勃生性殘忍，殺人如麻，赫連夏鳳翔六年（東晉義熙十四年，西元四一八年），赫連勃勃攻下長安後，大肆殺戮，把斬殺下來的人頭築成景觀，號稱髑髏臺，又築壇灞上（今陝西省西安市內）。並在這一年正式稱帝，同時改元昌武。

匈奴遺跡統萬城

赫連勃勃還有值得一提的大事，就是鳳翔元年（東晉義熙九年，西元四一三年），赫連勃勃在朔方水北、黑水之南，營建都城，以便「君臨天下，統御萬邦」，故將此城取名爲「統萬」。朔方水即爲無定河，這條河因爲河水流徙不定，故有此名，朔方水源於今內蒙古自治區伊克昭盟烏審旗境，由黑水

統萬遺跡

位於今陝西省和內蒙古自治區交界處的赫連夏都城。在陝西省榆林市靖邊縣紅墩界鎮白城則村的紅柳河北岸。統萬城始建於東晉義熙九年（四一三年），一直延續使用至北宋太宗淳化五年（九九四年），後因城周圍為沙漠所覆蓋，遂成為廢墟。

後趙材官將軍章（鎏金），現藏於上海市博物館的中國歷代印章館。

（今名哈柳圖河）、金河（今名錫拉烏蘇河）及奢延水（今名額吐河）三河匯流而成。無定河雖然不是什麼源遠流長的大河，卻是古往今來有名的戰場，多少青年男子埋骨於此，所以在歷史上頗有名氣。

赫連勃勃選在無定河畔建築統萬城，自有眼光獨到之處，而這座統萬城的建築方式更是匠心獨具，可說巧奪天工。除了堅固之外，在四周城牆還建了前所未有的「馬面」。所謂「馬面」，北宋沈括（西元一〇三一～一〇九五年）所著《夢溪筆談》內有詳細的解釋。原來一般城牆跟地面都呈垂直狀態，敵人一旦靠近城牆，會形成死角，所以必須把牆築得很厚，這樣是對人力物力的浪費，因為即使城牆再厚，敵人一旦躲在死角，守城者就對之莫可奈何，只要假以時日，再厚的城牆也有被挖破的一天。馬面的設計就是要消滅這個死角，也就是在城牆的基礎上，每隔一段距離向外凸出築一道牆，這樣只要站在這凸出部分防守，就可以將原來死角處看得一清二楚。這種空前的設計，在建築學上有重要的價值。

統萬城從鳳翔元年開始建築，到鳳翔六年（東晉義熙十四年，西元四一八年）始告完成。北魏人酈道元在所著的《水經注》就曾提到統萬城，而且說它「崇墉若新」，此時距離統萬城建築已經一百年了。北宋沈括曾任延州知事，親自到過統萬城，當時這座城還完好如初，算算已經五百多年了，若非堅固無比，怎禁得起五百多年風霜雨雪的侵襲，但是對鋪天蓋地而來的滾滾黃沙，就無能為力了，因此如今的統萬城已經被黃沙所吞噬。

赫連勃勃所建的赫連夏，一共傳了三主，共二十五年（西元四〇七～四三一年）。

羯族石勒的後趙

除了這兩個政權外，南匈奴另建

後趙關內侯印，現藏於上海市博物館的中國歷代印章館。

有其他政權。「羯族」以往幾乎所有文獻都說是匈奴的別部，所以也都看作是匈奴。這種說法或看法雖然不能說是全錯，但絕對是不正確的，而且談到羯族的起源時，總是說此族源於上黨武鄉羯室，然而事實並非如此，此處且作一簡單的分析，就會知道傳統的說法大有問題。

且看《魏書・羯胡石勒傳》，羯族石勒其先匈奴別部。所謂匈奴別部，擺明了就是說羯胡不是匈奴，只是被匈奴統治的一個民族或一個部落。匈奴在冒頓、老上、軍臣這三個單于任內時，是武力最強盛的時代，當時無論是天山南北，或遠到今天中亞河姆河、錫爾河之間，這個廣大地區裡各個民族都受匈奴控制。中亞當時有石國、康居、大小曹、史國等，這些國家對驍勇善戰的勇士稱「柘支」、「赭時」或「柘羯」，匈奴攻到中亞時，將一群柘羯虜到匈奴來，成爲匈奴的一部，集中放在上黨武鄉的某一個地方，由於這個地方住的都是柘羯人，所以就把這地方稱爲「羯室」，後人不察反過來說羯族源於羯室，這是倒果爲因的說法，不足採信。

如果進一步看，中外學者幾乎一致認爲匈奴族是蒙古利亞種，也就是習慣上所說的黃種人，在體質特徵上跟漢人、蒙古族差別不太，但是匈奴進入西域前，生活在西域的人種是高加索種，也就是白種人，他們的體質特徵是「深目、高鼻、多鬚」，這種體質特徵，在羯族身上都能找到，《晉書．石季龍載記》就指明羯族有這種體質特徵，體質特徵是天生的，無法造假，羯族不是匈奴，可以說是鐵證如山了。

不只體質上證明羯族不是匈奴；在語言上，羯語也不是匈奴語，且看南朝梁僧人釋惠皎撰有《高僧傳》，其中卷九〈神異上〉就說到：當石勒跟漢趙劉曜作戰時，劉曜率大軍攻洛陽，石勒只有少量的兵，想親自拒戰，由於兵力相差太多，石勒部下都加以勸阻，石勒就請教西域高僧佛圖澄，佛圖澄說：「剛從鈴聲中聽到『秀支替戾岡，僕谷劬禿當。』」並且明白指出這是羯語，意思是只要石勒的大軍一出動，就會活捉劉曜。這裡明白指出「秀支替戾岡，僕谷劬禿當」是羯語，如果石勒或羯族是匈奴族，何以不乾脆說匈奴語呢？所以羯族不是匈奴是再明白不過的事，而其族源是來自今天的中亞，是白種人的一支。

除此之外，儘管是中亞的羯人，嚴格說只是中亞人，因爲年輕善戰，在中亞稱之爲柘羯，被匈奴擄來東方後，簡稱之爲羯族，雖然到東方很久了，但是他們聚族而居上黨武鄉，所以保留了自己的語言跟一些習俗。另外像中亞的葬俗是以火葬爲主，無論匈奴或漢人都沒有火葬之俗，但羯族仍然保有火葬之俗。

以上所說的這些，即可證明羯族不是匈奴，但曾經長期服屬於匈奴，而被視爲匈奴別部，所以古往今來許多文獻誤認爲羯族是匈奴。

羯族首領爲石勒，其人身世極爲坎坷，小時候曾經被賣爲奴隸，後來逃走了，逃的時候有一批同時被賣爲奴隸的羯人跟著他，他就帶著這批人投靠西晉人汲桑。汲桑可能知道這些羯人的祖先來自西域石國（今烏茲別克首都塔什干，Toshkent，其意即爲石頭城），所以就給這批羯人帶頭的人以石爲姓名。

古代中國人有個習慣，外國人來華時，總是以他所來自的國名或地名作爲這個外國人的姓，例如來自康國的就讓他姓康；來自月支的姓支，來自高麗的姓高；來自曹國的姓曹；來自石國的當然就以石爲姓了。

石勒雖然目不識丁，但是卻極聰明，而且勇敢善戰，有了自己的部屬之後，他的力量慢慢壯大起來。這時正遇上南匈奴劉淵建立漢政權，積極開疆拓土，需才孔亟，於是石勒就投奔劉淵。由於石勒足智多謀而又能征善戰，所以匈奴劉漢政權的版圖大半是石勒打下來的。對於劉淵，石勒還算服服貼貼，可是劉淵死後，帝位輾轉傳到劉曜手裡，石勒可就不服氣了。

爲了攏絡石勒，劉曜拜石勒爲太宰、大將軍，加九錫，並且增封七郡（之前石勒已領有二十郡），出入警蹕，冕十有二旒，乘金根車，駕六馬，讓石勒的地位一如東漢晚期的曹操。但是石勒根本就看不起劉曜，再加上漢趙的江山大部分都是他打下來

甘肅省的敦煌莫高窟壁畫，此圖成於北魏，畫名是《鹿王本生圖》。

的，於是久而久之，他就想南面稱帝，劉曜這種虛名的賞賜，豈能填滿石勒的慾壑。

石勒曾說：「帝王之起，豈有常邪，趙王、趙帝，孤自取之，名號大小，豈其（指劉曜）所節邪！」於是就以他所統轄的二十四郡、二十九萬戶自立為趙國。後代史家為了區隔，就稱劉曜的趙為前趙，石勒的趙為後趙，時為東晉成帝咸和三年（三二八年）。

石勒儘管不認識字，但為人聰明的他常命左右讀《春秋》、《史記》及《漢書》等史書給他聽，當他聽完一件史實時，就會作出一些評論，居然都能跟古書所載相同，他的智慧可見一斑。近代史家呂思勉就曾在所著的《兩晉南北朝史》裡稱讚石勒：「在五胡之中，石勒確可稱之為一人物，……而於中國情形，頗能了解也。」這可說是相當公正的評論。

石趙既建趙政權之後，仍然模仿漢趙雙軌政制模式，也就是治漢人以漢人傳統的原則；而治理包含羯族在內的各胡族則以胡族的傳統習俗。

石勒稱帝後，將國都自襄國（今河北省邢台市）遷往鄴城（今河北省邯鄲市臨漳）。後來還滅掉漢趙，幾乎統一北方。石勒有意跟東晉偃武息兵，所以曾修書並遣使赴東晉，據《晉書．成帝本紀》所載：「石勒遣使賂，詔焚之。」可見石勒確有修好之意，但東晉燒了石勒的國書，和解修好之議也就不了了之。

石勒以羯人及其他胡族青壯組成禁衛軍，交給養子石虎統率，石虎跟石勒有時也以兄弟相稱，在石勒打天下過程中，石虎出力最多，深得石勒重用。石勒信佛，非常崇信西域高僧佛圖澄，他的理由是佛陀是戎狄之人，而羯族也是戎狄之人，所以信戎神自有其道理。他重用佛圖澄，在佛圖澄一再勸說之下，讓他殘忍好殺的個性改了不少。

東晉咸和八年（西元三三三年），石勒過世，後趙帝位幾經爭奪，最後由手握重兵的石虎奪得帝位。石虎的殘酷好殺非石勒之所能比，他連太子石邃都殺，而且石虎不恤民力營造宮室，後趙因此民不聊生。石虎死後，國內大亂，石虎的養子，漢人冉閔率兵造反，凡是具有羯族「深目、高鼻、多鬚」特徵的都殺，一時殺了二十多萬人。後趙亡，總計傳了五主，共二十四年。

沮渠蒙遜的北涼

另外，盧水胡沮渠蒙遜曾建有北涼。歷來提到沮渠氏的北涼時，都將之列爲匈奴系，我們且看《晉書・沮渠蒙遜載記》是這麼記載的：「沮渠蒙遜，臨松盧水胡人也，其先世爲匈奴左沮渠，遂以官爲氏焉。」

這段記載明指沮渠蒙遜爲臨松盧水胡人，後面才接著說他祖先是匈奴左沮渠，所以以官位爲姓。如果再仔細閱讀《史記》及《漢書》所載，匈奴的官職只有左右賢王、左右谷蠡王、左右大將、左右大都尉、左右大當戶及左右骨都侯等，並沒有左右沮渠，但是《晉書》所列的匈奴官職就有沮渠這個名稱了。從這裡可知沮渠是西漢以後匈奴新增加的官號。

匈奴這個民族稱號，基本上就是許多民族的融合，純匈奴血緣的人可能不多，單于的攣鞮氏、呼延氏、須卜氏、蘭氏及喬林氏等，很可能就是構成匈奴的主要氏族，之後由於武力的增強，逐漸吞併鄰近各民族，像滾雪球般愈滾愈大，由近而遠，愈吞併愈多。由於匈奴強大，威名遠播，這些被吞併的民族也樂得以匈奴民族自居，如《漢書・卷九十四》就明載匈奴進入西域後，「樓蘭、烏孫、呼揭及其旁二十六國皆已爲匈奴，諸引弓之民併爲一家」，就可以看出這些被併入匈奴（也就是被征服）的各民族都以匈奴自居。從這裡我們可以推測沮渠部也是被匈奴併入的一個民族，由於人數眾多，就分爲左、右兩部，各設一個沮渠的官職來管理這些併入的沮渠人，當然日子久了，總不免吸納了許多匈奴的語言、習俗，後人不察，以爲沮渠就是匈奴，這種看法其實是不正確的。

近代已經有一些史學家也漸明白沮渠不是匈奴，而將之列爲「雜胡」，如唐長孺撰有〈魏晉雜胡考〉一文，就將沮渠列爲雜胡，所以沮渠不是匈奴，應該逐漸爲學術界所接受。只是以往總把沮渠當作匈奴的一部分，所以這裡也把沮渠蒙遜所建的北涼酌加介紹。

盧水胡沮渠部起初都臣服於由氐族呂光所建立的後涼，沮渠蒙遜的伯父沮渠羅仇、沮渠麴粥曾經隨同呂光攻打河南，呂光大敗後，麴粥就勸羅仇何不趁此時自立門戶，但羅仇則以

「我們沮渠家族向以忠孝傳家，所以四方之人都來歸附，寧願別人辜負我們，我們絕不辜負別人」爲由，不聽麴粥的勸告，不久之後，羅仇竟被呂光所殺，受牽連而被殺的同宗、姻親達一萬多人。

沮渠蒙遜趁機鼓動群眾脫離後涼呂光的控制，一開始只有一萬多人附和，由於實力還不足以自立，暫時依附後涼建康（今甘肅省張掖地區高台縣）太守段榮，屯聚金山（今甘肅省張掖地區山丹縣）。並鼓動段榮建元立號，稱使持節、大都督、龍驤大將軍、涼州牧及建康公，建元神璽，史稱北涼。後來沮渠蒙遜運用各種手段，終於殺了段榮，奪得北涼政權，自稱大都督、大將軍、涼州牧及張掖公，改元永安，時爲東晉義熙六年（西元四〇一年）。

沮渠蒙遜既有北涼，眼見鮮卑拓跋氏所建立的北魏氣勢如虹，北涼一隅之地，絕非其敵，必得預找退路，盱衡當時「國際」情勢，只有向西域發展，但是未及實行就過世了，王位由他兒子沮渠牧犍（或作沮渠茂虔）嗣立。

當時北魏正積極向外擴張，於太武帝太延五年（南朝宋元嘉十六年，西元四三九年），出兵伐北涼，北涼不敵降於北魏，於是有史家以此年爲北涼政權的結束。其實不然，沮渠牧犍雖然降於北魏，可是他的弟弟沮渠無諱時任北涼征西將軍、沙州刺史，都督建康以西諸軍事，領酒泉太守，可以說是北涼在高臺（今甘肅省張掖市高臺縣）以西最高軍政長官，因此一時間吸引不少沮渠貴族前來投靠，也就是說今天甘肅省西部都還在沮渠控制之下。北魏當然不容許這種情況存在，正要出兵討伐時，位於北魏北方的另一支游牧民族柔然卻趁機南侵，且逼近北魏國都平城，北魏不得不回師援救。這下又給北涼殘存政權喘息機會。由於之前北涼就有向西域發展的構想，於是沮渠無諱就派弟弟沮渠安周率兵攻打鄯善（今新疆維吾爾自治區吐魯番地區鄯善縣）。

後來沮渠無諱終不敵北魏，率眾向西依附已立足於鄯善的沮渠安周，之後又出兵攻打高昌並克之，北涼就在西域苟延殘喘了幾年。直到北魏文成帝和平元年（南朝宋大明四年，西元四六〇年），柔然攻高昌，殺了沮渠安周，至此北涼才算眞正滅亡。總計傳了四主，共六十年，在諸胡列國中算是享祚比較長的政權。

酒泉

西漢武帝元狩二年（西元前一二一年），霍去病與匈奴作戰時大勝，武帝賜美酒以為犒賞，霍去病因而將酒倒入金泉之中，與眾將士共享，此地因此更名為「酒泉」。

第十一章 北匈奴的遷徙

北匈奴控西域

南匈奴單于烏珠留若鞮駕崩後（新莽始建國五年，西元十三年），將單于位傳位給弟弟烏累若鞮，之後再傳給給弟弟輿（新莽天鳳五年，西元十八年），輿嗣位號呼都而尸道皋若鞮單于，任異母弟，王昭君之子智牙師爲右谷蠡王；烏珠留若鞮之長子比爲右薁鞬日逐王；自己的兒子蒲奴爲左賢王，好在日後接任單于位。但呼都而尸道皋若鞮單于深恐才華洋溢的智牙師將來會不利於他兒子，於是就藉故殺了智牙師。

此舉引起右薁鞬日逐王比的不滿，認爲：「如果以兄終弟及的繼承法則而言，應該以右谷蠡王智牙師爲左賢王，如果以父子繼承的方式而言，我是前單于的長子，應該由我當左賢王。」於是忿忿不平的他，從此就很少參加單于庭的集會。

日逐王比統領南邊八部之眾，人數既多，力量也大，呼都而尸道皋若鞮單于對他也起了疑心，想設法殺了他，於是派了兩個骨都侯來監領比所統率的兵。

呼都而尸道皋若鞮單于駕崩後，果然由兒子蒲奴依次立爲單于。日逐王比就更氣忿不平了，私下派了漢人部下郭衡拿著南匈奴地圖見東漢西河太守，希望能歸附東漢。這項祕密行動被單于所派來監領的兩個骨都侯察覺，就勸蒲奴單于趁五月大會單于庭時，殺了右薁鞬日逐王比，以絕後患。沒想到這話被正在單于帳下，比的弟弟漸將王聽到，立刻派人飛奔南部告訴了比。比就召集了八部四、五萬人，原想等那兩個骨都侯回來殺了他們，再南下歸附東漢，可是這兩骨都侯也十分機伶，察覺到比的陰謀，所以逃走了。這時蒲奴單于也派了一萬多騎兵想攻擊比，只是一看比的軍隊陣容壯大，就退走了。這時是蒲奴單于二年（東漢光武帝建武二十三年，西元四十七年）。

右薁鞬日逐王比率同南邊八部大人附漢，自立爲呼韓邪單于，這是爲了紀念他祖父稽侯珊歸附西漢後的稱號。於是匈奴再次分裂南北兩部，呼韓邪單于比在南，文獻上稱之爲南匈奴；蒲奴單于在北，所以稱爲北匈奴。

建武二十五年（西元四十九年），也就是北匈奴蒲奴單于四年，東漢遼東太守祭彤以財物賄賂鮮卑大人偏何，鼓動偏何率鮮卑兵攻擊北匈奴，宣稱只要立下功勞，東漢朝廷就有重賞。至於如何證明攻打北匈奴而且立下功勞呢？那也簡單，只要把斬殺的北匈奴人頭拿來證明就可以。俗話說：「重賞之下，必有勇夫。」偏何果然就率兵攻打北匈奴，殺了兩千多人，再到遼東郡領賞，祭彤也沒有食言。可能是賞賜的分量夠，所以之後好幾年，鮮卑都出兵攻擊北匈奴，然後向遼東領賞。北匈奴經過一連串的攻擊，國力下降，也就無力侵犯東漢的邊塞。

就在鮮卑大人偏何率兵攻擊北匈奴的那一年，南匈奴呼韓邪單于比的弟弟左賢王莫，也率兵一萬多人，向北攻打蒲奴單于的弟弟薁鞬左賢王，不但打了勝仗，而且還生擒了北匈奴的左賢王。匈奴有一個特色，抓來的或投降的人都不會加以殺害，還會讓他們聚集而牧，就像西漢時李陵戰敗受傷，然後降於匈奴，匈奴沒有殺他，還讓李陵當上匈奴的官；對於衛律、李廣利、蘇武、張騫等人，也都沒有殺害。這次生擒北匈奴薁鞬左賢王跟許多北匈奴人，南匈奴也讓薁鞬左賢王繼續帶著這些部屬在南匈奴境內駐牧。

且說北匈奴一見連左賢王都被生

擒，當然緊張不已，連忙向後撤退了一千多里。就在這時，北匈奴的薁鞬骨都侯跟右骨都侯又帶了三萬多人，向南投奔南匈奴，北匈奴就更形衰弱。

隔年，原來被活捉的北匈奴薁鞬左賢王，又率著自己的部下，並且還鼓動南匈奴的韓氏骨都侯、當于骨都侯、呼衍骨都侯以及栗藉骨都侯總共三萬多人，逃向北匈奴。到了離蒲奴單于庭三百多里之地時，薁鞬左賢王自立爲單于，只是好景不長，才一個多月卻彼此互相攻擊，左賢王自殺，而那五個骨都侯都被殺死，骨都侯的兒子各自擁兵自守。

到了那一年冬天，各骨都侯的兒子又帶了三千多人想再回到南匈奴。從這裡可以看出草原游牧民族的生存法則是只講力量和利益。就在這幾個骨都侯的兒子帶著三千多名人馬向南邊投靠時，北匈奴蒲奴單于得到消息，立刻率領眾多人馬趕來攔截，果然都被北匈奴給截留。而南匈奴呼韓邪單于也獲悉這個訊息，派兵北上迎接，南、北匈奴兩軍相遇，免不了大戰一場。這一場南匈奴輸了，三千多人被北匈奴俘虜，增強北匈奴不少實力。

眼見北匈奴還是相當強悍，東漢朝廷就下詔要南匈奴向內遷到西河美稷一帶駐牧，命東漢中郎將段郴及副校尉王郁統兵留駐西河，以保護南匈奴。由於段郴等人兵力強大，北匈奴蒲奴單于心裡有些畏懼，就把之前犯邊時俘獲的漢人放了一些回來，以示善意，而且每次率兵南下，經過東漢的關卡時，都會解釋只是來追擊逃亡的薁鞬日逐王，不是要侵犯東漢的邊郡，一副誠惶誠恐的樣子，十足說明其時北匈奴的實力尚無法跟東漢相抗衡。

北匈奴蒲奴單于六年（建武二十七年，西元五十一年），北匈奴遣使到東漢請求准予和親。東漢光武帝交由公卿大臣討論，當時的太子說：「南匈奴剛來歸順，北匈奴怕我們攻擊，所以暫時俯首聽命，請求和親，只是表示想跟我們和睦相處，以便跟南匈奴爭寵。我們現在既沒有出兵討伐他，如果反而跟他和親，只怕南匈奴會不安心，可能會生變。而且北匈奴想來歸降的人，也不敢來了。」太子的分析合情入理，對匈奴的民族性也有深入的認識，也就是在力不如人時，立刻低聲下氣；只要一旦力量夠大時，也就立刻拉高姿態而盛氣凌人。

次年，北匈奴再次遣使到洛陽，除了依然請求和親之外，還請求東漢能給他們一些音樂（指樂器或樂工），並且還請求同意北匈奴率同西域各國使者一同來洛陽朝見天子，這似乎在暗示東漢，西域各綠洲國家現時被北匈奴所控制了。

西漢在武帝大伐匈奴後，西域三十六國都成爲西漢的藩屬，西漢也派有校尉監臨西域各綠洲國家。到西漢宣帝時改校尉爲都護，元帝時再改爲戊、己兩個校尉，屯田在車師前王境內。到了西漢哀、平之際，西域從三十六國分裂成五十五國，但還是跟西漢保持和睦、友好且近乎臣屬的關係。王莽主政後，因其人好大喜功，食古不化，又常胡亂改制，使得西域各國由怨憤而叛漢，又倒向南匈奴。後來南匈奴再分裂爲南北，這些西域國家都歸附了第二次分裂的北匈奴。所以這時北匈奴使者才會說要帶西域各國使者前來洛陽，這番話意在表示北匈奴還有相當實力的意味，當然也有可能是虛張聲勢而已。

東漢狩獵圖畫像石（拓片局部），凸面線刻。出土於山東省濟南市。

南北匈奴的對立

東漢光武帝將北匈奴使者的請求交三府（指太尉府、司徒府及司空府，有時也稱三公）討論，當時司徒掾班彪上了一個長篇大論的奏摺，大意是：「匈奴是北方大國，現在見南匈奴前來歸附，怕朝廷跟南匈奴合作，共同討伐北匈奴，所以一再請求和親，以及驅趕牛馬到邊境互市，派遣名王貴族爲使，貢獻許多禮物，以表示北匈奴富強，其實這只是欺人的假象。」班彪認爲北匈奴貢獻愈多，表示她內部愈貧窮，一再派使前來示好，只能證明其內心愈恐懼，不過朝廷目前既未曾大力援助南匈奴，也不宜跟北匈奴斷絕關係，傳統上所謂羈縻的道理，就是禮尚往來，對北匈奴的賞賜，跟她的貢品價值相當就可以了。此外，並明白告訴北匈奴，西漢時呼韓邪單于、郅支骨都侯單于的所作所爲，跟他們的下場。

而且班彪還預擬一封答蒲奴單于的信，內容大致也是說既有意修好附東漢，那麼西域各國屬北匈奴，跟屬東漢有何不同？不必帶他們來朝見。現在你們北匈奴國內尚未平靜，用不到樂器，也就不送了。至於和親，南匈奴也數度請求和親，都還沒有答應，北匈奴和親之請也就暫時不談了。

班彪這一份奏摺可謂情理兼顧，軟硬兼施，光武帝全部採納照辦。

到了東漢明帝永平二年（北匈奴蒲奴單于十三年，西元五十九年），北匈奴護于丘率領了一千多人投降東漢。

永平五年（蒲奴單于十六年，西元六十二年），北匈奴六、七千騎入五原，寇掠雲中以至原陽（今河南省新鄉市原陽縣），南匈奴引兵抵抗，東漢西河長史馬襄立刻率兵救援，北匈奴一見苗頭不對，只好引兵撤退。

隔年，北匈奴又多次南侵，東漢不勝其擾，也引以爲憂。而北匈奴掠奪之餘，又遣使請求和親跟邊境互市，可見北匈奴對於戰略的運用相當靈活，先是寇掠，接下來要求和親互市，軟硬交互運用，既不愚蠢也非盲動。東漢這時是明帝（西元五十八～七十五年）在位，明帝個性比較保守，只求北匈奴的不騷擾邊境，因此對北匈奴的請求多所准許。《後漢書》沒有記載詳細的情形，很可能確有和親之舉，只是史傳無載。

且說南匈奴自歸附東漢之後，對於北匈奴的存在有著一種矛盾的心態。對南匈奴而言，北匈奴始終是一種威脅，所以經常請求東漢朝廷派兵出擊北匈奴，南匈奴也願意出兵配合，用以凸顯南匈奴存在的意義，而且更希望能徹底擊毀北匈奴，以杜絕後患。可是又擔心一旦北匈奴被消滅了，那麼南匈奴爲東漢守護北方邊疆、抵禦北匈奴的功能也跟著消失，到那時東漢朝廷要對付的就只剩下南匈奴了。這種矛盾心態，使得南匈奴既要北匈奴存在，卻絕不願見到東漢跟北匈奴有良好的互動，因此對於北匈奴數次遣使到東漢，以及東漢的回聘，始終耿耿於懷且不以爲然。

中國古代印鑒：「漢匈奴惡適姑夕且渠」，現藏於山西省祁縣文化館。

南匈奴須卜骨都侯探聽到東漢跟北匈奴互派使者，就在永平八年（蒲奴單于十九年，西元六十五年），暗中派人到北匈奴鼓動發兵南侵。正巧就在這一年，東漢派越騎司馬鄭吉爲使到北匈奴，鄭吉一行才出塞就探知南匈奴須卜骨都侯派人到北匈奴，於是立刻上書朝廷，請求更換駐南匈奴大將，以防止南北匈奴暗中來往。因此東漢才設置度遼營，以中郎將吳棠代理度遼將軍，又以副校尉來苗、左校尉閻章、右校尉張國率軍屯駐五原曼柏，另派騎都尉秦彭將兵駐美稷。

就在這年秋天，北匈奴果然率二千騎兵在朔方郡邊觀望，並製馬皮船（以皮筏作爲渡河的工具，今天在中國西北地區仍可見），想渡過黃河襲擊南匈奴，後來偵測到東漢已派兵等候，也就只好撤退了。不過在此後好幾年，北匈奴都連年出兵寇掠東漢沿邊各郡，殺掠相當嚴重，東漢明帝深以爲憂。

由於文獻不足，北匈奴蒲奴單于究竟在位幾年，無從稽考，只能確定直至永平八年（西元六十五年）時，蒲奴單于仍然在位。

由於地理位置的接近以及匈奴自身發展需要，南北匈奴都需要控制西域各綠洲國家，使西域成爲匈奴的物資補充基地，所以想徹底解決匈奴問題，必定要切斷西域跟匈奴的來往，這就是西漢武帝在幾次討伐匈奴之後，知道必須斷匈奴右臂，才能徹底摧毀匈奴的歷史背景。現在北匈奴又擁有對西域的控制權，因此更難摧毀北匈奴。明帝對北匈奴的屢次寇掠邊郡甚感困擾，如果想有效打擊北匈奴，就必得仿效西漢斷匈奴右臂的作法，一方面通使西域，聯合西域，結成同盟，然後會同南匈奴、烏桓兵，共同出擊北匈奴，這樣才能達到徹底摧毀北匈奴的目的，這是一個較長程的戰略構想。

但是無論通西域乃至跟西域結盟，都需要時間，不是一蹴可幾的事，而北匈奴連年入寇，卻是迫在眉睫，需要立刻解決的問題。所以永平十六年（西元七十三年），東漢發動沿邊各郡兵，派諸將分四道出塞伐北匈奴。南匈奴派左賢王信，隨東漢太僕祭彤、遼度將軍吳棠出朔方、高闕，攻打北匈奴皋林溫禺犢王於涿邪山，北匈奴一知東漢大軍前來，全部越過大漠向北而逃。

東漢軍隊長途北伐，既要考慮天候因素，尤其是入秋之後，蒙古高原寒氣逼人；又要考慮糧草補給問題，譬如預計要打三個月的戰，就必須準備半年的糧草，可以說是不勝負擔。而漠北草原又是無限寬廣，所以祭彤、吳棠一見北匈奴逃往漠北，也就不再追趕了，但是卻因沒有依命令追到涿邪山，而在事後被東漢免職。這一次東漢出動大軍卻一無所獲，浪費了許多資源。

也就在同年，北匈奴回過頭來入寇雲中，且進入漁陽，漁陽太守廉范領兵擊退北匈奴。東漢明帝命將領高弘發沿邊三郡兵追擊北匈奴，卻一無所獲。可見在莽莽草原上是有利於進行游擊戰，而游擊戰正是草原游牧民族所最擅長的。

同樣是在永平十六年，東漢開始推展斷北匈奴右臂的戰略，派顯親侯竇固出酒泉到天山，設法取西域東端的伊吾盧（今新疆維吾爾自治區哈密地區伊吾縣），並留下士兵在當地屯田，設宜禾都尉。另遣謁者耿秉率軍出張掖，至三木樓山（今不詳），以伐北匈奴。

定遠侯班超

起初竇固先派他的假司馬班超等三十六個人出使西域，班超奉命之後，先到鄯善。初到時，鄯善王廣很有禮貌地接待班超，後來忽然變得怠慢了。政治嗅覺特別靈敏的班超就對陪同的屬員說：「你們不覺得鄯善王廣接待我們的態度變差了嗎？一定有北匈奴的使者來了，讓鄯善王不知道該怎麼辦才好。智者要在事態還沒有

班超像。班超因經營西域有功而被東漢封為「定遠侯」。

明朗之前就要想出對策，何況這事已經這麼明朗了。」於是就把接待的人找來詢問，直接套他的話說：「北匈奴使者已經來了好幾天了，現在還在嗎？」接待人員不知是計，就把眞實情況說了出來。

這下班超就將接待人員暫時軟禁了起來，立刻召集自己帶來的三十五個人，先跟他們開懷暢飲，等到酒喝到差不多時，再故意用話激怒這些人：「你們現在跟我一樣都是身處絕域，都想立大功、求富貴。現在北匈奴使者才剛到幾天，鄯善王對我們的禮遇就變差了，如果北匈奴使者要鄯善王把我們抓起來送給北匈奴，我們都將死無葬身之地了。你們看該怎麼辦？」這三十幾個隨員齊說：「如今身在險地，如何求生，但憑司馬吩咐。」

班超原就是要他們完全服從命令，現在他們既然如此表示，於是便說：「不入虎穴，焉得虎子！現在只有趁著夜晚以火攻北匈奴使者所住的地方，讓他們不知虛實，一定會驚嚇緊張，這樣就可以一網打盡。只要把北匈奴使者殺光，鄯善王必然會膽破心驚，那時就是立大功的機會。」

那些隨員起先還有所猶豫，說是要跟從事（即參軍）商量。班超大怒說：「吉凶今天就作個決定，從事不過是個書吏，如果聽到我的計畫，必然會嚇得洩了謀，那我們將死無葬身之地。這不是壯士之所當爲。」這下隨員才明白過來，就齊聲應諾。

當天晚上風大而無月，這三十幾個人包圍了北匈奴使者的營地，命十個人拿著鼓到北匈奴使者營地的後面，要他們看到火光時立刻擊鼓並大聲喊叫，其他的人拿著武器埋伏營地門口。接著班超趁著風的方向放起火來，霎時鼓聲夾雜著喊叫聲，北匈奴使者一行果然驚慌亂跑，班超親手殺了三個人，班超的隨員們殺了三十幾個人，其餘一百多名都被火燒死了。

隔天，班超拿著所殺北匈奴使者的首級去見鄯善王，這下整個鄯善國都嚇住了，這時班超才分析必須跟東漢結盟的理由及結盟後的好處。經過這一番轉折，鄯善也口服心服了，並且願意遣子入侍。

永平十七年（西元七十四年），東漢奉車都尉竇固領兵出敦煌討伐北匈奴，在蒲類海（今新疆維吾爾自治區哈密地區巴里坤哈薩克自治縣

班氏一門

班氏在東漢初期是有名的大家族，大家長班彪是朝廷的史官，他認為記載歷史是相當重要的事情，一輩子都在努力補足《史記》裡遺漏記載或尚未記載的歷史，一共寫出了《後傳》六十五篇。大兒子班固繼承他的志業，在父親過世之後，便開始整理《後傳》，並依據這些篇章，最後寫成專門記載西漢一朝的史書《漢書》。

小兒子班超原本也是個文官，但因為認為男兒應該志在四方，因此「投筆從戎」，替東漢開疆拓土，立下不少汗馬功勞，是東漢平定西域的大英雄。就連班彪的女兒班昭，都是當時難得一見的才女，東漢和帝知她學問淵博，還曾親自請班昭入宮，以學者身分禮遇。

班固過世時，《漢書》大部分的篇章已經完成。剩下的一小部分，在東漢和帝的命令下，就由班昭和其他學者合力完成。

境的巴里坤湖）附近擊敗北匈奴，車師國也降於東漢，東漢就設置西域都護及戊己校尉以領西域。次年，北匈奴率兵攻後車師，殺車師後王，又攻戊己校尉耿恭所駐的金蒲城（今新疆巴里坤哈薩克自治縣）。但無功而返即撤退走了。

就在這一年，東漢明帝駕崩，子劉炟嗣立，是爲章帝，次年改元建初。

東漢章帝建初元年（西元七十六年），東漢將原來中郎將的副校尉來苗調升爲濟陰（今山東省定陶縣）太守，以征西大將軍耿秉行度遼將軍，在人事上作了一番調整。三年前（永平十六年，西元七十三年），被東漢打跑的北匈奴皋林溫禺犢王，又將他的部眾帶回涿邪山駐牧，南匈奴打聽到了這情形，就派輕騎兵會同東漢邊緣駐軍及烏桓兵，共同出擊北匈奴，殺了好幾百個人，也招降了三、四千人。

到了建初七年（西元八十二年），耿秉調升爲執金吾，以張掖太守鄧鴻行度遼將軍。次年，北匈奴三木樓訾大人稽留斯等率三萬多人、馬兩萬匹、牛羊十餘萬，到五原塞來降東漢，北匈奴之勢稍弱。

東漢章帝元和元年（西元八十四年），武威太守孟雲上書，說北匈奴希望到邊境從事貿易，章帝詔命孟雲派翻譯人員迎接北匈奴前來貿易。北匈奴由大且渠伊莫訾王等帶來牛馬一萬多頭，跟漢人交易，由先到的北匈奴諸王、大人，沿邊郡縣設宴款待，也賞賜了一些物品，從表面上看似乎北匈奴有意跟東漢和睦相處。

東漢時期的白玉圓雕鳳。（左）長八・二公分，高五・二公分，重一〇九・三克；（右）長八公分、高五・一公分、重一〇一・九克。

前面說過，南匈奴既不願見到北匈奴強大，也不願北匈奴被東漢消滅，可是最不願見到的，還是北匈奴跟東漢和睦相處。而東漢也無意消滅北匈奴，因為只要有北匈奴存在，就可以藉北匈奴的力量牽制南匈奴，這樣南匈奴才會誠心事奉東漢。可是現在東漢竟然准許北匈奴前來互市，顯示雙方關係日見融洽。所以當南匈奴打聽到北匈奴要驅趕牛馬前來互市時，就派遣輕騎兵出上郡，攔截北匈奴的牛馬，再把這些牲口趕到塞內自己的駐牧地，南匈奴此舉意在嫁禍東漢，希望激起北匈奴對東漢的敵意，這也許是南匈奴玩弄「以夷制漢」，用以對抗東漢的「以夷制夷」。

燕然勒石

次年，北匈奴大人車利、涿兵等七十三人逃到塞內，以此推測，當時北匈奴內部可能有類似政變的政治波動，否則難以解釋這些北匈奴貴族何以要逃到塞內。《後漢書》記載：「時北虜衰耗，黨眾叛離，更加以南匈奴攻其前，丁零寇其後，鮮卑擊其左，西域侵其右，不復自立，乃遠引而去。」可以說是相當實在的描述。

就在這一年，南匈奴伊屠於閭鞮單于立。派了一千多個兵到涿邪山狩獵，跟北匈奴溫禺犢王遇上了，打了一仗，殺了溫禺犢王。

這年冬天，武威太守孟雲上書朝廷，大意如下：北匈奴之前曾跟東漢和親，就視同東漢的親善友邦，而南匈奴還來掠奪，北匈奴認爲這是東漢欺騙他們，準備再來寇掠邊郡。爲了雙方和睦，應該將南匈奴所掠奪的牲口還給北匈奴。

東漢朝廷答應了孟雲的請求，下了一道詔書命度遼將軍及領中郎將龐奮將南匈奴所掠得牲口及俘虜還給北匈奴，另一方面對殺北匈奴的南匈奴人論功行賞，也就是說：殺的人愈多，或被殺的地位愈高（像溫禺犢王），賞賜愈多。這一道詔書具有相當的政治「藝術」，既應付了北匈奴交還被奪牲口的請求，以免引起邊境被寇掠的困擾；又對南匈奴作了相當的補償，也就是殺戮北匈奴人可以論功行賞，等於變相鼓勵南匈奴可以繼續進犯「北虜」。就在東漢朝廷這道詔書的鼓勵下，南匈奴單于又令薁鞬日逐王師子率輕騎數千出塞擊北匈奴，斬殺了上千人，且憑這千顆人頭，領到相當的賞賜。這道詔書還有一個副作用，就是要南匈奴多殺北匈奴人，不要掠奪牲口，因爲掠奪牲口要交還，而殺人卻可領賞。更可以製造南北匈奴的衝突，就如一石兩鳥。

北匈奴蒲奴單于究竟於何時駕崩？文獻無徵，但是在東漢章帝章和元年（西元八十七年）時，北匈奴單于已是優留，根據《後漢書》所載，鮮卑在這年進入左地攻擊北匈奴，殺了優留單于。優留

走獸，東漢時期文物，現藏於陝西省西安碑林博物館。

舂米畫像石

漢代文物，一九五五年在四川省彭山出土。畫像表現出糧食加工場上四人相互配合，用石碓舂米的情形。這種舂米方法直到二十世紀下半葉還廣泛存在於中國農村。

單于一死，北匈奴大亂，屈蘭、儲卑、胡都須等五十八個部落，大約二十萬人，南下雲中、五原、朔方等郡投降。如果《後漢書》所言可靠，那麼北匈奴的力量顯然比南匈奴大多了，因爲南匈奴呼韓邪單于比降漢時，才只有四、五萬人，縱然連婦女小孩都算上，最多不過十萬，而這年北匈奴光是來降於東漢的，就有五十八部、二十萬人之多；沒有來降的，當然遠多於此數。不過就這二十萬人來說，也是一個很大的數目，對北匈奴言，必然有很大的影響。東漢當然將這些來降的北匈奴人併入南匈奴，相對而言，就是南匈奴人口的急劇增加，力量也驟然膨脹。

這時南匈奴休蘭尸逐侯鞮單于屯屠何就想趁勢併吞北匈奴，在章和二年（西元八十八年）上書東漢朝廷，表示願意出兵伐北匈奴，併南北匈奴爲一國，使東漢永無北顧之憂云云，這封上書可說是文情並茂。此時的東漢，章帝已駕崩，即位的和帝仍沿用章和爲年號。和帝年幼，故朝政由竇太后主政，竇太后將此事交由群臣研討，執金吾耿秉主張可以討代北匈奴，竇太后最後採納耿秉的意見。

東漢和帝永元元年（西元八十九年），竇太后之兄，車騎將軍竇憲率大軍伐北匈奴，另以耿秉爲征西將軍率軍出朔方雞鹿塞，南匈奴兵出滿夷谷，度遼將軍鄧鴻出涸陽塞（今內蒙古自治區包頭市固陽縣），這幾路大軍約定在涿邪山會師。竇憲又分遣副校尉閻盤、司馬耿夔、耿譚率南匈奴精銳騎兵一萬多人，跟北匈奴單于戰於稽落山（今蒙古國阿爾泰山脈東端），大破北匈奴，北匈奴單于只率了少部分人逃走。總計這次戰役斬殺北匈奴名王以下一萬三千多人，俘虜了牲口百餘萬頭，一些小部落酋長及人民投降的有八十部二十多萬人。竇憲、耿秉追逐一千多里，然後登上燕然山（今蒙古國杭愛山），令中護軍班固刻石紀功，就是流傳後世，有名的〈燕然山銘〉。

竇憲又遣軍司馬吳氾、梁諷奉金帛要送給北匈奴單于，結果在西海遇到了，這個西海究竟是哪裡，已經很難考證，不過北匈奴單于是朝今天杭愛山一線向西逃亡，所以西海有可能是今天中國新疆境外的宰桑泊。吳氾等對北匈奴單于宣達東漢的威信，並把帶去的金帛賞賜給他，北匈奴單于稽首接受了。吳氾又把第一個呼韓邪單于的往事說了一遍，要北匈奴單于效法呼韓邪歸漢，北匈奴單于沒有接受。從這裡似乎可以推測北匈奴單于手上還有些兵，但是已經是強弩之末了，所以派他弟弟右溫禺鞮王帶著禮物到洛陽來朝貢，並且入侍東漢。右溫禺鞮王就隨吳氾、梁諷到了洛陽，竇憲認爲北匈奴單于沒有親自前來，這個弟弟不要也罷，就要溫禺鞮王回去。

次年，竇憲派副校尉閻盤率二千多騎兵攻打由北匈奴所控制的西域伊吾。奪下伊吾後，西域車師前、後王都感到害怕，於是紛紛遣子入侍東漢。北匈奴單于以東漢遣回所送的右溫禺鞮王爲由，再度遣使到邊境表示願意稱臣，而且要親自到洛陽朝見天子。竇憲就派班固、梁諷到塞上迎接。

這時南匈奴單于恰好上書請求徹底消滅北匈奴，東漢採納了這個意見，就遣南匈奴左谷蠡王師子等率左右部八千騎出雞鹿塞，而使匈奴中郎將耿譚也派從事率兵隨同出征，趁夜襲擊北匈奴。北匈奴大敗，單于只能

班固
東漢歷史學家，生卒年為東漢光武帝建武八年（西元三十二年）至和帝永元四年（西元九十二年），著有《漢書》。他在陰陽、儒、墨、名、法、道六家學說之外，又分出農、縱橫、雜、小說四家，合為十家。

帶著少數人馬突圍而逃。

這次南匈奴、東漢俘獲了北匈奴閼氏及男女五人，殺死了八千多人，活捉了好幾千人。這下南匈奴更加壯大，初步估計這時南匈奴大約有三萬四千戶，達二十三萬七千多人，可動員年輕力壯的戰士大約有五萬人。

此次戰役東漢是師出無名，勝之不武，竇憲一方面派班固等人到邊境迎接北匈奴單于來朝；另一方面又答應南匈奴的請求出兵消滅北匈奴，這種作法有失泱泱大國的氣度。

不僅如此，永元三年（西元九十一年），竇憲更趁北匈奴疲弱不堪之時，又派左校尉耿夔、司馬任尚率兵出居延塞（今額濟納河一帶），在金微山（今阿爾泰山）團團圍住北匈奴單于，打了個大勝仗，抓到北匈奴單于的母親，殺了名王以下五千多人。根據漢文史料所載，此役後，北匈奴單于落荒而逃，不知所終。

北匈奴帝國

雖然在漢文史料裡找不到北匈奴究竟逃到哪裡的記載，不過如從當時西域的情況看，似乎還是能找到有關北匈奴的一些動向訊息。從漢文史料上看，永元三年，也就是北匈奴單于落荒而逃不知行蹤的那一年，東漢朝廷任命班超爲西域都護，徐幹爲西域長史，重新在龜茲設立西域都護府，同時「復置戊己校尉，領兵五百人，

燕然山銘

　　惟永元元年秋七月，有漢元舅曰車騎將軍竇憲，寅亮聖明，登翼王室，納於大麓，惟清緝熙，乃與執金吾耿秉，述職巡御，治兵於朔方，鷹揚之校，螭虎之士，爰該六師，暨南單于、東胡烏桓、西戎氐羌，侯王君長之群，驍騎十萬。元戎輕武，長轂四分，雲輜蔽路，萬有三千餘乘。勒以八陣，蒞以威神，玄甲耀日，朱旗絳天。遂陵高闕，下雞鹿，經磧鹵，絕大漠，斬溫禺以釁鼓，血屍逐以染鍔。然後四校橫徂，星流慧掃，蕭條萬里，野無遺寇。於是域滅區殫，反旆而旋，考傳驗圖，窮覽其山川，遂踰涿邪，跨安侯，乘燕然，躡冒頓之區落，焚老上之龍庭。上以攄高、文之宿憤，光祖宗之玄靈；下以安固後嗣，恢拓境宇，振大漢之天聲。茲所謂一勞而久逸，暫費而永寧也。乃遂封山刊石，昭銘盛德，其辭曰：鑠王師兮征荒裔，勦凶虐兮截海外，夐其邈兮亙其地，封神丘兮建隆嵑，熙帝載兮振萬世。

居車師前部高昌壁」。這時的戊己校尉率領的這五百個人，已經不是屯田的士兵，而是作戰的部隊，如果不是東漢知道北匈奴力量還控制著西域，何必要在高昌壁屯駐五百個作戰的士兵呢？只是北匈奴單于究竟躲到哪裡，東漢不知道，所以無法徹底剿滅，而北匈奴很可能經常神出鬼沒，騷擾西域這些綠洲國家，所以東漢才不得不在高昌壁屯駐作戰部隊。

　　到了永元十四年（西元一〇二年），近七十歲的班超已經垂垂老矣，上表請求東返洛陽，於是東漢以竇憲手下大將任尚繼任西域都護，可是他處事不得當，引起西域各國不滿，紛紛起兵圍攻任尚。這時東漢和帝已駕崩，由殤帝繼位，但一年後也崩殂。之後安帝即位，朝廷以騎都尉段禧代替任尚爲西域都護，而段禧也不得人望，又在西域引起動亂。朝廷動員金城（今甘肅省蘭州市）、隴西等地的羌族兵進駐西域，然而這些羌族兵不肯離鄉背井，因而叛亂，朝廷只好先行敉平羌族的叛亂，西域一時成了真空狀態。

　　這時北匈奴見機，就趁勢進入西域，又控制了部分西域綠洲國家。天山南路即今天的塔里木盆地，中間是個面積極大的塔克拉瑪干沙漠，在這個大沙漠的南、北邊緣星羅棋布著一些綠洲國，像龜茲、疏勒、樓蘭等。每個綠洲就是一個國家，面積既不大，人口也不多，可動員的青壯士兵就更少了，綠洲與綠洲之間只有沙漠，而且這些綠洲國家以農業爲主，信仰佛教。在這些主客觀條件下，西域諸國就很容易被征服，何況匈奴鐵騎驍勇善戰，對這些農業民族而言，豈只是以一當十。所以當東漢力量退出西域時，北匈奴雖只是殘餘力量，也足以威震西域。

東漢安帝元初六年（西元一一九年），東漢敉平羌族之亂後，再度試圖把力量伸進西域，派長史索班率領了一千多兵馬屯駐伊吾，車師前王國被這一千多人給嚇住了，就歸順了東漢。但是車師後王國卻聯合了北匈奴，或者也可說北匈奴脅迫了車師後王國，出兵攻擊左伊吾屯駐的漢兵，一戰下來，殺了索班，同時澆息了東漢再度揚威西域的念頭。可見北匈奴並沒有「不知所終」，只是從蒙古高原緩慢向西移動，逐漸進入中亞。而這時的東漢已經進入宦官、外戚互相奪權的時代，根本無力注意北匈奴了，所以對於北匈奴的去向，也就語焉不詳了。緊接著是三國分立，魏、蜀、吳彼此征戰不休，更無餘力過問北匈奴的動態。

後來中原由司馬氏建立的西晉統一了天下，可是統一的局面只如曇花一現。至西晉惠帝時，內遷的南匈奴後人劉淵稱帝，建立有史以來第一個由胡族建構的王朝，之後北方各胡族紛紛建立王朝，進入一般史書所稱五胡十六國或五胡亂華時代。一直到鮮卑族拓跋氏建北魏，才結束了北方諸胡列國分立局面，中國歷史進入南北朝對峙形勢。這段期間漢文史料沒有記錄下北匈奴的動態。但是北匈奴絕不因漢文史料沒記載而停止活動，北匈奴仍然逐漸向西遷徙，尋找更好的生存空間。

接著《後漢書》載錄北匈奴動態的史書，是北魏人魏收所著的《魏書・西域傳》，只是《魏書・西域傳》後也佚失，現存的版本是拿《北史・西域傳》來塡補，而《北史・西域傳》又是轉錄自《隋書・西域傳》。《隋書》是唐朝太宗（西元六二七年～六四九年在位）時，魏徵領銜撰著，距北匈奴被竇憲攻破時，已經有五世紀之久了。

至於《魏書・西域傳》是如何記

北匈奴西遷略圖

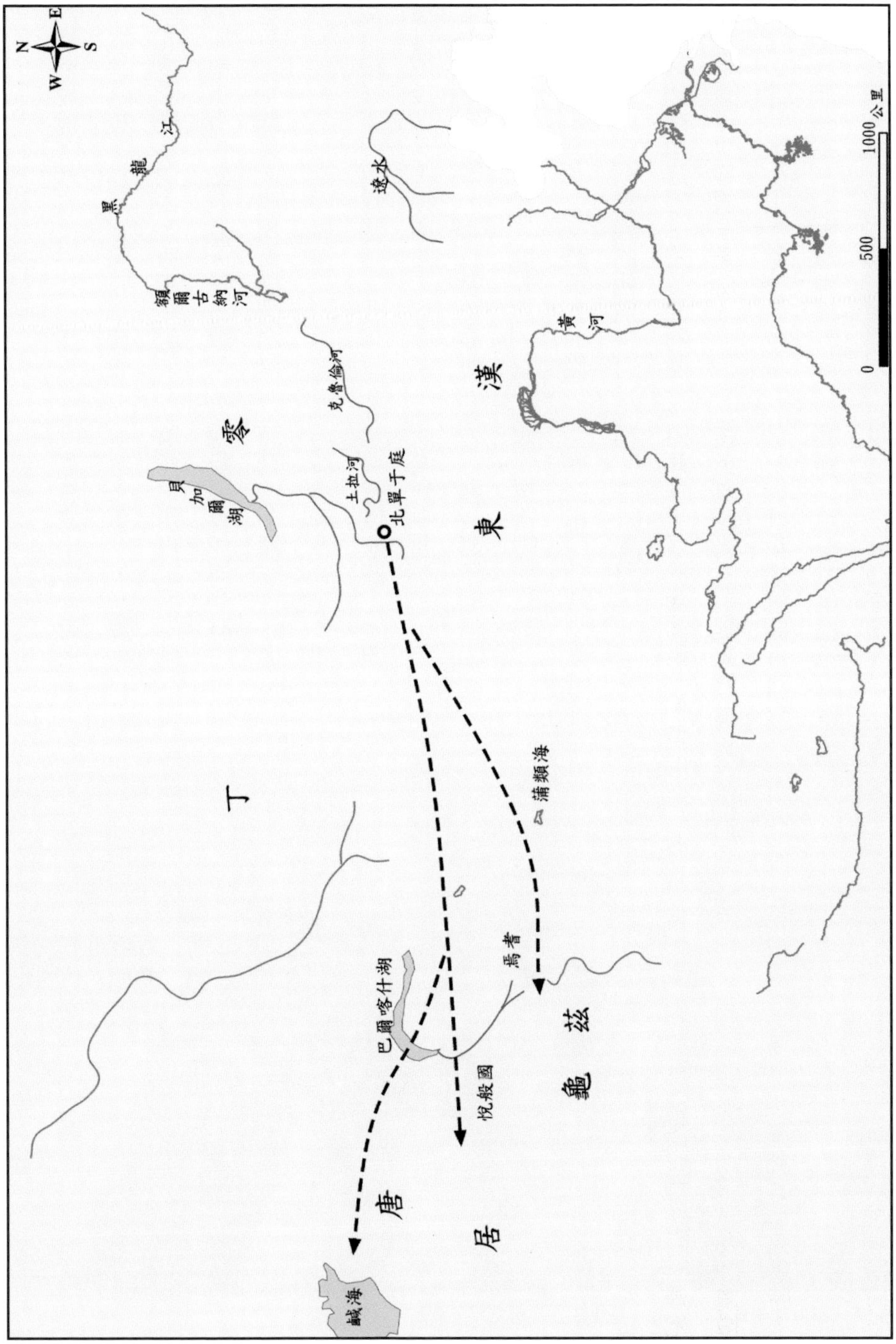
N
E
S
W
黑龍江
額爾古納河
遼水
黃河
克魯倫河
土拉河
北單于庭
貝加爾湖
丁
零
漢
東
蒲類海
焉耆
巴爾喀什湖
悅般國
龜
茲
唐
居
鹹海
0
500
1000公里

載北匈奴的呢？《魏書・西域傳・悅般國》條下是這麼寫的：「其先匈奴北單于之部落也，爲漢車騎將軍竇憲所逐，北單于度金微山，西走康居，其羸弱不能去者住龜茲北。地方數千里，眾可二十餘萬。涼州人猶謂之單于王。」

從這段文字中可以知道：北匈奴被竇憲打敗後，其主力向西走到今烏茲別克撒馬爾罕一帶，老弱傷殘者則留在龜茲以北某地，建立悅般國，到了北魏時，已經有了二十幾萬人。就憑這二十幾萬人，在狹義的西域中已經是眾多綠洲國家之冠，所以能隨時出兵操控車師等西域國家。

北魏太武帝太平眞君時（西元四四〇～四五一年），悅般國曾經兩度遣使朝北魏，並且跟北魏約定共同出兵擊柔然。但是在太平眞君十年（西元四四九年），北魏大舉伐柔然時，卻不見悅般國有任何動靜，而且這個國家自此從西域消失。一般多認爲這時悅般國已經向西遷到中亞了。

另《魏書・西域傳・粟特國》又載：「粟特國在蔥嶺之西，古之奄蔡，一名溫那沙。居於大澤，在康居西北。……先是，匈奴殺其王而有其國。至王忽倪已三世矣。……高宗初，

東漢時期的青銅馬，現藏於中國甘肅省瓜州安西博物館。

粟特王遣使請贖之。」

這段引文裡的高宗，指的是北魏文成帝（西元四五二～四六五年在位）；溫那沙，其實是Hunasiah的對音，也就是Huna，即可以解讀為嚈噠，因為嚈噠曾自稱或被稱為匈奴，所以Huna也可以直接解讀為匈奴。在北魏高宗文成帝時，匈奴統治粟特已經三世了，一般史學以二十年為一世，三世是九十年，如果從北魏文成帝即位之初的興安元年（西元四五二年）往上推九十年，是北魏道武帝登國七年（西元三九二年）左右，距西方史料記載西元三七四年（東晉孝武帝寧康二年），有號稱匈人的一支游牧民族侵入東歐，顯然不是占領統治粟特的這批匈奴人。

我們似乎可以這樣解讀：當北匈奴被竇憲打敗後，逐漸西徙，一部分在龜茲之北建立了悅般國；一部分流竄西域各地，控制西域各綠洲國家。經過一百多年的休養生息以及跟西域各國人民互通婚姻，人數急遽增加，而且在民族成分上也有所改變，成為蒙古利亞種跟高加索種的混合種。大約在東晉穆帝升平四年（西元三六○年）左右，一支進入中亞，在東晉孝武帝太元十五年（北魏道武帝登國五年，西元三九○年）前後，征服奄蔡，進而統治了奄蔡，改以粟特國為名，為北魏所知曉。另一支可能越過鹹海、裡海北邊，進入歐洲，成為西方史料所稱的匈人。至於悅般國也可能是投靠占領奄蔡國的那一部分。這樣推測，可以解決占領粟特國的北匈奴不是進入歐洲的那一支匈奴人，可是缺乏文獻上的證據，但至少解決了占領粟特的那一支匈奴人，在時間上不可能是進入歐洲的匈奴人。或許將來有更多新出土的史料，可以把問題分辨清楚。

北匈奴逐日耳曼人

在西元五世紀（南朝宋後廢帝元徽四年）以前，羅馬帝國是歐洲最大的國家，也是最文明的國家，只是羅馬帝國並沒有統治整個歐洲。在北歐的斯堪地納維亞半島聚居著一支強悍而原始的日耳曼民族，日耳曼民族支系很多，大約在西元前夕（西漢末），就有一些支系向南遷移到波羅的海南岸維斯杜拉（Vistula，今波蘭境內）河口一帶，之後更逐漸移居到多瑙河、萊茵河以及維斯杜拉河到北海之間的廣闊地區。從許多跡象看來，日耳曼民族還有向南遷移的趨勢，這個趨勢讓羅馬帝國深感不安。

日耳曼人身軀高大，凶猛強悍，有許多支系，聚居於東方的，稱之爲東哥德人（Ostrogoths）；反之分布在東哥德人西邊的就叫做西哥德人（Visigoth）；在哥德人西南方的是汪達爾人（Vandals），這些日耳曼民族都是游牧民族，個個勇猛好戰。在羅馬帝國看來，除了以「蠻族」稱呼日耳曼民族外，找不到更合適的稱謂了。這些日耳曼民族雖然「野蠻」，但是上馬打仗卻毫不含糊，他們使用短矛，既便於近身搏鬥，又可以用作投擲的利器，打起仗來勇往直前，衝鋒陷陣、爭先恐後，似乎只有死神才能阻止得了他們。

這一群「蠻族」雖然偶爾會像東方的匈奴一樣「南下牧馬」，掠奪一些物資，但在西元四世紀前，還沒有給羅馬帝國帶來太大的威脅。而靠近羅馬帝國的日耳曼人，似乎學習了些文明的禮儀，跟羅馬人進行和平交易，所以初時並沒有引起羅馬人多大的注意，更由於日耳曼人的驍勇鬥狠，彪悍善戰，羅馬人甚至召募日耳曼人加入軍隊。當時羅馬帝國一些「有識之士」對這種現象感到憂心，直覺的說羅馬軍隊已經「日耳曼化」了。

就在一部分日耳曼人跟羅馬人還算和平共存的情況時，北匈奴人在西域停留了一二百年，經過休養生息，跟當地民族混融後，成爲一支強大的新興民族。這支新興的民族固然還是以北匈奴爲主體，但既然已經融合了許多廣義的西域民族，所以已經不是純粹的匈奴了。不過縱然如此，這支新興的民族在戰略、戰術上，仍然保持匈奴傳統的、一貫的思維邏輯。

中國北方各游牧民族，從最早的匈奴，歷經鮮卑、柔然、高車、突厥、契丹，以至蒙古，都有向外擴張的天性，當他們向外擴張時，只要征服了一個部落或一個民族，必定以這個被征服的部落或民族作先鋒，再向外擴張，這個先鋒如果不奮勇向前，後面的征服者就會立刻向前追殺，所以先鋒部隊只有勇敢向前，只要再征服一個部落或一個民族，就換這個新被征服的民族或部落做先鋒，如此周而復始，就像滾雪球一樣愈滾愈大。

匈奴這種戰略被之後所有北方草

原游牧民族所運用，所以可以以很少的人力造成很大的戰果，像蒙古西征時，眞正蒙古騎兵人數並不多，但是卻席捲了幾乎半個地球。或許會有人說這種戰略太不人道了，其實戰爭本身就不是一件人道的事，以此苛責游牧民族，並無意義。

西元五世紀時，這支新興的匈奴在首領阿提拉的領導下，已經進入歐洲。而這時羅馬帝國已分裂，西羅馬帝國往日的光芒也已經褪色了，日耳曼系的西哥德人、布根第人（Burgundians）已經占領了高盧（Gaul，今法國南部），西羅馬帝國爲了要趕走這些日耳曼人，從西元四三六年（南朝宋文帝元嘉十三年）到四三九年（元嘉十六年）間，三度向匈奴要求援助，據相關文獻記載，匈奴王阿提拉也的確親自派兵支援，如果這些記載是可靠的，至少證明那時西羅馬帝國跟匈奴間的關係還是不錯的。其中的原因可能是當時西羅馬帝國禁衛軍統領艾提（Aetius，三九〇～四五四年），在少年時曾經以人質的身分在匈奴王廷中居留了好一陣子，而跟匈奴貴族以及阿提拉成爲舊識。

又有一些文獻記載，這些進入歐洲的匈奴人有許多人會說拉丁語，就愈發證明西元五世紀中葉之前，西羅馬跟匈奴的關係的確不錯。只是不知道是什麼原因，到了西元四四八年（元嘉二十五年）之後，艾提跟阿提拉的關係開始惡化。到了西元四五〇年（元嘉二十七年）時，雙方竟然處於敵對狀態。

雙方既然成爲敵人，當然就時啓戰端。西元四四一年（元嘉十八年）時，匈奴討伐東羅馬領地西彌姆（Sirmium，今塞爾維亞境內）時，這個城裡教堂中的祭器不見了，這件祭器可能相當名

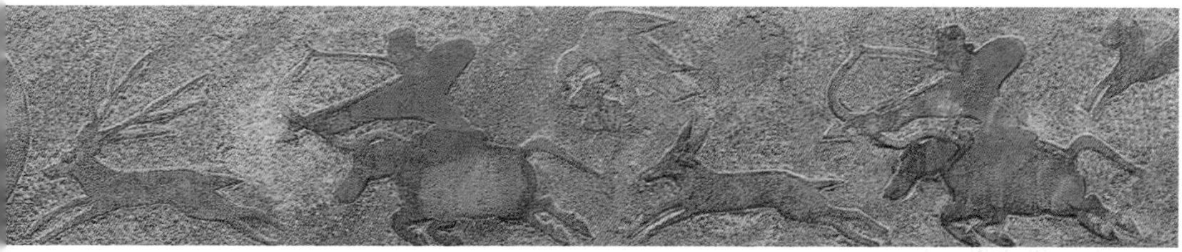

東漢時期的狩獵畫像石，此圖描繪獵人騎射野鹿的場景。

貴，後來這個祭器幾經輾轉到了西羅馬人之手。也許阿提拉早就知道了這件事，這時正好拿來作爲藉口，於是不斷向西羅馬要求歸還這件祭器，對於宗教界而言，祭器是神聖不可侵犯的，北匈奴要索取祭器，簡直就是褻瀆神靈的行爲，自然加以拒絕，這就成了阿提拉向西羅馬宣戰的藉口之一。

另外，當日耳曼系的汪達爾人從高盧轉向北非建國後，國王格撒利克（Genseric）的兒子娶了西哥德王狄奧多里克（Theodoric）的女兒，但是婚後格撒利克懷疑這個西哥德媳婦要毒害他，就殘忍的把媳婦的耳朵、鼻子割了下來，然後將她送回西哥德宮廷土魯斯（Toulouse，今法國南部）。狄奧多里克目睹愛女受到這樣的酷刑，當然要設法報復，於是向西羅馬帝國要求援助，希望能給汪達爾一些教訓。格撒利克聽到西哥德要跟西羅馬結盟時，心中不免慌張，於是也立刻向阿提拉要求結爲盟友。阿提拉正要找藉口攻擊西羅馬帝國，自是欣然接受，並且跟格撒利克約定同時南北夾擊，阿提拉攻取西羅馬帝國最肥沃的高盧地區；格撒利克則率兵攻打今日的義大利本土。

依據德國漢學家夏特所著的《窩瓦河的匈人與匈奴》記載，粟特王忽倪就是進入歐洲，令歐洲人聞之喪膽的匈奴帝國創建者阿提拉大帝的小兒子忽奈克。這個推論完全忽略了時間因素，忽倪是西元五世紀中葉的人，而阿提拉是四世紀後半時的人，除非忽倪壽命長達一百八十歲以上，否則不可能是阿提拉的兒子，可見這個推論有再討論的空間。

再據威爾．杜蘭（Will Durant）所著的《世界文明史》（*The Story of Civilization*）第十一章〈拜占庭伊斯蘭及猶太文明〉（The Age of Faith: The Byzantine Zenith, Islamic Civilization and Judaic Civilization）說：「約在西元四三三年時，匈奴王路阿（Rua）去世，而將王位讓給姪兒伯勒達（Bleda）和阿提拉兩人。」

這裡的阿提拉是西元五世紀前半段時人，雖然跟粟特王忽倪的年代很接近，在年代上可以成爲忽倪的父親，可是跟北匈奴進入歐洲又差得太遠，這中間之矛盾很難加以調和。

於是又有人懷疑進入歐洲的匈

人（Hun），跟匈奴可能不是同一民族，就像日本人白鳥庫吉在所著的《粟特國考》一書，就主張占領粟特的匈奴不等於西方史料中的匈人。如果這個說法屬實，那麼無論夏特或威爾·杜蘭的考證都將不成立。

不過同樣是日本人的內田吟風，在所撰的《匈奴西遷年表——關於Hun、匈奴之再考》中，就駁斥了白鳥庫吉的論調，內田吟風強調征服歐洲的匈人就是占領粟特的匈奴。此外又有日本人江上波夫著有《匈奴Hun同族論》，從書名就明白看出是駁斥白鳥庫吉之論，眞可說是問題愈吵愈複雜。這裡提出這些，只是說明北匈奴西遷後可能動向的各家看法，也意在彰顯北匈奴西遷後的動向尚無定論。

不過如果從時間順序上看，或許能夠找到一些端倪。西元一世紀末，竇憲大破北匈奴，北匈奴西走，一部分老弱傷殘不耐長途拔涉，而在西域龜茲之北留了下來，建立了悅般國。可以西遷的繼續西走。大約在西元四世紀中葉，這批餘眾到了天山的西端，分爲兩支，其中一支繼續西遷，進入粟特，而且滅了粟特而占有其地，這時大約是西元四世紀末，傳了三代，到了忽倪時才跟北魏有了來往。

另外一支從天山西端向西北行進，越過鹹海、裡海北岸，沿途兼併所遇到的民族，並以之

東漢畫像石拓本：官僚出行
表現了東漢官宦奢華的生活，此圖於清代光緒年間出土。

爲先鋒，一路挺前，像滾雪球般愈滾愈大，實力也愈來愈強，就這樣成爲戰無不勝、攻無不克的隊伍，進入歐洲，造成歐洲民族大遷徙，間接造成西羅馬帝國的滅亡。由於這一支隊伍的領導階層是匈奴人，往往使人誤認爲整支隊伍都是匈奴。這種情形正像九個世紀之後，蒙古的幾次西征，眞正蒙古兵並不會太多，多的是被裹脅而來的各民族，可是中外史料都說成是蒙古西征。這兩件事有很大的相似度，或許這樣解釋比較接近史實。

北匈奴西逃，雖然是東漢的手下敗將，但是經過在西域那些綠洲國家停留整補後，力量又大了起來，想要報復東方的漢人政權或者力有未逮，也或者想到被東漢擊敗而心有餘悸，所以轉而向西方掠奪。停留在粟特的，就定居了下來，由於人數不多，日久天長之後，就跟當地土著融合了。

向西北前進的那一支，擊敗了奄蔡人，奄蔡向西逃走，匈奴則在後緊追，大約在西元三七四年（東晉孝武帝寧康二年）渡過頓河進入東哥德人聚居之地。據西方文獻記載，當時匈奴的領袖是巴拉米爾（Balamir），他領導匈奴從裡海北岸一直向西推進，征服所遇到的各民族。

頑強的東哥德起來抵抗，結果是屢戰屢敗，終於臣服匈奴而爲之附庸。因此東哥德人對匈奴人當然沒有好感，所以東哥德人對匈奴的描述總是充滿輕蔑的口氣，如哥德族史家喬丹斯（Jordanes）對匈奴有如下一段的描述：「他們（指匈奴人，以下皆同）容貌之可怕，也許並未經過眞正作戰，就使得對方感受到重大的畏懼。他們使得敵人在恐懼中驚逃，因爲他們的黯黑色的狀貌是可怕的，他們的頭不像一個頭，只是一種塊然之物；他們的眼睛狀如針孔，也不像眼睛。他們的強悍，表現於其粗野的貌中，而從他們的對待嬰兒，即可知其殘暴。因爲他們當嬰兒初生時，即以劍割其兩頰，所以在嬰兒受乳以前，便要忍受刀傷了，因此之故，他們至老而無鬚。他們的青年人，也因創痕被面，髭鬚不生而喪失優美之感。他們軀體短小，行動敏捷，善用弓矢，頸項也永遠傲然自舉著。」（轉引自林旅芝《匈奴史》頁一四八）

先不批評這段話，且看《史記》、《漢書》、《後漢書》以及

《晉書》對匈奴的記載，都沒有提到匈奴人不長鬍鬚這件事，甚至於在一般中文文獻裡都會以多鬍鬚來形容北方游牧民族男子。至於說用刀切割嬰兒面頰一事，在中文史料中根本找不到。自兩漢到魏晉的幾百年裡，漢人跟匈奴打交道的經驗可以說是太多了，如果匈奴眞有這種習俗，漢文史料怎可能不記錄下來？根據《晉書》裡記載匈奴劉淵、劉曜、赫連勃勃時，還會提到他們的俊美姿儀呢！至於用刀割面頰，反而是高加索種的塞種人習俗，是對死去的長輩或長官表示不捨跟追悼的意思，也許西遷的匈奴人在一、二百年留停中亞時，染上白種人割面頰的剺面習俗。可見喬丹斯描繪的眞實性有待可證。

且說北匈奴繼續西進，跟分布在多瑙河東北，尼斯特河流域（Nieste，今德國中部）的東哥德接觸，免不了一場大戰。當時的東哥德國王赫曼尼克（Ermanaric）因戰敗自殺，東哥德人又擁立維席密爾（Vithimir）為王，繼續抵抗北匈奴，結果還是大敗，維席密爾戰死沙場，赫曼尼克的兒子呼尼蒙特（Hunimund）只好率領東哥德人向匈奴投降。可是另有一批東哥德

粟特文文物，現藏於湖北省巴東縣巴東博物館。

人不肯投降，且推舉具貴族身分的維特立克（Viderik）爲名義上的領袖，由於維特立克年紀還小，所以實際上是由維特立克的老師阿拉修斯（Alatheus）跟薩弗萊克（Safrax）兩個人在領導，和匈奴進行游擊戰。而游擊戰原本就是匈奴擅長的作戰方法，所以東哥德人面對匈奴時，簡直就是班門弄斧，占不到任何便宜。

當東哥德人打敗仗的消息傳到分布於多瑙河之北，今德國西部的西哥德時，西哥德人大爲震驚，西哥德領袖阿散拿尼克（Athanaric）立即調兵遣將在聶伯河下游河岸布陣，以阻止匈奴人渡河，只是這個意圖竟然被匈奴知道，於是繞道聶伯河上游安然渡河，等於在西哥德後方進行突擊。阿散拿尼克當然吃了敗戰，於是就逃到德蘭錫爾伐尼亞森林高地，損失許多人馬、輜重。西哥德人在大敗之後，深知如果不托庇於羅馬帝國，很可能會被匈奴消滅，於是幾度派使者向羅馬帝國交涉。終於在西元三七六年（東晉孝武帝太元元年）春，羅馬帝國皇帝瓦倫斯（Valens）准許西哥德人入境。據西方史料所載，渡過多瑙河的西哥德壯丁就有二十多萬人，自然還有更多的老弱婦孺。

北匈奴攻擊東、西哥德人，可以說是大獲全勝，並且掠奪大量牲畜、財物，乃至婦女跟小孩，所過之處如同秋風掃落葉。北匈奴侵襲跟凶猛殘殺的消息，很快便傳播到汪達爾人、法蘭克人（Franks）、布根第人、撒克遜人（Saxon）耳中，使這些民族大爲震驚，也都想跟西哥德人一樣，逃到羅馬帝國境內，希望能得到羅馬帝國的保護，這就是西洋史上所說的歐洲日耳曼民族大遷徙。

羅馬帝國之所以准許西哥德人入境，是想利用西哥德人的武裝力量來鎮壓境內其他日耳曼族，說穿了也不過是「以夷制夷」的西方版而已，所以不但准許西哥德進入境內，還許之爲「同盟者」，讓他們在多瑙河下游南岸的密西亞（Mysia，今土耳其西北）省聚居，並且給予優待。可是羅馬帝國官員態度惡劣，又私自加了許多苛捐雜稅、傜賦差役，使西哥德人在忍無可忍的情況下起而反抗，規模逐漸擴大。結果瓦倫斯御駕親征，卻落得個大敗收場，最後更被西哥德人追殺而死。後來狄奧多西（Theodosius）嗣位，就跟西哥德人談和，時間大約是西元三八二年（東晉孝武帝太元七年），條件是准許西哥德人到下穆西亞省（Lower Moesia，今塞爾維亞及保加利亞境內）居住。這時北匈奴已經進入上穆西亞省及班諾尼亞（Pannonia，今匈牙利西部一帶）這兩個地方了。

到了西元三八四年（東晉孝武帝太元九年），北匈奴又進攻埃德薩城（Edessa，今土耳其境內），這次羅馬帝國將軍雷錫麥（Ricimer）卻表現出奇的神勇，居然擊退了來侵的北匈奴大軍。不過只幾年光景，北匈奴改變方向，進攻亞美尼亞、美索不達米亞及敘利亞等地，使羅馬帝國喘了一口氣。到了西元三九六年（東晉孝武帝太元二十一年），北匈奴又進攻波斯。以上這幾次戰役都屬於掠奪性質，北匈奴並沒有要占領這些地方的意思，所以主力沒有全數出動，仍然停留在南俄草原。之後，匈奴主力西移，可說是勢如破竹，所向無敵，席捲了大半個歐洲，後來羅馬帝國分裂為東、西二部，也間接種下了西羅馬帝國滅亡之因。

「上帝之鞭」阿提拉

提到入侵歐洲的北匈奴，總不免要提到有「上帝之鞭」稱號的阿提拉，可是在中文史料裡，幾乎都沒有任何和他有關的記載。然而在歐洲或西洋史上，他卻是極具名聲的人物，

諸胡列國時代的鎏金銅佛像。

東漢彩繪陶舞俑，一九五四年於陝西省西安市出土。現為中國國家博物館文物。

在歐洲民間口耳相傳中，更充滿了傳奇性，但無論是歷史文獻或民間傳播，可信度都不太高。

根據民間傳說，阿提拉應該是身材偉岸，雄姿英發的糾糾漢子，然而文獻記載卻正好與此相反。據西方史家海斯（Canrlton J. H. Hayes）、穆爾（Parker Thomas Moon）及魏蘭（John W. Wayland）合著的《世界通史》對阿提拉的形容：「他（指阿提拉，以下同）也像其他匈奴人一樣，身材矮而瘦，但他卻具有一個異乎常人的寬大肩膀。他的頭部極大，扁平鼻，銳利的黑色雙目，彼此分開得極寬，他的頭髮是一種粗糙的黑髮，也有一些稀疏的鬍鬚。他的面目猙獰可憎，而貪心特盛，他自負而且迷信，狡猾而勇敢，他精於戰術，在外交方面也會作相當的運用。他是一個殘暴的征服者，他的目的便是擄掠和破壞。由於他和他的族人如此凶暴殘忍，所以羅馬人和日耳曼人都共同送給他一個諢名『上帝之鞭』（Scourge of God）」。

這一段對阿提拉跟匈奴人的描繪，與前面提到史家喬丹斯的描述有很大的出入。《世界通史》一書的描繪雖然也帶有許多負面、主觀的成分，但也有一些正面、客觀的字眼，像是「勇敢」、「精於戰術」、「外交方面也會作相當的運用」等，較之喬丹斯顯然較客觀與全面。

自匈奴入侵歐洲後，「上帝之鞭」幾乎成了匈奴的代名詞。如果再細看喬丹斯對阿提拉的描繪，就知道他對阿提拉的描述有多偏頗：「他（指阿提拉，以下均同）降生到世界便是要震撼各國，他是各地的災星，有關於他的謠言便可使全人類膽戰心驚。他走路姿態高傲，眼珠滾滾轉動，以致他高傲的樣子處處表現於他的動作之中。」（見威爾．杜蘭所著《世界文明史》第十一冊，頁五十八）

至於阿提拉究竟是什麼長相，可能以上兩種描繪都不對。不過，阿提拉的長相一點都不重要，重要的是看他做了些什麼。

匈奴人自多瑙河、萊茵河北岸，把東哥德人趕到南方，進入羅馬帝國時，占據了今天匈牙利平原，而且定居了下來，更進而以此爲中心，向中歐前進。到了西元五世紀前半葉，匈奴勢力大盛，西方史家稱之爲阿提拉王朝。

阿提拉王朝的創始者是奧克塔兒（Oktar）及路阿兄弟二人，奧克塔兒的事蹟已經無從查考，只知道他在跟布根第人作戰時，戰死萊茵河畔。奧克塔兒死後，由路阿繼承匈奴的領導人，在西元四二二年（南朝宋武帝永初三年）及四二六年（南朝宋文帝元嘉三年），曾進擊東羅馬帝國。當時的東羅馬帝國皇帝狄奧多西二世（Theodosius II）懾於匈奴的聲勢，每年向匈奴進貢金幣三百五十鎊，而且封路阿爲上將軍。

幾年之後，路阿又向東羅馬帝國都城君士坦丁堡（Constantinople，今土耳其境內的伊斯坦堡）進攻，東羅馬朝廷的眾臣向皇帝建議引渡逃犯及邊區等協定。狄奧多西二世便遣使向路阿交涉，希望能得到一個比較和平的解決方式。西元四三四年（南朝宋文帝元嘉十一年），當東羅馬使者到達北匈奴王帳時，路阿已經駕崩了，由他的姪子伯勒達跟阿提拉共同統治匈奴，於是匈奴藉口現在是二個國王在位，所以每年進貢的金幣也要加倍，也就是說要付七百鎊，並且口氣強硬地說，如果不接受這條件，就只好訴諸武力。東羅馬使者深知狄奧多西二世一心只想求和，縱然受到再大的屈辱也沒有關係，於是就接受了匈奴所提每年進貢七百鎊金幣的條件。

匈奴當時雖然是由兩個人共同執政，但實權操之於足智多謀而又驍勇善戰的阿提拉手中，伯勒達成爲一個空有王位但無足輕重的人，也因此歷來文獻幾乎都沒提到他，如果跟赫赫有名的阿提拉相較，就像螢火之對日月。

西元四四四年（南朝宋文帝元嘉二十一年），伯勒達殂，據《世界文明史》推測，是阿提拉下的毒手，於是匈奴正式進入阿提拉統治時代。當時阿提拉王朝統治多瑙河以北，自頓河到萊茵河的廣大地區，包括今天的匈牙利、羅馬尼亞、捷克、波蘭跟俄羅斯的一大部分，疆域之大，不讓鮮卑拓跋氏的北魏專美於東方，如果以當年的世界強權而言，超級強國大概只有匈奴跟北魏兩個了，東、西羅馬跟中國的南朝宋，都不能相比。

阿提拉和當時其他游牧民族征服者有很大的區別，阿提拉善於運用謀略，更甚於運用武力。匈奴族原爲多神的泛靈信仰，就是一般文獻所說的薩滿教，阿提拉運用族人的信仰，將他的君權統治神格化，而且有意讓他的殘酷手段向外傳播，使未來的敵人心驚膽戰，爲下一次戰爭奠定下勝利基礎，可以說是善於操弄心理戰跟宣傳戰。所以白種的日耳曼民族把阿提拉跟匈奴人稱之爲「上帝之鞭」或「上帝的災害」，對他的善於運籌帷幄感到恐懼萬分。

西元四四七年（南朝宋文帝元嘉二十四年），匈奴攻進色雷斯（Thrace，今保加利亞、希臘、土耳其交界處）、塞沙利（Thessaly，今希臘中北部）及塞西亞（Scythians，即南俄草原）時，洗劫七千多座城市，擄獲好幾千人以之爲奴隸，並且把擄來的婦女分配給匈奴士兵爲妻。從此在歐洲展開幾個世代的民族混合。可以斷言今天歐洲人中擁有匈奴血胤的所在多有，有許多匈牙利人更以自己擁有匈奴血統爲榮，純粹的匈奴人也因此而消失了。這情形跟鮮卑族拓跋氏的北魏一樣，雖然統治北中國一百多年，到了隋、唐之後，連鮮卑這個名詞都消失，更不用說純粹的鮮卑人了。

西元四四八年（南朝宋文帝元嘉二十五年），阿提拉更以極大的聲望逼迫東羅馬皇帝狄奧多西二世簽訂屈

阿提拉（西元四〇六至四五三年），在西元四三四年後出任匈奴首領，因驍勇善戰而被稱為「上帝之鞭」。

辱的條件，把每年貢金從七百鎊提高二千一百鎊，並且立刻要支付積欠的六百鎊。

爲了支付這筆龐大的貢金，東羅馬帝國國庫因之空虛，財政陷入破產危機，只得擴大徵稅，很多東羅馬貴族將妻女的首飾變賣，以供進貢之用。東羅馬帝國對匈奴的進貢感到難以應付，但是在匈奴強大武力威脅下，又不敢不付。在這進退兩難之時，竟然異想天開，派了刺客冒充使者，進謁阿提拉，想伺機暗殺阿提拉，認爲只要阿提拉一死，就可以賴債不付了，只是這項暗殺計畫被阿提拉識破了。這下狄奧多西二世惶惶然向阿提拉認罪，請求赦免，並且付上爲數極多的賠償金，阿提拉才赦免了狄奧多西二世。

西元四五〇年（南朝宋文帝元嘉二十七年），狄奧多西二世駕崩，由元老推派馬西安（Marcian）繼位爲東羅馬皇帝。馬西安一改以往畏戰的屈辱作用，採取強硬的外交手段，並且改組軍隊，以鞏固國防。而阿提拉也發現東羅馬帝國已經國庫空虛，民窮財盡，縱然再度攻打，就算勝了，也搜刮不到多少財物，所以就把掠奪的方向作了調整。游牧民族的一再向外擴張，最主要的目的就是掠奪，既然東羅馬已經搾不出財物，當然就把目標轉向西羅馬帝國。

西羅馬帝國的權臣艾提，早些年曾經被送到北匈奴作爲人質，所以熟識阿提拉，這時艾條斯成爲西羅馬的權臣，暫時維持了一段和平，但當阿提拉無法再從東羅馬帝國搾取財物時，還是找了一個奇怪的理由，作爲攻打西羅馬的藉口。

當時的西羅馬皇帝是瓦倫丁尼安三世（Valentinian III），他有一個妹妹荷若尼亞（Honoria），因爲被大臣誘拐而被放逐到君士坦丁堡。荷若尼亞爲求逃走不惜採取任何手段，於是派手下把一枚戒指送到阿提拉那裡，意在向阿提拉求援。但是阿提拉將之解讀爲荷若尼亞向他求婚，並以此向西羅馬帝國要求將帝國的一半作爲嫁妝，西羅馬當然不肯答應，這就成了阿提拉攻打西羅馬的藉口。

西元四五一年（南朝宋文帝元嘉二十八年），阿提拉親率五十萬大軍向萊茵河挺進，沿途洗劫特里爾（Trier，今德國西部）及梅斯（Metz，今法國東北）兩城，屠殺當地居民。整個高盧就臣服於匈奴鐵蹄之下，並稱阿拉提的到來爲神的鞭

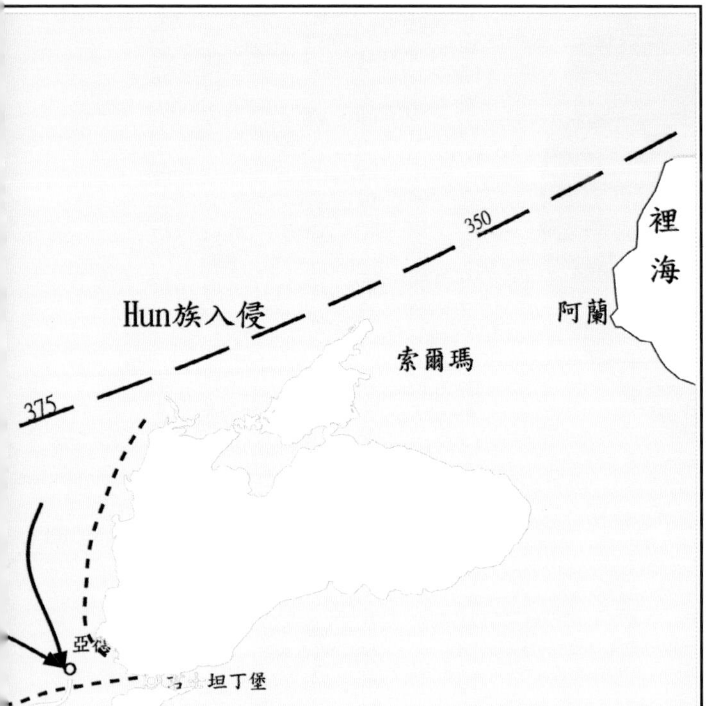

阿提拉入侵歐洲路線圖

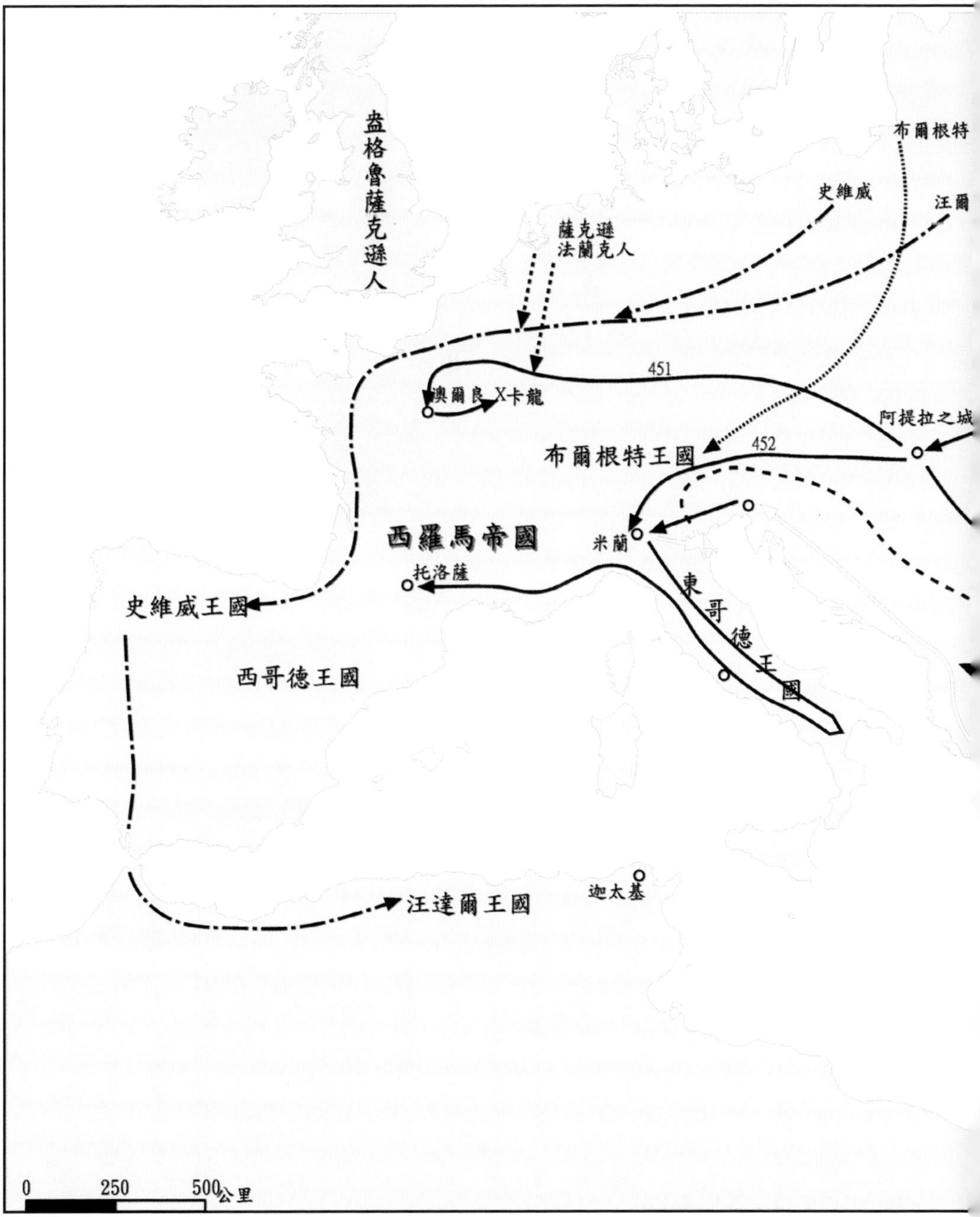
盎格魯薩克遜人
布爾根特
史維威
汪爾
薩克遜
法蘭克人
451
澳爾良
X卡龍
阿提拉之城
布爾根特王國
452
西羅馬帝國
米蘭
托洛薩
史維威王國
東哥德王國
西哥德王國
迦太基
汪達爾王國
0
250
500公里

展現傳統色雷斯少婦裝束的藝術品。

笞，意思是說上帝藉匈奴之手以鞭笞懲罰他們行為腐敗，與誓言潔身自愛不符。

在這次危機中，西哥德年邁的國王狄奧多里克一世（Theodoric I）率軍援助西羅馬帝國，雙方在特瓦爾（Troyes，今法國東北）附近卡塔勞尼亞（Catalaunian）大戰一場，戰況之激烈可以說是腥風血雨，是歐洲史上空前的大戰役，據傳有十六萬二千人陣亡，狄奧多里克一世也在戰場上身亡。這一戰阿提拉沒有打贏，不過他在撤退時卻是井然有序，顯然實力並沒有受到太大損失。西羅馬帝國雖然在表面上看來打了勝仗，但是卻是疲憊不堪，再加上指揮不統一，所以也未乘勝追擊。

西元四五二年（南朝宋文帝元嘉二十九年），阿提拉捲土重來，這次是以今日義大利為目標。首遭戰火洗禮的是阿奎萊亞（Aquileia，今義大利北部）城，匈奴為一洩去年之忿，把這座城徹底毀滅了。接著，繼續進攻維羅那（Verona，今義大利北部）與威欽察（Vicenza，今義大利北部），這兩座城可能沒有作出太大的抵抗，所以沒遭到屠城的厄運。然後進攻帕維亞（Pavia，今義大利北部）及米蘭（Milan，今義大利北部），這兩座城則以獻出大量財物，換得不受騷擾的待遇，至此匈奴通往西羅馬帝國中心的道路已經暢然無阻。

西羅馬大將艾提手下並沒有多少軍隊，根本無法抵擋阿提拉的大軍。只是阿提拉在波（Po）河稍作停留，就這樣給了瓦倫丁尼安三世逃走的機會，並派基督教教皇利奧一世（Leo I）跟由兩個元老院元老組成的代表團去見阿提拉。雙方談判的內容如何，由於文獻都沒有記載，所以無從臆測，只是談判後阿提拉就撤軍了，這或許是代表團承諾贈送多少財物作爲匈奴撤軍的條件；也或者聽說東羅馬援軍即將到來，加上匈奴部隊發生瘟疫，糧草也不充足，所以撤軍。但是眞正的原因爲何？到目前仍是一個解不開的謎。

阿提拉在撤退時越過阿爾卑斯山，返回設在今匈牙利的牙帳，這時他聲稱除非西羅馬將荷若尼亞嫁給他，否則要在第二年春天再度進兵義大利。只是不久後他就娶了布根第公主伊爾迪科（Ildico）爲妻，儘管阿提拉已經有很多都是具有羞花閉月之姿，沉魚落雁之容的美貌妻子，可是伊爾迪科這位金髮美女，最得阿提拉的寵愛。在新婚之夜，嗜愛喝酒的阿提拉更是狂飲美酒，一直到深夜。只是到了第二天，寢宮裡出奇的安靜，

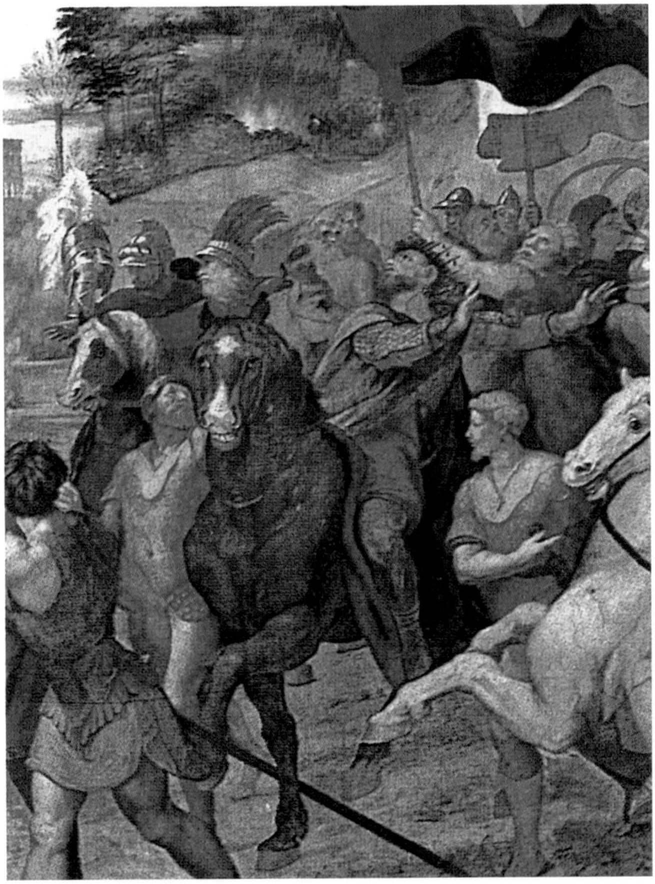

東羅馬皇帝馬西安繼位後，停止對匈奴進貢，導致匈奴軍進犯義大利北部。匈奴首領阿提拉於是在西元四二五年，率匈奴入侵義大利。

引起侍衛的懷疑，雖然不敢直接叫醒阿提拉，卻故意在寢宮外大吵大鬧，希望透過吵鬧聲喚起阿提拉，然而不管外面如何喧囂吵雜，裡面依然靜悄悄。侍衛也覺得太不尋常，只得硬著頭皮闖進寢宮看個究竟，可是映入眼簾的景象讓他們嚇呆了，只見阿提拉直挺挺躺在床上，嘴角還流著血，呼吸都沒有了，身上毫無外傷，而那位金髮美女伊爾迪科坐在床邊，用面紗捂著臉不停哭泣。一代戰神，上帝之鞭就這樣離開了他一手創建的匈奴帝國，而且是永遠不會再回來了。

阿提拉駕崩後，他的棺木以金銀鐵三層打造而成，遺骸放在最裡面一層，然後找一塊地方深埋入土，埋葬妥當之後，把所有工人統統殺死，為的是怕這些工役日後引來盜墓。到目前為止，還沒有任何文獻記載發現過阿提拉的墓。如果這個傳說是真的話，這給未來史學家、考古學家一個挖掘的希望。

阿提拉駕崩後，匈奴帝國由阿提拉的幾個兒子瓜分，可惜這幾個兒子的才能都比不上父親，而且彼此之間互相猜忌，只幾年的工夫，龐大的帝國就土崩瓦解。

阿提拉死後，相傳留下了這麼一首輓歌：

> 阿提拉，蒙狄祖克之子，神聖的偉人，匈奴人的統帥，勇士們的君王啊！
>
> 你以無人能及的偉大力量，獨立統治著西徐亞草原和日耳曼尼亞。
>
> 你威脅著兩個羅馬帝國，征服了她們無數的城市，為了保證其他城市的安全，她們全部向您納貢稱臣。
>
> 在獲得了所有這些成就之後，您最終既不是由於仇敵的陷害，也不是由於下屬的背叛，而是在最為快樂的幸福中，在您民族的輝煌中，毫無痛苦地離開了人世。
>
> 既然沒有凶犯可以讓我們為您復仇，那又有誰能說這是您生命的結束？

從上列輓歌中看不出匈奴人的悲傷，也沒有出現匈奴人剺面習俗的描述，這坐實了喬丹斯只憑個人的情緒，來描繪匈奴族和阿提拉的形象。但西方學者對中國人物或歷史的描述大多都離不開喬丹斯模式，影響直至今日的電影、小說形象。

阿提拉過世時，身邊只有伊爾迪科，當然就會有人懷疑是她下的手。所以在阿提拉死後一百多年，就有人傳說，阿提拉在新婚之夜，趁著阿提拉酒醉時，被伊爾迪科用匕首刺了一下，血湧了出來，可是阿提拉醉了，沒有辦法吐出鮮血，因而血湧向喉嚨，結果活活給噎死了。此說後來並被改編成許多齣劇本，其中最著名的就是德國中世紀敘事史詩《尼伯龍根之歌》（*The Song of the Nibelungs*）。義大利歌劇音樂家威爾第（Giuseppe Verdi，西元一八一三～一九〇一年），也在三十一歲時創作了以「阿提拉」為名的歌劇。

阿提拉在世時，儘管帶給當時的西方人不少噩夢，但他所締造的傳奇也讓後人詠嘆不已。中國北方游牧民族能夠融入西方歌劇的，可能也只有阿提拉這一個人了。

十六世紀壁畫，由文藝復興三傑之一義大利畫家拉斐爾（一四三八至一五二〇年）所繪。描繪西元四世紀時，匈奴在阿提拉的帶領下，準備進攻義大利，被教皇利奧一世勸阻的場景。

第十二章 今天的匈奴

行國的始祖

匈奴狐鹿姑單于在給西漢的「國書」中，曾經提出「南有大漢，北有強胡。胡者，天之驕子也。」在這短短十五個字裡，第一說明天下是由西漢跟強大的胡族分別擁有；第二匈奴自稱為胡；第三解釋了所謂「胡」，就是天所孕育而最值得驕傲的民族。口氣不小，野心更大。

冒頓單于所率領的匈奴，以不到西漢十分之一的人口，且聚居在北中國莽莽草原之中，幾乎都無法發展農業，竟然能夠把建立西漢的高祖劉邦圍困在白登，迫使西漢以每年向匈奴贈送米、酒、布帛以及美女為條件，冒頓單于才撤兵。從漢高祖歷經呂后、文、景，到漢武帝初年，都是用這種被漢武帝認為是屈辱的方式，換取漢匈間的和平。匈奴在這六、七十年裡，總是占上風，自詡天之驕子並不為過。

然而匈奴憑什麼以較少的人口，較惡劣的生存空間，而能擁有如此傲人的「成就」？原因在於以下幾點：

一、從中國的長城、秦嶺一線以北，直到貝加爾湖周邊，東起大興安嶺東端，一直向西延伸，到裡海周邊。在這廣闊的空間中，除了河流周邊有些許農業外，幾乎都是草原、沙漠，所以在地形、地貌上都非常相似。古往今來在這廣闊的空間中，曾孕育出許許多多民族，由於地形地貌的近似，而各民族聚居地彼此間又沒有明顯的此疆彼界，在自然條件極其相似的情形下，所以孕育出的生活方式，也就相差無幾。在這種情況下，只要有一個民族強大起來，附近其他民族就會很自然的向這個強大的民族靠攏，往往把自己也歸類爲這個強大的民族。如匈奴盛時，諸引弓之國皆號匈奴，之後鮮卑、突厥強大時，情況也是一樣；蒙古強大後，許多原來不是蒙古族的，也都歸入蒙古。所以在草原上一個民族只要一旦強大，儘管自己人數不多，可是很快就會像滾雪球一樣愈滾愈大，人數對游牧民族而言並沒有太大的意義。因此西漢初年，匈奴人口只抵得上西漢的一個郡，但是卻帶給西漢莫大的威脅。

二、在近代內燃機發明之前，最快速的交通工具，毫無疑問的是馬，匈奴民族從中亞塞種人那裡學到駕馭馬的技術，論時間大約在中國傳說時代左右，比華夏民族要早很多。依據歷史發展過程看，誰能掌握較高的速度，誰就能掌控較大的空間。據史傳所載，匈奴小孩先學騎羊，稍微長大就學騎馬，所以匈奴民族人人精於騎馬，試想一個騎兵，一個步兵，如果作起戰來可以說是勝敗立判。戰國時趙武靈王必須胡服騎射，否則無法抵擋匈奴，這也就是匈奴人數雖少，武力卻反之較強的原因所在。

三、北亞地貌以草原沙漠爲主，沙漠是滴水全無、寸草不生之地，所以又叫荒漠。游牧民族的衣食都仰賴

雙豹噬鹿飾牌。為戰國後期北方游牧民族的腰帶裝飾品。

牲畜，而牲畜則吃草爲生，草場就成爲游牧民族賴以爲生的根本，維護草場就如同維護生命一樣重要，草場當然是愈多愈好。所以擴張就成爲游牧民族天生性格的一部分。

由草原沙漠自然環境所孕育出來的游牧民族，也就擁有向外擴張的潛在性格，所以任何時代的游牧民族，除非武力不如人，否則都會盡情地、無止境地向外擴張，這種企圖心，使得匈奴勇於擴張。

四、游牧社會物資比較缺乏，而人類對物資需求的欲望又是永無滿足之時，多要更多，好要更好。游牧民族逐水草而居，許多需要長時間安定才能製作的物品，如紡織品、釀製的酒等，都不是游牧民族所擅長的，而這些又是日常生活所必需，如果不能經由他們自己認爲合理方式交換或貿易取得，就只好訴諸武力。游牧社會結構是以血緣性的氏族、部落爲基礎，每一次跟鄰部或其他民族戰爭後，勝的一方總是將戰利品分給參與作戰的每一成員，因此戰爭往往被視爲獲得物資的機會，人人對戰爭充滿期待，戰爭對每一個參與者提供莫大的誘因，有了誘因自然激發了旺盛的戰鬥力。

五、草原生活簡樸，最主要的工作就是放牧牛、馬、羊等牲畜，既要防備自己的牲口不被鄰部掠奪，又要阻止野獸的攻擊，因此放牧或豢養牲畜本身就充滿了戰鬥性質。此外，狩獵更是游牧民族主要的活動，狩獵等同戰爭，因此可以說游牧民族生活就是戰鬥。眾所周知，是生活條件愈接近戰爭的，戰鬥力愈強，反過來也一樣。所以游牧民族對農業民族而言，往往是以一當十，游牧民族經常可以以少勝多，這是原因之一。

六、游牧社會組織簡單，沒有層層的官僚機構，所以效率快，凡是效率快的，必然優於效率慢的，尤其在戰爭中，時間往往決定勝負。游牧民族以騎兵爲主，再加上快速靈活的指揮，當然獲勝的機會就大了。

七、游牧的匈奴大致生活在大漠南北，尤以漠南是最重要的聚居區，沿長城一線，是游牧民族跟農業民族主要的衝突區，幾乎所有的戰爭都發生在這一帶。游牧民族打勝了，當然可以南下掠奪物資甚至於人口；如果打輸了，北方有近乎無限的空間可供撤退，再加冬天奇冷。農業民族的軍隊如果想趁勝追擊，要先考量帶的糧草是否充足，如果想向北追逐三個月，就得帶足六個月的糧草。再想想能否適應冬季奇寒、夏季極熱又缺水的自然現象。

面對自然的制約，農業民族縱然打了勝仗，往往是適可而止，而游牧民族則不然，由於生於斯，長於斯，既能適應草原沙漠惡劣的天候，又能找到水源，所以即使戰敗了，還有無限寬廣的空間作爲迴旋，稍作整補，待以時日，還可以捲土重來。這也就是何以漢武帝多次給匈奴以痛擊，而匈奴依然繼續存在。就連前後兩個匈奴呼韓邪單于的附西漢、降東漢，都是由於內部不靖，彼此爭奪單于之位，所以才有附漢或降漢之事。

匈奴既然具有這些特質，而以從兩漢一直到諸胡列國，南北朝而隋唐，中國境內不再見到匈奴這個詞，昔日的「天之驕子」到哪裡去了？

融入中國的匈奴

漢武帝伐匈奴之前，已有許多西漢人民投降匈奴，像韓王信、沿邊胡人衛律、盧綰等，他們投降匈奴，不僅是攜家帶眷，甚至還帶了更多的追隨者，此外，趙信更以整座城降於匈

匈奴時期的草原石人，現位於內蒙古自治區錫林郭勒盟內。

奴。這些是有名有姓，有相當政治、社會地位的人，所以文獻才會記載下來，至於沒有什麼名氣，或沿邊各郡的百姓，或威服於匈奴的強大；或受不了官僚的剝削，而向北投靠了匈奴，人數可能也不少，這對西漢而言，絕對不是光榮的事，所以能夠不記載，就盡量不記錄。

依據以往一般人的印象或者以往的一些歷史文獻，總是說北方草原游牧民族，從匈奴、柔然、突厥、鮮卑以至蒙古殘忍好殺，所以在認知上可能會以爲這些投降匈奴的西漢人民都被殺了，其實匈奴幾乎不殺來降者。他們在戰場上只有一個行爲準則，就是克敵制勝，如果以戰場的行爲來衡量一個民族或一個國家的民族性或國格，將有失公允。

匈奴對來投降的人，基本上都納入部落裡，因爲匈奴人口太少了，極需要人力以提高生產力。依據史傳所統計的資料，秦始皇二十六年（西元前二二一年），始皇平定六國，統一天下時，全國只有二千萬人，到了漢武帝決定伐匈奴時，西漢也只有三千萬人。當時匈奴總人口大約相當於西漢十分之一，也就是說大約三百萬人，所以在胡、漢對峙上，匈奴對人力的需求就更顯得殷切了。衛律、韓王信、趙信、盧綰以及一般老百姓投降匈奴，帶去的人總有五萬人左右，如果這個數字可以被接受的話，也就是說在漢武帝伐匈奴前，在匈奴總人口中，每六十人，就有一個是西漢的人民，而這些人在匈奴裡，當官的繼續當官，當百姓的也仍然做百姓，時間一久，自然會結婚生子。可以這樣說，在西漢伐匈奴前，匈奴民族中已經滲入了西漢人民的血胤。何況期間還有不少經由和親而嫁給單于的漢族女子，她所生的孩子就成爲貴族，也就是說匈奴貴族中也有漢家血胤。

到了漢武帝決定時，以武力對付匈奴，停止和親，雙方在戰場上見眞章，戰死沙場的姑且不論，彼此因戰敗而投降的，也爲數不少。投降匈奴的，像李陵、李廣利都不是隻身一人，尤其是李廣利更擁有兩、三萬士兵，最後都融入匈奴族。而投降西漢的匈奴人爲數更多，只要打開《史記》、《漢書》和《後漢書》一查，就會有許多具體的數字，如果粗略的估算一下，應有幾十萬人。這些投降的匈奴人，東、西漢政府都沒有斬殺，而是把他們安置在沿邊各郡，跟漢人雜居。其中還有在西漢當大官的，最有名的例子莫過於金日磾，他深受漢武帝信任，不只是當了大官，而且還成了漢武帝臨終時的顧命大臣，時間一久，他的後代就成爲不折不扣的漢人了。至於其他來降的匈奴人，既然在沿邊居住，免不了跟沿邊各郡漢人通婚生子，漸漸地天之驕子的血胤也滲入漢人之中。

東漢時，南匈奴呼韓邪單于比附漢或後，好幾十萬匈奴人幾乎都生活在塞內。東漢末期建安年間，曹操當權，曾經整編南匈奴各部落，幾乎打散原有的血緣性組織，把匈奴分爲五部，立其中貴族爲帥，另外以漢人爲司馬以爲監督。到了三國時，曹魏將帥改爲都尉，其分治如下：

- **左部都尉**：分布於太原故泫氏縣（今山西省高平縣），約有萬餘落。
- **右部都尉**：分布於山西祈縣（今山西省祈縣），約有六千餘落。
- **南部都尉**：分布於山西蒲子（今山西省隰縣），約有三千餘落。
- **北部都尉**：分布於山西新興（今山西省忻州市），約有四千餘落。
- **中部都尉**：分布於山西大陵（今山

漢代的銅扁壺，內蒙古呼和浩特昭君墓（即昭君博物館）的匈奴文化博物館。

西元四世紀時的東羅馬帝國金幣，上面刻有騎馬的東羅馬帝國皇帝。

西省文水縣），約有六千餘落。

「落」就是帳蓬，也就是今天大家所習慣的「蒙古包」，每落就是一個家庭，以上共有大約三萬落，如果每落以五人到十人計，也就是有十五萬到三十萬人之多，就當時的情形來看，三十萬人已經是一個很可觀的數字了。

後來司馬炎代魏而建西晉，晉武帝泰始三年（西元二六六年），又有塞外匈奴二萬餘落來降，西晉就讓他們在河西舊宜陽城下跟漢人雜居，於是今山西、陝西北部各郡都有匈奴人，由於跟漢人雜居，慢慢地也像漢人一樣而有了姓氏了。據統計，東漢晚期以來，匈奴族採用的漢姓大致上有：劉、金、王、陳、郭、高、喬、石、梁、郝、獨、張、曾、李、畢、趙、夔、馮、刁、成、路、黃、隗、董及衛等二十多個姓。雖然不能武斷地說，今天山西、陝西北部這些姓氏的人，都是匈奴族後裔，但是絕對可以說山西、陝西北部這些姓氏之中，必然有匈奴族的後裔。所以胡漢雜居的情況，在沿邊各郡成爲一種常態。因此西晉時，江統才會說：「關中之人，百萬餘口，率其多少，戎狄居半。」這時如果要找純正的天之驕子血胤的匈奴人，恐怕難度很高；同樣的，在沿邊各郡想找眞正的炎黃之胄，也不容易了。

西晉八王亂後，北方諸胡族趁亂紛紛割地自雄，建立政權，首開其端的就是匈奴族的劉淵。劉淵雖然自稱，也被認定是匈奴單于一系的後人，但從他的名字來看，他已經十足像個出身書香世家的漢人了。他姓劉，認爲因爲兩漢跟匈奴和親的關係，匈奴貴族自認是兩漢帝室的外甥，俗語說外甥似舅，所以順理成章從了舅舅的姓，這已經是漢人的文化傳統思維邏輯了。再看他名淵，字元海。漢人書香世家取字的方式，大致上跟名有相當的關聯，或與名相輔，或與名相對，如諸葛亮，字孔明，蓋亮者，明也。淵，是水深處的意思，劉淵的字元海，元是大的意思，元海就是大海，跟淵字是相輔的。由此可看出，諸胡列國時期的匈奴貴族，大致都有很深厚的漢文化素養，他們的學識絕對在一般平民漢人之上。

在諸胡列國時期，匈奴族或與匈奴曾經有關的胡族，建立有漢趙（或稱前趙）、後趙、夏及北涼四個政權或王朝。然而當北涼被鮮卑拓跋氏的北魏滅了之後，匈奴這個名詞就慢慢地從歷史文獻中消失了。早期北魏的都城在平城，包括匈奴在內的各胡族貴族，多半強制性的搬遷到平城。到北魏孝文帝遷都洛陽（西元四九四年）之後，這些上層社會的胡族又都到了洛陽，北魏朝廷並規定以洛陽為籍貫，死後也必須葬在洛陽。這時這些胡族幾乎跟漢人在文化、生活習俗上完全一致了，胡人固然染上了許多漢人的習俗；而北方的漢人也一樣染上許多胡人的習俗，彼此互相混融，孕育

西晉的騎馬俑，出土於廣東省廣州沙河頂。

出後來璀燦多元且耀眼的隋唐文化，讓舉世驚豔不已，所以我們不宜以簡單的「漢化」一詞帶過。唐代大詩人劉禹錫，如果追究他的族源，就是匈奴族的後裔，許多重要的政治人物如劉政會、李元紘、獨孤及、劉季眞及房琯等人，也都有可能是匈奴後裔。當然還有更多文獻未曾記載的匈奴後裔。

如果從歷史紀錄中推測，還是可以知道有許多匈奴後裔融入漢人之中，匈奴早期所謂貴種有蘭氏、呼延氏、須卜氏、喬林氏等，後來許多「貴種」的後裔鮮卑化，鮮卑後來又跟漢人融合了，這些匈奴貴種的後人轉了一圈，也跟漢人混融了。魏晉時，匈奴五部幾乎都分布在今天山西省中北部，其中喬林氏簡化爲喬氏，近代中國北方最大商號所謂晉商喬氏，或許就是族出匈奴。當然這種推測還需要有更多的文獻支持，這裡只是就歷史「情況」揣測而已。

總而言之，「天之驕子」經過一、二千年時間的沉澱，已經跟漢朝之人、魏晉之人逐漸融合成隋唐時代的唐人。民族的混融是人類歷史演化的鐵律，在目前全世界幾乎找不到一支純粹血統的民族了，匈奴這一個名詞雖然在中國消失了，但是匈奴民族的血胤卻保留在幾千萬、幾億中國人之中。

匈奴與匈牙利

再看看天之驕子在西方的情形。儘管阿提拉過世後，匈奴帝國很快就瓦解了，但是構成阿提拉帝國的北匈奴人並沒有撤離歐洲，只是在高加索種印歐語族之中成爲少數。有許多人誤以爲匈牙利就是古代匈奴的後裔，然而今天匈牙利人在體質特徵上是十足的白種人，所以說匈牙利人就是匈奴的後裔是不可靠的說法，只能說匈牙利裡面的馬札兒（Magyars，即匈牙利人）人可能擁有匈奴的血胤，然而由於長時間的民族混融，匈奴又居於少數，自然在時間的淬鍊下，匈奴的黃種人體質特徵消失了。

匈奴帝國曾經在世界史上寫下令人震驚的一頁，西方不少文學作品裡，也常常提到阿提拉，像文藝復興的方言文學大師但丁（Dante），在他的代表作《神曲》（*La Divina Commedia*）中的第七層煉獄裡所說的「浸在一條沸滾的血河中，被稱爲『世界之鞭』。」這個「世界之鞭」，指的就是阿提拉。無論如何，阿提拉在西方白種人潛意識裡，仍然具有英雄性格，在今天匈牙利人中，仍有些男子以阿提拉爲名，可見阿拉提在歐洲還是有影響力。

最近在匈牙利，有一些人自稱是匈奴王阿提拉的後裔，因而向匈牙利政府申請承認匈奴是法定的少數民族，而匈牙利的「全國選擧委員會」也宣布，必須要找到一千個人都承認自己是匈奴族的有效簽名，政府才會考慮這項提議。

此外，在今日匈牙利境內有一座以匈奴爲主題的公園，公園的負責人說阿提拉的墓就在公園的地下，但眞實性仍有待考證。

歷史上的天之驕子匈奴，雖然在

義大利文藝復興時期代表詩人但丁（一二六五年至一三二一年）半身像，上釉彩陶雕塑。義大利貝里尼博物館文藝復興藝術藏品展。

一千多年前已經從歷史舞臺走了下來，但是天之驕子的血脈卻分布在東方的中國人跟西方高加索種的白人之中。天之驕子並沒有消失，而是活在你我之中。

阿提拉至少有三個兒子。阿提拉一手所創建的匈奴帝國，原本就不是一個組織嚴密、層級分明的國家，只不過是一個強大領袖憑藉所向無敵的武力，逼迫許多被征服民族，臨時聚合在一起，再向外擴張、掠奪的利益共同體。當阿提拉一過世，強有力的領導中心不見了，這個利益共同體也就立刻潰散，原來降附匈奴帝國的各民族領袖，對國王的頭銜充滿了嚮往，彼此尋找志同道合的民族領袖結盟，以脫離匈奴帝國作爲訴求。阿提拉的子嗣也一樣爲了爭奪帝國的領導權而彼此傾軋，整個匈奴帝國眼見就要崩潰了。

最先高舉叛旗的是東哥德族，他們跟另一支日耳曼族加必多（Gepids）結盟，之後又有許多日耳曼各民族陸續加入。由於民族眾多力量逐日擴大，在西元四五五年（南朝宋孝武帝孝建二年），終於正式向匈奴帝國發生武裝衝突，雙方在匈牙利平原上的尼德（Nedao）河畔展開一場大戰。匈奴帝國由阿提拉長子艾爾瑞克（Ellac）領軍，決戰旬日，結果匈奴軍大敗，戰場上血流成渠，雙方死亡好幾萬人，艾爾瑞克也在這一場戰爭中陣亡了。

尼德河畔戰役後，匈奴敗下陣來，意味著帝國開始解體。匈奴軍潰敗之後，向東方撤退，東哥德族立刻以東羅馬帝國同盟者的身分，占領了多瑙河以南，以往是阿提拉匈奴帝國主要根據地的班諾尼亞，也就是今天匈牙利平原一帶地方。加必多族則占領了外西凡阿爾卑斯山脈一帶（Transylvanian Alps）也就是今天羅馬尼亞一帶。其他日耳曼系的民族則占據了今日的斯洛伐克（Slovakia）、多瑙河跟提蘇（Tisza）河一帶，遠至今天奧地利附近，這些日耳曼系民族都被東羅馬帝國視爲反抗匈奴的同盟者。此外，尙有哥德族進入東羅馬帝國境內的穆西亞、色雷斯等當時仍然空曠的地帶。

阿提拉帝國自此瓦解了。從此之後，一直到西元六世紀柔然（西方史家稱之爲阿瓦爾，Avars）出現前，日耳曼系各民族就是中歐的主人。

阿提拉的幼子哈爾納克（Ernakh）則率領另一批匈奴人，移居到多瑙河口的多布魯甲（Dobruge）一帶，此地北邊是羅馬尼亞領地，南邊則爲保加利亞領地。哈爾納克以此爲根據地，希望能恢復阿提拉的榮光，他並一度把疆域擴張到聶伯河一帶。東羅馬皇帝秉諾（Beno，西元四七四～四九一年）在位時，哈爾納克曾發動一場對東羅馬的戰爭，卻以敗仗作爲收場。

阿提拉還有一個兒子叫丹戈斯克（Dengesik），居住在聶伯河跟聶斯特河之間的谷地，以其地理位置偏東，離日耳曼系各民族跟東羅馬帝國比較遠，所以保持了比較強大的武力。在西元四六二年（南朝宋孝武帝大明六年），丹戈斯克企圖重新進入中歐，率軍突擊東哥德人所盤踞的班諾尼亞，可是被東哥德所擊敗。西元四六八年（南朝宋泰始四年），丹戈斯克再度率軍西渡多瑙河，西征東羅馬帝國。只是他缺乏乃父之風，不但打了敗仗，本人且成爲東羅馬帝國的俘虜，他的頭顱被掛在君士坦丁堡圓形劇場內，等於向世人宣告，匈奴帝國徹底崩潰滅絕了。

戰國銀製胡人像，高八・八公分，河南省洛陽市金村韓君墓出土，現藏於日本東京博物館。

封面設計　依蝶蝶

系列名　草原帝國

書名　**匈奴帝國：行國的始祖**

著者　劉學銚

出版　智能教育出版社

香港北角英皇道四九九號北角工業大廈二十樓

INTELLIGENCE PRESS

20/F., North Point Industrial Building,

499 King's Road, North Point, Hong Kong

香港發行　香港聯合書刊物流有限公司

香港新界大埔汀麗路三十六號三字樓

版次　二〇一二年三月香港第一版第一次印刷

二〇一四年八月香港第一版第三次印刷

規格　十六開（170 × 230 mm）二四〇面

國際書號　ISBN 978-962-8904-30-3

Published in Hong Kong

本書由大象出版社授權智能教育出版社
在香港、澳門出版發行。